JENS SPAHN

mit Olaf Köhne und Peter Käfferlein

Wir werden einander viel verzeihen müssen

Wie die Pandemie uns verändert hat –
und was sie uns für die Zukunft lehrt

Innenansichten einer Krise

HEYNE ‹

Sollte diese Publikation Links auf Webseiten Dritter enthalten, so übernehmen wir für deren Inhalte keine Haftung, da wir uns diese nicht zu eigen machen, sondern lediglich auf deren Stand zum Zeitpunkt der Erstveröffentlichung verweisen.

Penguin Random House Verlagsgruppe FSC® N001967

Originalausgabe 2022

Copyright © 2022 by Wilhelm Heyne Verlag, München,
in der Penguin Random House Verlagsgruppe GmbH,
Neumarkter Straße 28, 81673 München
Umschlaggestaltung: Nele Schütz, Memmingen
Umschlagfoto: © Anne Hufnagl, Berlin
Satz: Uhl + Massopust, Aalen
Druck und Bindung: GGP Media GmbH, Pößneck
Printed in Germany
ISBN: 978-3-453-21844-4

www.heyne.de

Meinen Eltern.
In Dankbarkeit.

Inhalt

Vorwort – 11

**I. Dienstag, 25.02.2020:
»Jens, wir haben ein Problem.«
Das Virus kommt nach Deutschland** – 17

»Jetzt erst mal alle raus und Handys abgeben« – 23

Kommunizieren in unsicheren Zeiten – 31

Rückblende Oktober 2019:
  Reise ins Ebola-Gebiet – 37

Ein folgenreicher Freitag – 44

Warum bei Unsicherheit die Sicherheit Vorrang hat – 50

**II. Es fehlt an allen Ecken und Enden
Unterwegs als »koordinierender Bittsteller«** – 55

»Jens, wo bleiben meine Masken?« – 62

Zwischenblende 2022: Eine Lehre aus Harvard – 75

Das Vorsorgeparadox – 77

Vorsorge für künftige Pandemien – 80

Kehrt die Bürokratie zurück, ist die Krise vorbei – 94

III. »Das wird die größte Krise seit dem Zweiten Weltkrieg.«
Die Pandemie eindämmen – aber mit welchen Maßnahmen? – 101
Osterruhe trotz Schwarmintelligenz – 109
Lockdown – über den Wert der Freiheit – 115
»Boah, ich könnte das nicht.« – 123

IV. Mahnungen und Warnungen verpuffen
Sorglos-Sommer, Gütersloh-Blues, Sorgen-Herbst – 131
Was ist eigentlich fair? – 131
Funkloch im Urlaub – 135
Zwischenblende: Das Verhältnis zur Chefin – 136
Freies Testen für alle Urlauber – 137
Amtsführung aus der Isolation – 139
Too little, too late – 145

V. »Wir wollen, dass der Spuk vorbei ist!«
Wenn aus Spannungen Spaltungen werden – Ein Jahr zunehmender Polarisierungen – 151
»Spahns Ermächtigungsgesetz« – 160
Wenn sich die Gesellschaft spaltet – 164
Never complain, never explain – 168
Ein falsches Signal – 171
Rückblende 2015: Crashkurs in der Krise – 173

VI. Souverän werden ist das Gebot
Schlussfolgerungen für das kommende
Jahrzehnt – 177
Abhängigkeit kann wehtun – Panik in den
  Apotheken – 178
Souverän werden – Wie wir uns aus Abhängigkeiten
  lösen – 182
Wandel durch Handel? – 191

VII. »Der Schlüssel dafür, dass wir unser Leben
zurückbekommen«
Der Impfstoff kommt – 193
Zwanzig Millionen Menschenleben – 193
Zu viele Köche verderben den Brei – besonders
  in Krisen – 198
Impfen ebnet den Weg aus der Pandemie – 209

VIII. Ein Virus kennt keine Grenzen ...
... also darf auch seine Bekämpfung keine
Landesgrenzen kennen – 223
Nur gemeinsam sind wir stark – europäische
  Zusammenarbeit in der globalen Krise – 224
Europa der Pioniere – 231
Warum die WHO mehr Zähne braucht – 235

IX. »Wir werden einander viel verzeihen müssen.«
Ein Satz, der bleibt – 241

X. Montag, 08. März 2021: »Ich war durch. Ganz einfach durch.«

Wahlkampfstimmung, Schlammschlacht und Schuldzuweisungen – 251

Konkurrenz statt Einigkeit – aus Pandemie-Politik
   wird Parteipolitik – 255

Ein Fragenkatalog wirft Fragen auf – 257

»Der Ankündigungsminister« – 259

»Im Amt nicht mehr haltbar« – die SPD teilt aus – 265

Zwischenblende: Wandern wirkt – 270

Demokratie kann doch liefern – der Systemwettbewerb – 271

Der Pappa-ante-portas-Moment – 276

Rückblende Herbst 2002: Wie alles anfing – 280

Mittwochabend, 08. Dezember 2021 – 283

Epilog – 287

Anhang – 297

   Anmerkungen – 297

Vorwort

»Es war die bisher größte Aufgabe meines Lebens, mit allen Höhen und Tiefen. Und dennoch würde ich keinen Tag tauschen wollen.«

Mit diesen Worten habe ich mich am Nachmittag des 08. Dezembers 2021 von meinen Kolleginnen und Kollegen im Ministerium verabschiedet. Hinter mir lag eine in jedem Sinne fordernde Zeit als Bundesminister für Gesundheit. Hinter uns allen lag eine Zeit, die für das ganze Land kräftezehrend, für sehr viele auch beängstigend und bisweilen dramatisch war. 2020 und 2021, die ersten beiden Pandemiejahre, waren Ausnahmejahre. Wir durchlebten eine Jahrhundertkrise. Sie hat zu den größten Einschränkungen von Freiheitsrechten in der Geschichte der Bundesrepublik geführt und viel Leid, Krankheit und Tod über die Welt gebracht. Es war zugleich eine Zeit von Innovationen und Ideen, von Zusammenhalt und Zusammenstehen.

An Krisen kann man wachsen – und scheitern. Das gilt für die Politik und für die Gesellschaft als Ganzes. Und es gilt für jeden Einzelnen von uns. In der Pandemie haben die meisten bewiesen, dass sie solidarisch sind, wenn es darauf ankommt. Wir haben gezeigt, dass wir als Gemeinschaft in schwerer Zeit bestehen können. Von Anfang an entwickelte sich ein großes Gefühl von Zusammengehörigkeit und Zusammenhalt. »Wir bleiben Zuhause«, so lautete eine erfolgreiche und breit unterstützte Kampagne in der ersten Welle der Pandemie. Wir haben damit damals den richtigen Ton getroffen. Die Bürgerinnen und Bürger wollten selbst einen Unterschied machen, sie wollten etwas tun. Die Kampagne bündelte dieses Gefühl. Viele Prominente unterstützten die Kampagne, Medien griffen sie auf, heute steht der Slogan symbolisch für diese Zeit. Wichtiger aber noch: Wir haben einen Unterschied gemacht. Das Beispiel zeigt, wie kraftvoll Kommunikation sein kann. Das Gefühl des »Wir passen aufeinander auf, wir geben aufeinander acht, wir achten einander« hat trotz aller Härten die ersten beiden Jahre der Pandemie überdauert. Die überwältigende Mehrheit der Deutschen hat die Corona-Maßnahmen mitgetragen. Das gilt bis heute.

Eine Krise ist immer auch ein Charaktertest. Für uns als Gesellschaft, für jeden Einzelnen. Wir haben diesen Test leider nicht in jeder Hinsicht bestanden. Die Notsituation wurde von manchen ausgenutzt, um sich an Wirtschaftshilfen, Maskenbeschaffung oder Bürgertests zu bereichern. Die Einzelfälle, in denen dies Politiker waren, auch aus den Reihen meiner Partei, finde ich besonders schäbig.

Und bei aller Solidarität mussten wir erleben, dass es zu Fliehkräften in unserer Gesellschaft kam. Spannungen und Spaltungen nahmen zu, Debatten wurden unerbittlicher geführt. Die Bereitschaft sank, Kontroversen auszuhalten und auszutragen, ohne dabei als Gesellschaft auseinanderzubrechen. Die Pandemie hat bei einigen Unverständnis, Wut, Hass und Aggression in einem Maße zutage gefördert, wie ich es nicht für möglich gehalten hätte. Als Gesundheitsminister wurde ich selbst zum Feindbild all derer, die die Corona-Maßnahmen ablehnten, der Corona-Leugner, Impfgegner und Verschwörungstheoretiker. Ihren Hass bekam und bekomme ich hautnah zu spüren, Tag für Tag, seit vielen Monaten. Und es ist im Laufe der zwei Jahre, über die ich schreiben will, eine Unerbittlichkeit in unserem Land gewachsen, die wir überwinden müssen. Als ich im April 2020 im Deutschen Bundestag eher nebenbei den Satz aussprach, der diesem Buch seinen Titel gibt – »Wir werden einander viel verzeihen müssen« –, ahnte ich noch nicht, wie sehr der Gedanke des Verzeihens in dieser Krise an Bedeutung für den Zusammenhalt gewinnen würde.

Ich glaube an die Kraft der demokratischen Debatte. Demokratien lernen aus ihren Fehlern und passen ihr Handeln immer wieder der neuen Realität an. Das macht sie stark. Autokratien sind dazu nicht in der Lage. Denn sich zu korrigieren gilt hier im Gegenteil als Schwäche und stellt gleich das ganze System infrage. In der Pandemie erlebten wir, wo Deutschland und die Europäische Union leistungsfähig sind. Zum Beispiel in unserem starken, stabilen Gesundheitswesen mit Hunderttausenden Pflegekräften, Ärztinnen und Ärzten, Apothekerinnen und Apothekern, Fachleuten in Laboren und Gesundheitsämtern, die zusammen mit vielen anderen unter hohem Einsatz und mit großer Kenntnis in der Bekämpfung der Pandemie Entscheidendes geleistet haben. Das klingt so selbstverständlich. Aber diese Leistungsfähigkeit unter größtem Stress ist tatsächlich das Qualitätsmerkmal unseres Gesundheitssystems. So konnten wir in Deutschland in einer gemeinsamen Kraftanstrengung vermeiden, dass es zu dramatischen Situationen wie beispielsweise im italienischen Bergamo oder wie in New York City kam.

Wir sind auch stark bei Forschung und Innovation. Der erste PCR-Test der Welt kam aus Deutschland, schon im Januar 2020. Der erste Impfstoff der Welt wurde in Rekordzeit in unserem Land entwickelt. Wir haben bewiesen, dass der Föderalismus, das Zusammenspiel von Bund und Ländern, in der Krise gut funktioniert – zumindest dann, wenn alle an einem Strang ziehen.

Die Pandemie hat uns gleichzeitig in aller Brutalität unsere Schwächen und Defizite aufgezeigt. All jene Problemfelder, über die wir in der Politik zu lange hinweggesehen und die wir schlichtweg vernachlässigt haben: die Digitalisierung der Verwaltung und des Gesundheitswesens, die Arbeitsbedingungen in der Pflege, die vorausschauende Krisenvorsorge, das Üben für Notfälle und das Vorhalten von Strukturen, klare Zuständigkeitsregelungen für den Krisenfall, der Umgang mit einem Föderalismus, der zu oft von Konkurrenz statt Gemeinsinn geprägt ist.

Die Pandemie ist ein Test für unsere Debattenkultur, im Kleinen – in Familien, in der Nachbarschaft, unter Freunden, am Arbeitsplatz – ebenso wie im Großen. Sie ist ein Test für die Demokratie. Hat unser repräsentatives, föderales System tatsächlich liefern können? Ja, wir sind vergleichsweise gut durch diese schwere Zeit gekommen. Aber eben nicht so gut, wie es hätte sein können – und manches Mal auch müssen.

Der Blick auf die Zeit der Pandemie wirft Fragen auf: Wie hat sie unsere Gesellschaft, die Menschen, die in diesem Land leben, und diejenigen, die in der politischen Verantwortung standen, verändert? Warum passieren Fehler und was können wir aus ihnen lernen, um in Zukunft besser zu werden?

Was gestern noch richtig schien, kann sich mit neuem Wissen schon kurze Zeit später als falsch herausstellen. Wie entwickeln wir eine Fehlerkultur, die es dann ermöglicht, Fehler zuzugeben und sie in etwas Produktives umzuwandeln?

Wie viele andere hat diese Zeit auch mich manchmal bis an mein Limit gebracht. Und daher nicht zuletzt: Welche Fehler habe ich gemacht? Wo lag ich falsch, was würde ich heute anders, besser machen?

Diese und andere Fragen stelle ich mir seit Monaten immer wieder, und um solche Fragen geht es mir in diesem Buch. Ich werde auf diese prägende Zeit als einer der Verantwortungsträger und Entscheider zurückblicken. Nicht rechtfertigend, aber erklärend. Erläuternd, einordnend, aber nicht schönfärbend. Kritisch, auch selbstkritisch, aber ohne dabei das Erreichte kleinzureden oder auszublenden. Ohne abschließende Antwort auf jede Frage, aber auf der Suche danach.

Nur wenn wir aus dem lernen wollen, was geschehen ist, haben wir die Chance, es künftig besser zu machen. Dabei ist meine Sicht der Dinge zwangsläufig eine subjektive und selektive. Ich werde versuchen, sie so offen, ehrlich und reflektierend zu schildern, wie es mir möglich ist. Es soll in diesem Buch nicht in erster Linie um mich gehen. Es geht mir vor allem um die Frage, welche Lehren sich ziehen lassen, damit wir in zukünftigen Krisen besser werden.

Liebe Leserin, lieber Leser,

ich greife in den folgenden zehn Kapiteln mit Blick auf die ersten beiden Pandemiejahre viele Themen auf und gehe auf viele Debatten ein. Aber: Das Buch ist keine detaillierte chronologische Auflistung der Ereignisse, keine wissenschaftliche Aufarbeitung der Pandemie – und auch keine vollständige Abbildung *aller* Themen. Ich hätte noch Stoff für manches Kapitel und manche Anekdote mehr gehabt. Aber hier soll es um das Wesentliche gehen. Und daher sehen Sie mir den Mut zur Lücke nach. Die entscheidenden Punkte, die mir am Herzen liegen, werden Sie in diesem Buch finden. In einigen Abschnitten liegt der Schwerpunkt eher im Erzählerischen, in anderen wird es politisch-grundsätzlich. Das Buch ist so aufgebaut, dass Sie als Leserin und als Leser an jeder beliebigen Stelle einsteigen können.

Ich wünsche Ihnen viel Vergnügen!

Ihr Jens Spahn

I.

Dienstag, 25.02.2020:
»Jens, wir haben ein Problem.«

Das Virus kommt nach Deutschland

Dass es passieren würde, dass das Virus sich auch bei uns in Deutschland und Europa unkontrolliert ausbreiten würde, daran gab es im Februar 2020 schon bald keinen Zweifel mehr. Die Frage war immer: Wann? – Wann würde es so weit sein, wie lange schafften wir es, diesen Tag für Deutschland hinauszuzögern?

Wir wollten mit der gewonnenen Zeit zwei Dinge erreichen: Das Gesundheitswesen steht in jedem Winter durch die Grippewelle unter besonderem Stress – von Jahr zu Jahr in unterschiedlicher Intensität, aber fast immer unbemerkt von der breiteren Öffentlichkeit. Es galt also erstens, so viel Zeit wie möglich zu gewinnen, um eine gleichzeitige Belastung des Gesundheitswesens durch eine hoffentlich bald abflauende Grippewelle und ein neues Virus zu vermeiden. Und zweitens bedeutete jeder Tag, an dem sich Covid-19 nicht unkontrolliert in Deutschland ausbreiten konnte, mehr Zeit, um Wissen und Erfahrung zu einem nahezu unbekannten Virus zu sammeln.

Das Land mit dem ersten großen Corona-Ausbruch, die Volksrepublik China, verhielt sich wenig transparent oder kooperativ gegenüber der Weltgemeinschaft und der Weltgesundheitsorganisation, der WHO. Deshalb war unseren Expertinnen und Experten zu Ansteckungswegen und Übertragungsrisiken, zu Inkubationszeit, Krankheitsverlauf und Therapie in der Anfangszeit wenig bis nichts bekannt. Wir schafften es, die Lage für einige Wochen unter Kontrolle zu halten, indem bei den vereinzelten bestätigten Corona-Fällen in Deutschland zügig und durchgehend Kontakte verfolgt und die jeweiligen Infektionsketten gebrochen werden konnten. Und dann kam der Moment, mit dem uns bewusst wurde: Von heute an kommt etwas Gewaltiges auf uns zu. Das Virus war außer Kontrolle und nicht mehr aufzuhalten. Es war der Karnevalsdienstag.

Der Tag begann unter ganz anderen Vorzeichen. Meine Partei, die CDU, befand sich mitten in einer unerwarteten Umbruchphase. Annegret Kramp-Karrenbauer hatte am 10. Februar 2020 angekündigt, auf eine Kanzlerkandidatur zu verzichten und den Parteivorsitz abzugeben. Seitdem beherrschte die Frage ihrer Nachfolge für den Vorsitz der größten Regierungspartei die Schlagzeilen. Am Vormittag dieses Karnevalsdienstags, am 25. Februar 2020, saßen der damalige Ministerpräsident von Nordrhein-Westfalen, Armin Laschet, und ich in der Berliner Bundespressekonferenz und verkündeten zur Überraschung vieler, dass wir gemeinsam als Team auf dem im April geplanten Parteitag antreten würden: Armin für den Vorsitz der Partei, ich als einer seiner Stellvertreter. Ich selbst würde mich also nicht erneut um den Chefposten bewerben. Bei dem vorherigen Vorsitzenden-Wettbewerb im Herbst 2018 war ich angetreten, um der Partei nach vielen Jahren der Führung durch Angela Merkel einen Generationswechsel anzubieten. Ich hatte verloren, doch die Kandidatur hatte sich richtig angefühlt. Jetzt war die Lage eine andere, unsere CDU war in einer veritablen Krise. Es gab zu viel Streit, der politische Gegner wurde zu oft innerhalb der eigenen Union gesehen. Es brauchte also jemanden, der in der Lage war, Christdemokratinnen und Christdemokraten wieder zusammenzuführen. Ich war überzeugt, dass Armin Laschet als erfolgreicher Ministerpräsident des größten Bundeslandes dafür der Richtige war, und unterstützte ihn daher. Dass der geplante Parteitag dann gar nicht mehr im Jahr 2020 stattfinden würde, ahnten wir beide an diesem Vormittag nicht.

Womit wir beim weiteren Verlauf des 25. Februars wären. Gleich nach der Pressekonferenz fuhr ich zum militärischen Teil des Flughafens Tegel und machte mich mit der Flugbereitschaft der Bundeswehr auf den Weg nach Rom. Dorthin hatte Roberto Speranza, Italiens Gesundheitsminister, seine Kollegen aus den Anrainerstaaten Norditaliens sowie mich als Vertreter der Bundesregierung zu einem kurzfristig angesetzten Krisentreffen eingeladen, um über die aktuelle Corona-Situation in seinem Land zu berichten und das weitere Vorgehen abzustimmen. Bis dahin waren in Italien, dem ersten Corona-Hotspot in Europa, zehn Menschen nachweislich an den Folgen von Covid-19 gestorben, die Zahl der Infizierten stieg sehr schnell an. Das Treffen fasste ich später am Tag auf Facebook zusammen:

>*Heute bin ich der Einladung meines italienischen Amtskollegen Roberto Speranza nach Rom gefolgt. Dort haben wir mit Blick auf das #Coronavirus die aktuelle Lage und das weitere Vorgehen in Europa besprochen. Die Gesundheitsminister Italiens, Österreichs, Kroatiens, der Schweiz, Sloweniens, Frankreichs und ich haben uns darauf geeinigt, Reisende von und nach Italien nach demselben Muster über das Virus zu informieren. Außerdem wollen wir Daten und Informationen, bspw. zum klinischen Management der Epidemie, untereinander austauschen. Reisebeschränkungen haben wir nicht vorgesehen.*«

Noch dominierte unter uns Europäern also die Einschätzung, dass Reisebeschränkungen oder gar Grenzschließungen im Kampf gegen dieses neue Virus nicht nötig sein würden. Gespeist war diese Einschätzung übrigens aus zwei konkreten Beispielen: Zum einen war Italien damals das einzige Land der EU, das alle direkten Flugverbindungen mit China bereits gestoppt hatte. Und trotzdem war es das erste sehr heftig getroffene europäische Land. Das war nicht unbedingt ein Beweis für die Wirksamkeit von Flugunterbrechungen. Zum anderen schilderte der Gesundheitsminister der Schweiz, Alain Berset, in Rom eindrücklich die Folgen möglicher Grenzschließungen für die italienische Schweiz, deren Krankenhäuser beispielsweise auf die täglich pendelnden Pflegekräfte aus Italien angewiesen wären. Das Offenhalten der Grenzen deckte sich auch mit den damaligen Empfehlungen der WHO, die ausdrücklich von Reisebeschränkungen abriet.[1] Das sollte sich im Laufe der Pandemie noch ändern.

Von diesem Treffen in Rom ist mir eine Gesprächssituation in besonderer Erinnerung geblieben. Mit eindringlichen Worten berichtete Minister Speranza von den Zuständen in Bergamo: von den vielen Infizierten mit blau angelaufenen Lippen, eine Folge von bereits eingetretenem Sauerstoffmangel. Und er sagte mit Verzweiflung in der Stimme: »Sie kommen zu spät in die Kliniken, sie kommen einfach alle viel zu spät.«

Jene dramatischen Bilder aus Bergamo haben sich in unser kollektives Gedächtnis gebrannt. Speranzas große Sorge war, dass die Krankenhäuser den vielen Corona-Patienten nicht gewachsen sein würden, vor allem im Hotspot Norditalien. Diese Sorge war berechtigt. Zeitweise zählten die überlaufenen Krankenhäuser selbst zu den Hauptübertragungsorten für das neue Virus. Beatmungsgeräte und Intensivbetten wurden erstmals seit ziemlich langer Zeit wieder knapp in Europa. Der vorher schon vorhandene Mangel an Pflegekräften verschärfte die Lage.

Im Anschluss an das Treffen ging es in rasender Fahrt mit Blaulicht durch den Feierabendverkehr Roms zurück zum Flughafen. Ich schaute aus dem Fenster und grübelte über die Frage, auf was wir uns in Deutschland noch alles würden einstellen müssen. Direkt nach der Landung gab ich dem *heute journal* aus dem ZDF-Studio in Berlin ein Interview zu meinem Besuch in Rom.

Spät abends kaum im Flur meiner Wohnung angekommen, klingelte das Telefon. Karl-Josef Laumann (CDU), langjähriger Weggefährte und erfahrener Gesundheitsminister Nordrhein-Westfalens, war dran und eröffnete das Gespräch mit den Worten: »Jens, wir haben ein Problem. In Heinsberg.«

Das Virus hatte das gesellige Beieinander eines einzigen dörflichen Karnevalsabends in Gangelt genutzt, um sich binnen Stunden so sehr zu verbreiten, dass es unmöglich wurde, die Infektionsketten noch zu verfolgen und brechen zu können.

An diesem Abend lag ich lange wach, denn mir war klar: Jetzt gibt es kein Zurück mehr, das Virus ist nun endgültig auch unser Virus. Was am Vormittag noch wichtig erschien, der große Auftritt vor der Presse, der ganze Rummel um die Frage des Parteivorsitzes und wie es mit der Regierungspartei CDU weitergehen würde, war zur Nebensache geworden. Es galt mehr denn je das Prinzip: Zuerst das Land, dann die Partei.

Am nächsten Tag, dem Aschermittwoch, wollte ich eigentlich in meinen münsterländischen Wahlkreis und dann bis zum Ende der Woche in den bayerischen Kommunalwahlkampf fahren. Noch in der Nacht aber hatte ich meinem Büroleiter geschrieben, er solle bitte alle Termine absagen, die nächsten Wochen würden wir uns nur noch mit Corona beschäftigen – und Berlin nur ausnahmsweise verlassen.

Ich trat vormittags vor die Presse, um über die neue Lage zu berichten: Die Pandemie war in Deutschland angekommen. Bis Karneval hatte es sechzehn Infektionsfälle in ganz Deutschland gegeben, vierzehn dieser Erkrankten waren bereits wieder genesen. Ich erläuterte den entscheidenden Unterschied, dass bei den jetzt neuen Fällen Infektionsketten nicht mehr nachverfolgt und somit gestoppt werden konnten. Der sogenannte »Patient Null«, also die Ursprungsinfektion für den Ausbruch in Gangelt, konnte nie zweifelsfrei ermittelt werden. Letztlich spielte es auch keine Rolle mehr. Die Karnevalssitzung wurde zum Synonym eines Superspreading-Events, so wie die Après-Ski-Party im österreichischen Ischgl wenig später. Superspreading, das ist ein Ort oder eine Veranstaltung mit idealen Bedingungen für das Virus, um sich zu verbreiten. Ein Ort, an dem Menschen im geschlossenen Raum dicht gedrängt miteinander reden, lachen, singen, schunkeln, trinken, gerne aus denselben Gläsern, und sich einfach nur nahe sind.

Von Gangelt aus verbreitete sich das Virus dann rasant weiter im Kreis Heinsberg und in die Region, bis so viele Menschen als Kontaktpersonen in die vorsorgliche Quarantäne geschickt werden mussten, dass selbst Arztpraxen nicht mehr öffnen konnten und Krankenhäuser betroffen waren, weil wegen der Quarantänemaßnahmen das Personal fehlte.

In Heinsberg wurden in Zusammenarbeit mit dem Robert Koch-Institut (RKI) Erkenntnisse gewonnen und Notfallpläne erarbeitet, etwa für einen gestuften Umgang mit Quarantänemaßnahmen für das Personal in medizinischen Einrichtungen, um diese funktionsfähig zu halten. Hier wurden wichtige Erfahrungen gesammelt, die später für das ganze Land hilfreich waren. Heinsberg war damit ein bisschen die Blaupause für Deutschland.

In dieser frühen Phase der Pandemie sprach ich viel mit

Karl-Josef Laumann, auch mit Stephan Pusch (CDU), dem engagierten Landrat von Heinsberg, der damals bundesweit bekannt wurde. Es war schon ein wenig ungewöhnlich, dass ein Bundesminister und ein Landrat so direkt und so intensiv zusammenarbeiteten. Auch wenn Pandemie-Pläne in den Schubladen von Ländern, Behörden, von vielen Unternehmen und Krankenhäusern lagen, begaben wir uns doch auf weitgehend unbekanntes Terrain. Denn geübt hatte diese Pläne noch nie jemand so richtig. In der Praxis erwies sich dann vieles als nicht planbar.

»Jetzt erst mal alle raus und Handys abgeben«

Am 08. Januar 2020, noch bevor China es selbst offiziell bestätigte, hatte das Robert Koch-Institut an das Ministerium über ein neues Virus berichtet, das sich in China ausbreitete. Üblicherweise funktioniert der Informationsfluss zum Minister dabei so: Unsere Fachleute aus dem Ministerium und dem RKI sind in den internationalen Gremien vertreten und vernetzt, unter anderem in der WHO. So stehen sie im täglichen Austausch mit Experten weltweit, filtern die vielen Informationen über Krankheitsausbrüche. Erst wenn eine Entwicklung eine gewisse Relevanz bekommt, informieren sie die Leitung des Ministeriums und den Minister. So ist das übliche Verfahren. Kommt es zum Beispiel in Nigeria zu einem Polio-Ausbruch, dann wird diese Information in der Fachabteilung des Ministeriums und im RKI zur Kenntnis genommen und verarbeitet.

Es hat in den letzten Jahren immer wieder Meldungen über neuartige Grippeviren, über Polio-, Ebola- oder größere Masernausbrüche auf anderen Kontinenten gegeben, die aber nach der Bewertung der Experten für Europa kein großes Risiko darstellten. Manche Viren wie das Ebola-Virus lassen den Infizierten so schnell und massiv erkranken, dass er körperlich gar nicht mehr in der Lage ist, das Virus sehr weit zu tragen. Mit der Nachricht von der Entdeckung eines neuartigen Coronavirus, später von der WHO offiziell als SARS-CoV-2 benannt, erreichte uns nicht die erste Meldung eines neuen Virus aus Asien. Schon SARS-CoV-1 in den Jahren 2002/2003 hatte Besorgnis hervorgerufen, war aber aufgrund der geringeren Übertragbarkeit besser zu kontrollieren und letztlich auch einzudämmen gewesen.[2] Bei SARS-CoV-1 setzte sich der Erreger in der Lunge fest, während er sich bei SARS-CoV-2 vor allem im Rachen- und im Nasenraum verbreitete und so beim Reden, Sprechen oder Singen leicht weitergetragen wurde. Diesen entscheidenden Unterschied kannten wir damals aber noch nicht.

Auch ein zweites entscheidendes Merkmal zur Infektiosität des neuen Coronavirus SARS-CoV-2 war ganz zu Beginn noch nicht klar: Ab welchem Zeitpunkt nach einer Infektion bestand Ansteckungsgefahr für andere, ab wann war man als Virusträger infektiös? Ob man dieses Virus schon auf andere übertragen konnte, wenn man selbst noch keine Symptome hatte, oder nicht, das war ein kleiner, aber sehr wichtiger Unterschied. Es gibt Infektionskrankheiten, bei denen verspürt man in aller Regel selbst zumindest leichte Symptome, bevor man infektiös für sein Umfeld wird. Bei anderen Infektionskrankheiten ist man dagegen schon zu einem Zeitpunkt ansteckend, zu dem man selbst noch gar nichts merkt. Entscheidend ist dann die Frage, *wie viele* Stunden oder Tage vor dem Auftreten von Symptomen bereits eine Ansteckungsgefahr besteht.

Als ziemlich bald nach dem ersten Auftreten von Covid-19 in Deutschland klar wurde, dass bereits bis zu zwei Tage vor Symptombeginn eine hohe Ansteckungsgefahr für andere besteht, wussten wir, dass viele frisch infizierte Menschen mangels Symptomen im Zweifel einige Tage nichts von ihrer Infektion ahnten und andere unbedarft ansteckten. Diese Eigenschaft erschwert den Umgang mit dem Virus in unserer modernen, eng vernetzten und dicht besiedelten Welt sehr – umso wichtiger wurden Kontaktnachverfolgung und konsequente Quarantänemaßnahmen.

Ich habe noch im Januar das Bundeskabinett über das Auftreten des neuen Virus und den Ausbruch in China informiert. Die Ministerinnen und Minister kamen in der Regel immer mittwochs mit der Kanzlerin zusammen. Bald wurde der Bericht zur aktuellen Corona-Lage und über die neuesten Erkenntnisse dort zur Routine. Bundeskanzlerin Angela Merkel war sehr früh auf dieses Thema fokussiert. Damit hatte das Virus die höchste politische Ebene in Deutschland erreicht. Die politische Relevanz war uns allen klar.

Ich musste damals an etwas denken, das mir Daniel Bahr, einer meiner Vorgänger als Bundesminister für Gesundheit, vor vielen Jahren einmal gesagt hatte. In seine Amtszeit fiel der Ausbruch der bakteriellen Erkrankung EHEC in Deutschland, die bei schwerem Verlauf zu blutigem Brechdurchfall führt, aber auch Gehirn und Nieren schädigen kann.[3] Vor dem Hintergrund dieser Erfahrung sagte er sinngemäß zu mir: »Wegen eines Fehlers im Gesetz oder zu hohen Ausgaben ist noch kein Gesundheitsminister zurückgetreten. Wenn es ein Thema gibt, weshalb ein Gesundheitsminister in Deutschland zurücktreten muss, dann wegen des Krisenmanagements bei einer neu auftretenden übertragbaren Krankheit.« Das hatte auch die Grünen-Politikerin Andrea Fischer erfahren, die nach lang anhaltender Kritik an ihrem BSE-Krisenmanagement 2001 als Gesundheitsministerin zurücktrat, zusammen mit dem damaligen Landwirtschaftsminister Karl-Heinz Funke. An Daniel

Bahrs Warnung sollte ich mich während der Pandemie noch öfter erinnern.

Eine der vielen Fragen, die von Anfang an im Raum stand und die bis heute nicht eindeutig beantwortet ist, betrifft den Ursprung des Virus. Für den Umgang mit der Pandemie selbst spielte sie letztlich keine Rolle, wichtiger für uns waren die praktischen Fragen: Wie verhält sich das Virus, wie überträgt es sich, wie gefährlich ist es, wer ist am meisten gefährdet, wie schützen wir uns? Und dennoch war und ist es richtig und wichtig, dass Untersuchungen stattfinden, woher das Virus stammt. Mit sehr hoher Wahrscheinlichkeit ist es durch die Übertragung vom Tier auf den Menschen entstanden, sehr wahrscheinlich war eine Fledermausart der Ausgangspunkt. Allerdings unterstützt die chinesische Seite bis heute die Aufklärung in dieser Frage nicht wirklich. Denn wie folgenreich wäre es für die internationale Politik und die innere Verfasstheit Chinas, sollte sich herausstellen, dass das Virus aus einem dortigen Labor stammt und durch einen Unfall oder Zufall in die Welt gekommen ist?

Wie gesagt, mit sehr hoher Wahrscheinlichkeit war es nicht so. Ganz ausgeschlossen werden aber konnte die Labor-Theorie bis heute nicht. Es gab und gibt dazu immer wieder allerlei neue Geschichten und Verdachtsmomente. Nicht wenige davon, darunter auch manche aus den USA, dürften politisch motiviert sein. Ich erinnere mich noch, dass ich sehr früh in der Pandemie mit der Vermutung konfrontiert wurde, das Virus wäre künstlich erzeugt worden. Dieser Verdacht gründete sich auf bestimmte Bausteine des Virus, bei denen man zumindest nicht hundertprozentig ausschließen konnte, dass sie im Labor hinzugefügt oder verändert worden waren. Es war RKI-Präsident Lothar Wieler, der uns bei einem Gespräch im Ministerium über den Verdacht und seine Hintergründe informierte, woraufhin ich zu der Runde sagte: »Jetzt gehen wir alle raus und geben unsere Handys ab, erst dann sprechen wir hier im Raum weiter über dieses Thema.« Erstmals überhaupt schien es einen Hinweis auf eine unnatürliche Entstehung des Virus zu geben. Das wäre politischer Sprengstoff gewesen, und ich wollte auf Nummer sicher gehen.

Beweisen ließ sich dieser Verdacht am Ende nicht. Aber mir war von Anfang an wichtig, in dieser Pandemie mit allen Informationen und Meldungen aufmerksam und sensibel umzugehen. Denn jede Neuigkeit konnte sich unabhängig von ihrem Wahrheitsgehalt binnen Stunden weltweit verbreiten und, nicht zuletzt über die sozialen Medien, hohe Wellen schlagen und wäre danach nie wieder ganz einzufangen.

Gerüchte und Theorien aller Art gab es auch bei der ersten erkannten Covid-19-Infektion in Deutschland. Ein Mitarbeiter des Autozulieferers Webasto im bayerischen Landkreis Starnberg hatte sich bei einer Kollegin angesteckt. Diese war zuvor aus dem chinesischen Wuhan nach Deutschland gereist, um an einer Schulung teilzunehmen. Erst auf dem Rückflug nach China hatte die Mitarbeiterin Krankheitssymptome verspürt. Als sie dann zu Hause ein positives Testergebnis erhielt, teilte sie dies ihrem Arbeitgeber in Deutschland mit, woraufhin ihre Kontaktpersonen in dem Unternehmen, wie der dreiunddreißigjährige Kollege, getestet wurden. »Patient 1« wurde sofort isoliert und auch seine Kontaktpersonen identifiziert, um die Infektionskette zu unterbrechen. Eine Taskforce der bayerischen Gesundheitsbehörde überwachte den Zustand des Patienten.

Binnen weniger Tage kamen neue Fälle hinzu. Wo bringen wir die infizierten Patienten unter?, lautete eine der Fragen, die zu klären waren. Isolieren wir die Betroffenen zu Hause, oder müssen alle ins Krankenhaus auf eine Isolierstation?

Laut geltendem Infektionsschutzrecht konnten die zuständigen Gesundheitsbehörden in den Ländern, zumeist Gesundheitsämter der Städte und Landkreise, anordnen, dass die Infizierten sich von der Außenwelt isolieren müssen. Die ersten, wenigen Infizierten in Deutschland wurden alle auf Isolierstationen von Krankenhäusern untergebracht und behandelt. Solche Isolierstationen und das dort arbeitende Fachpersonal sind auf die Behandlung und den Umgang mit höchst ansteckenden Viren spezialisiert.

Solange wir nicht mehr über dieses Virus wussten, wollten wir auf Nummer sicher gehen. Und die noch vergleichsweise geringe Zahl an Infizierten machte ein solches Vorgehen möglich. Für die Kontaktpersonen der Infizierten wurde eine häusliche Quarantäne angeordnet. Damals waren die Gesundheitsämter noch in der Lage, in jedem Einzelfall genau zu kontrollieren, ob sich alle an diese Auflagen hielten. Die ersten vier bekannten Infektionsfälle in Deutschland wurden in der München Klinik Schwabing untergebracht, behandelt und beobachtet. Prof. Dr. Clemens Wendtner, den Chefarzt der dortigen Infektiologie und Hämatologie, lernte ich in diesem Zusammenhang kennen. Er war mir bis zum Ende meiner Amtszeit als Minister ein wichtiger Rat- und Impulsgeber.

Aus heutiger Sicht kann man den Aufwand, der hier für Patientinnen und Patienten mit relativ milden Verläufen betrieben wurde, kaum nachvollziehen: Die Infizierten waren Frauen und Männer zwischen Mitte zwanzig und Mitte vierzig, eine Altersgruppe mit meist unauffälligem Verlauf. Aber es waren eben die ersten bekannten Fälle in Deutschland. Wir wussten noch nicht wirklich, was dieses Virus im menschlichen Körper anstellt. Das konnten wir am besten herausfinden, indem wir Patienten genau beobachteten. Unter der Überschrift »›Pumperlgsund‹ auf der Isolierstation« schrieb die *Süddeutsche Zeitung* dazu am 30. Januar 2020:

»Es wirkt schon ein bisschen abstrus: Da liegen vier Menschen ohne jegliche Symptome im Krankenhaus auf der Isolierstation, abgeschottet von der Umwelt, und warten. Darauf, dass sie keine Viren mehr ausscheiden. Währenddessen versuchen Mediziner möglichst viel über den Erreger zu lernen, den sie im Körper tragen. (...) ›Die Vier sind pumperlgsund, haben keine Symptomatik, sind fieberfrei, husten nicht. Denen ist so langweilig, dass sie uns ständig mit der Entlass-Frage nerven‹, berichtet Chefarzt Wendtner.«[4]*

Dieses kurze Zeitungszitat beschreibt die damalige Stimmung. Die Zitate »pumperlgesund« und »denen ist langweilig« kursierten in den Medien und suggerierten den Eindruck, das Virus sei vielleicht doch nicht so gefährlich wie zunächst befürchtet. Diese Erfahrung war einer der Gründe, warum wir am Anfang zu der falschen Einschätzung kamen, dass Corona eine Atemwegserkrankung ist, die mit den vorhandenen Mitteln und Erfahrungen in den Griff zu bekommen wäre. Öffentlich sagte ich damals in Übereinstimmung mit der Einschätzung des RKI, für übertriebene Sorge gebe es keinen Grund. Die Gefahr für die Gesundheit der Menschen in Deutschland sei weiterhin gering. Das war mit dem Wissen von damals eine richtige Aussage. Das sollte sich aber sehr bald ändern.

Durch Gespräche mit Ärztinnen und Ärzten und Pflegekräften versuchte ich zu verstehen, wie sie sich auf den Isolierstationen im Umgang mit diesem neuen Virus fühlten. Denn die Behandlung von Menschen mit bekannten, erforschten Viren ist das eine; die direkte, unmittelbare, beruflich veranlasste Konfrontation mit einem völlig unbekannten Virus ist etwas anderes.

»Es fühlt sich komisch an. Aber das ist unser Job, Herr Minister, darum sind wir hier«, bekam ich nicht selten zur Antwort. Diesem Berufsethos kann ich nur höchsten Respekt zollen.

Mit den bayerischen Behörden tauschten sich die Kolleginnen und Kollegen im RKI und im Ministerium täglich aus. Wie geht es den Patientinnen und Patienten heute? Hat sich ihr Zustand verschlechtert oder verbessert? Sind neue Symptome aufgetreten? Haben sie Fieber? Im Nachhinein klingt auch das übertrieben und etwas skurril, wenn man bedenkt, wie viele Millionen Deutsche bis heute eine Infektion durchgemacht haben.

Und auch das war Thema: Wie lange müssen die Infizierten eigentlich in Isolation bleiben? Die Patientinnen und Patienten wurden jeden Tag komplett gescreent, alle Körperflüssigkeiten auf noch vorhandene Viruslast untersucht. Aber mit jedem weiteren symptomfreien Tag stellten die Patientinnen und Patienten die nachvollziehbare Frage dringlicher, wann sie denn endlich aus der Isolation raus dürften. Die damalige bayerische Gesundheitsministerin Melanie Huml (CSU) und ich besprachen uns zu dieser Frage fast täglich. »Solange auch nur aus einer Körperöffnung noch Viren ausgeschieden werden, müssen die Patienten bitte in Isolation bleiben«, sagte ich zu Melanie Huml. Bis wir mehr über die Ansteckungsfrage wussten, wollte ich kein Risiko eingehen. Als Bundesminister hatte ich allerdings keinerlei formale Befugnis, eine Isolation anzuordnen oder darüber zu bestimmen, wie lange man die Patienten im Krankenhaus behalten sollte. Das konnten nur die nach dem Infektionsschutzgesetz zuständigen Behörden vor Ort entscheiden, also das Land Bayern und das Gesundheitsamt München.

Dies war eine Situation, wie sie im Laufe der Pandemie von nun an immer wieder eintrat: Auch wenn ich als Bundesminister nach dem Gesetz formal in vielen Fällen keine Entscheidungen treffen oder Anweisungen geben durfte, sah es in der Realität so aus, dass sich im Zweifelsfall alle beim Bund und damit bei mir rückversichern wollten. Das haben nicht selten auch diejenigen getan, die in normalen Zeiten auf ihrer alleinigen Zuständigkeit bestehen und sich vom Bund nicht reinreden lassen wollen. Doch in unsicheren Zeiten wird politische Verantwortung gerne delegiert. »Viele sind zuständig, aber einer ist am Ende immer verantwortlich«, dieser Gedanke ging mir in den folgenden zwei Jahren noch häufig durch den Kopf.

Über hundertfünfundvierzigtausend Menschen sind in Deutschland an oder mit Corona gestorben (Stand: Mitte August 2022). Eine unfassbar hohe Zahl, hinter der sich viele Schicksale verbergen, viele Familien, die um ihre Liebsten trauern. Gleichzeitig ist die Zahl, gerade weil sie so unfassbar hoch ist, so abstrakt, dass viele kaum noch hinhören, wenn in den Nachrichten über neue Todesfälle berichtet wird. Wir haben uns daran gewöhnt, dass es täglich mehr werden. Manchmal denke ich, wir sollten öfter innehalten und uns bewusst machen, wie viel Leid dieses Virus über die Welt gebracht hat.

Kommunizieren in unsicheren Zeiten

Die Informations- und Wissenslage veränderte sich in dieser frühen Phase der COVID-19-Pandemie täglich, zuweilen sogar stündlich. Entscheidungen zu treffen war extrem herausfordernd, sowohl für uns in der Politik als auch für die Verantwortlichen im Gesundheitswesen und den lokalen Behörden. Wir konnten keine endgültigen Wahrheiten verkünden. Denn es gab sie schlichtweg nicht. Verantwortliches politisches Handeln ist immer ein Prozess des Abwägens. In Zeiten der Krise und der Not gilt das besonders. Entscheiden und Handeln in unwägbaren Zeiten und im Bewusstsein des Nichtwissens erfordert andere Fähigkeiten und eine andere Herangehensweise als Entscheiden und Handeln in bekannten, vorhersehbaren Lagen.

Auch Kommunizieren in Unsicherheit ist fordernd – und gelingt nicht immer. Das haben wir erlebt, immer wieder. Zum Beispiel in der Frage, ob das Tragen von Masken im Alltag angezeigt ist oder nicht. Hier hat es den Vorwurf gegeben, wir hätten am Anfang das Tragen von Masken nur aus dem Grund nicht empfohlen, weil es damals zu wenige Masken gab. Und ja, es stimmt, dass es zu dem Zeitpunkt zu wenige Masken gab. Was nicht stimmt, ist die hergestellte Kausalität. Die Wahrheit ist, auch wenn sie aus heutiger Sicht naiv anmutet, dass internationale wie nationale Experten und Hygieniker zu diesem Zeitpunkt noch davon ausgingen, dass das Tragen von Schutzmasken zwar im medizinischen und pflegenden Sektor dringend zu empfehlen sei, im privaten Bereich aber nicht nötig wäre.

Ich erinnere mich gut an einen gemeinsamen Auftritt mit Expertinnen und Experten in der Bundespressekonferenz am 02. März 2020, an dem diese das noch genau so sagten. Als man bald mehr darüber wusste, wie das Virus sich verbreitet und welchen Unterschied Masken im Alltagsgebrauch machen können, änderten sich die Empfehlungen der Experten und die der WHO. Und natürlich veränderte sich damit auch unsere politische Linie. Die diesbezüglichen Theorien und Vorwürfe zeigten aber leider schon damals, wie nicht wenige auf die Politik blicken: als einen zutiefst zynischen Betrieb, der im Zweifel lieber lügt und Menschenleben gefährdet, als einen Fehler einzugestehen. Diese leicht abrufbare Bereitschaft nicht weniger Menschen, dem anderen im Zweifel das Schlechtestmögliche zu unterstellen, haben wir im weiteren Verlauf der

Pandemie noch an vielen Stellen erlebt, nicht nur gegenüber der Politik.

Mir war es wichtig, in meinen öffentlichen Auftritten, in meinen Reden, Pressekonferenzen und Interviews Ruhe auszustrahlen. Es galt die richtige Balance zu finden, ohne zu beschwichtigen oder schönzureden. Es gab schon so viel Unsicherheit und Sorge, die sollte ein Bundesminister nicht noch verstärken.

»In Ihren Pressekonferenzen wirkten Sie auch in hektischen Zeiten immer wie ein ruhiger Fels in der Brandung, das war damals wichtig für mich und meine Familie«, sagte mir kürzlich eine Dame am Essener Hauptbahnhof. Das war eines der schönsten Komplimente, das sie mir machen konnte.

Aber, und das ist mir sehr bewusst: Im Nachhinein hätte ich manches besser und transparenter kommunizieren können. Etwa den Prozess des Abwägens, auch das Nicht-Wissen, um nur zwei Beispiele zu nennen. Heute weiß ich: Krisenkommunikation kann man zwar üben, aber Übung ist das eine, eine echte Krise das andere. Als Politiker die richtigen Worte zu finden ist von zentraler Bedeutung, aber es ist nicht immer einfach. Manchmal kommt es auf Nuancen an. Ein Beispiel: »Ich möchte dazu auffordern, dass wir alle mit der nötigen Gelassenheit damit umgehen.«[5] Das waren meine Worte Ende Januar 2020, und den Begriff der Gelassenheit habe ich damals mehrfach variiert und von »entschlossener« oder »aufmerksamer Gelassenheit« gesprochen.

Das war ein kommunikativer Fehler. In Zeiten des Unwissens und der Unwägbarkeiten ist es wichtig, den Spagat zu schaffen: Man sollte Unsicherheit transparent machen, ohne aber die Bevölkerung übertrieben zu verunsichern. Man darf gerne beruhigen, sollte aber gleichzeitig auf den Ernst der Lage hinweisen. »Besonnenheit« oder »entschlossene Besonnenheit« wäre deshalb die bessere Wortwahl gewesen. Denn gelassen zu sein, das muss ich selbstkritisch zugeben, konnte als »Wir lassen es laufen« oder »Wir nehmen es nicht ernst genug« ausgelegt werden.

In die Kategorie missglückte Krisenkommunikation fiel auch mein Auftritt im ZDF bei Maybrit Illner am 30. Januar 2020. Mit in der Talkrunde saß der Arzt Dr. Johannes Wimmer, der eindrücklich vor der Gefahr warnte, die uns in Deutschland durch das neue Virus drohte. Ich sprach auch hier von nötiger Gelassenheit im Umgang mit Corona. Wegen seiner dramatischen Ausführungen kritisierte ich Dr. Wimmer und erinnerte daran, dass es den Corona-Patienten in der Schwabinger Klinik ziemlich gut gehe – Stichwort »pumperlgsund«. Im Nachhinein habe ich mich noch lange über meinen Auftritt in dieser Sendung geärgert. Vermittelte er doch einen völlig falschen Eindruck von dem, was uns im Ministerium bereits alles beschäftigte.

Ziemlich genau ein Jahr später, am 01. Februar 2021, traf ich in einer Live-Sendung bei *bild.tv,* moderiert von Paul Ronzheimer, wieder auf Johannes Wimmer. Wir sprachen über meine damalige Fehleinschätzung. Ich räumte zerknirscht ein, dass ich falschgelegen hatte. »Das hat Größe, dass Herr Spahn das sagt«, war Dr. Wimmers wirklich faire Reaktion, »ich frag mich natürlich ein bisschen, was ich hätte besser machen können, um Herrn Spahn zu überzeugen.«[6]

Fehlerhafte Krisenkommunikation ist immer Wasser auf die Mühlen der Verschwörungstheoretiker. Hier sei zur Veranschaulichung als konkretes Beispiel die teils heftig geführte Debatte zur Qualität der PCR-Tests erwähnt. Der weltweit erste PCR-Test wurde unter anderem durch die Experten der Berliner Charité um Professor Christian Drosten entwickelt. Ein Grund, auf unser Land und seine Wissenschaftlerinnen und

Wissenschaftler stolz zu sein. Denn mithilfe dieses Tests war es schnell möglich, Infektionen zu identifizieren und somit Infektionsketten nachzuverfolgen.[7] Dass ab Beginn der Pandemie ein so wirkungsvolles Instrument verfügbar war, war ein großes Glück. Der PCR-Test hat aber tatsächlich eine paradoxe Schwäche: Er ist zu gut, zu genau. Das heißt in einfachen Worten, er zeigt manchmal noch Tage, selten auch noch Wochen, nachdem man nicht mehr infektiös ist, ein positives Testergebnis an. Denn er findet selbst die allerletzten Reste von Viruspartikelchen in der Probe. Die Verschwörungstheoretiker machten daraus ihre eigene Geschichte: Sie behaupteten, der PCR-Test wäre fehlerhaft und deswegen unbrauchbar. Obwohl »die da oben« das wüssten, schickten sie ganz bewusst Tausende Menschen unnötig in Quarantäne.

Wann immer es eine Gelegenheit gab, habe ich versucht, das richtigzustellen. Auf öffentlichen Veranstaltungen meldeten sich regelmäßig die Kritiker des PCR-Tests und trugen ihre Argumentation vor. In der Regel ging ein kollektives Stöhnen durch den Saal. Einige riefen »Aufhören, aufhören«, weil die meisten Menschen zum Glück keine Verschwörungstheoretiker sind und von den Einwürfen nur genervt waren. Trotzdem habe ich immer wieder den Dialog aufgenommen, um die eigene Sicht zu erläutern. Es ist natürlich einfacher, die Argumente Andersdenkender zu ignorieren, aber als Politiker hat man die Verpflichtung, sich mit ihnen so weit als möglich auseinanderzusetzen und der Debatte nicht auszuweichen.

Ich erinnere mich an eine öffentliche Diskussion am 11. September 2020 im niedersächsischen Barsinghausen. Draußen demonstrierten einmal mehr Querdenker und Corona-Leugner, drinnen im historischen Kuhstall des Ritterguts Eckerde stellte jemand langatmig die Frage zum PCR-Test – unter wachsendem Unmut des Publikums. Ich aber sagte:»Moment mal, ich möchte, dass wir das hier besprechen, denn dieser Herr im Publikum hat einen Punkt.«

Alle schauten mich erstaunt an. Ich sah den Gesichtern an, dass sie dachten: Jetzt stimmt der Spahn diesem Typen auch noch zu?!

»Sie haben recht«, sagte ich, »der Test ist nicht perfekt.« Und ich erklärte, was das Problem ist. »Aber wissen Sie was: Wir haben nichts Besseres. Und die einzig aktuell verfügbare Alternative wäre, dass wir den PCR-Test einmotten und gar nicht mehr testen. Dann geben wir unser derzeit einzig wirksames Instrument aus der Hand, verlieren die Kontrolle, und die Folgen werden dramatischer, als es ein zu genauer Test je sein kann. Und deswegen, in dieser Abwägung, nutzen wir den Test weiter – obwohl wir seine Schwäche kennen.«

Vielleicht hat diese ehrliche Antwort geholfen, vielleicht nicht. Diskussionen um den PCR-Test verliefen jedenfalls oft kontrovers und emotional. Und die Meinung, der Test wäre das Problem, nicht das Virus, hat sich durch mannigfaches Teilen in Tausenden WhatsApp-Gruppen und über soziale Medien immer weiter verbreitet und so bei vielen Menschen festgesetzt. Auch daheim im tiefsten Münsterland sprachen mich Landfrauen oder Unternehmer im Sommer 2020 immer wieder darauf an. Das macht deutlich, dass wir seitens des Ministeriums mit unserer aufklärenden Kommunikation oft nicht durchdrangen.

Eine Lehre aus all dem ist, dass wir gerade da diskutieren und uns erklären müssen, wo es anstrengend und vermeintlich aussichtslos ist. Wir müssen jedes Mal wieder betonen, dass wir mit politischen Entscheidungen nicht absolute Wahrheiten verkünden, sondern zwischen verschiedenen Alternativen und ihren wahrscheinlichen Folgen abwägen und auswählen. Nichts ist alternativlos. Im Zweifel gibt es immer die Alternative des Nichtstuns. Aber auch und gerade die Entscheidung, nichts zu tun, kann fatale Folgen haben, in der Krise allzumal. Und auch das muss man eben erklären und herleiten.

Diese Herangehensweise war mir in dieser Zeit Maxime. Egal, ob ich mit wütenden Eltern die Verpflichtung zum Maskentragen in der Schule oder mit Zweiflern den Einsatz des PCR-Tests diskutiert habe, ich bin überzeugt davon, solche Debatten sind ein Wert an sich. Man macht es sich selbst zu leicht, wenn man andere als Fanatiker oder Spinner abstempelt und damit jede Diskussion beendet. In der Folge ziehen sich die so Ausgegrenzten erst recht in ihre vielfach verquere Gedankenwelt zurück.

Man adelt die andere Seite nicht, nur weil man sich der Diskussion stellt und gute Argumente bringt. Im Gegenteil.

Rückblende Oktober 2019

Reise ins Ebola-Gebiet

Vom irischen Epidemiologen Dr. Mike Ryan, dem Leiter des Notfallprogramms der WHO, stammt folgendes Zitat:
»*Be fast, have no regrets. The greatest error is not to move. Speed trumps perfection when it comes to dealing with an outbreak.*«[8]

Frei übersetzt: Handle schnell, der größte Fehler ist, nicht zu handeln. Geschwindigkeit schlägt Perfektion, wenn es darum geht, mit dem Ausbruch eines neuen Virus umzugehen. Er sagte diesen in meinen Augen klugen Satz Mitte März 2020 im Rahmen des täglichen Pressebriefings der WHO zu Covid-19. Es war seine Antwort auf die Frage, was sich aus früheren Epidemien wie den Ebola-Ausbrüchen in Afrika für das aktuelle Krisenmanagement lernen ließe. Klug nenne ich seinen Satz, weil er das Spannungsfeld beschreibt, in dem wir agierten: das richtige Maß an Geschwindigkeit im Handeln zu finden – auf Basis des vorhandenen Wissens und des gegebenen Nicht-Wissens. Auch eine gewisse Demut scheint mir angebracht. Denn wer schnell entscheidet, der macht zwangsläufig Fehler.

Ich hatte Mike Ryan bei meinen Besuchen der WHO in Genf bereits mehrmals persönlich getroffen. Richtig kennen- und schätzen gelernt habe ich ihn im Zusammenhang mit dem Ebola-Ausbruch, auf den er sich in seiner Aussage bezog. Anlass war eine größere Auslandsreise im Herbst 2019, wenige Monate vor Beginn der Pandemie. Ich flog mit einer Delegation, bestehend aus der Parlamentarischen Staatssekretärin im Entwicklungshilfeministerium, Maria Flachsbarth (CDU), und Mitgliedern des Gesundheitsausschusses des Bundestages, zu Gesprächen über Gesundheitssicherheit und -zusammenarbeit nach Äthiopien, Ruanda, in den Kongo und nach Nigeria. Vier afrikanische Länder in vier Tagen. Insbesondere bei unserem Besuch im damaligen Ebola-Ausbruchsgebiet im Ostkongo ging es darum, uns ein Bild von der Situation der Seuchenbekämpfung vor Ort zu machen. Hier traf ich auf Mike Ryan und sein WHO-Team. Bei der Ankunft auf dem militärisch bewachten Flughafen von Goma war ich etwas irritiert, wie wir am Flughafen begrüßt wurden. Nämlich nicht per Handschlag, sondern zur Infektionsvermeidung mit dem »Ebola-Gruß«: die Berührung der beiden Ellbogen – eine Begrüßungsgeste, die uns allen schon wenig später in Deutschland sehr vertraut werden sollte.

Nach einem Gespräch mit Mike Ryan und seinem Team vor Ort sowie den Vertretern anderer Hilfsorganisationen brachen wir in einem Konvoi gemeinsam zu der nur wenige Kilometer entfernten Grenze zu Ruanda auf. Der Petite Barrière genannte Grenzübergang gehört zu den am häufigsten frequentierten Checkpoints der Welt, wobei ihn die meisten nur zu Fuß passieren.

Um den Eintrag von Ebola-Infektionen zu vermeiden, waren Temperaturkontrollen am Grenzübergang eingerichtet worden. Was so einfach klingt, war in dem unglaublichen Gedränge Zigtausender Grenzgänger jeden Tag in angespannter Sicherheitslage zwischen Ruanda und dem Kongo eine logistische Meisterleistung. Der aus Sicherheitsgründen kurze, aber intensive Besuch an dieser Grenze hat bei mir einen bleibenden Eindruck hinterlassen. Und so wenig sich Corona in Deutschland und Ebola in Ostafrika vergleichen lassen, so sehr habe ich im Nachgang doch manche Parallele entdeckt. Nicht nur beim Ellenbogen-Gruß.

Hier wie dort gab und gibt es allerlei Mythen über das Virus und Verschwörungstheorien über seine Herkunft. In den umkämpften Rebellengebieten im Ostkongo behaupteten manche der Rebellenanhänger, die verhasste Zentralregierung wolle ihnen Tod und Elend bringen. Deswegen hätte sie Ebola erfunden und zu ihnen geschickt. So befeuerte ein Virus die politische Instabilität der Region.

Einzelne afrikanische Politiker redeten bei Ebola, wie leider schon bei HIV, viel Unsinn: wie man sich durch Duschen schütze oder der Beischlaf mit Jungfrauen heile – solche und ähnlich gefährliche Geschichten kursierten und machten die Bekämpfung der Krankheit nicht leichter. Auch herrscht in vielen Bevölkerungen Afrikas, nicht selten genährt durch die eigenen Regierungen, eine große Impfskepsis vor.

Die Brutalität, mit der das Ebola-Virus in der Region wütete, wurde mir vor dem Abflug am Flughafen Goma bei der Begegnung mit Ebola-Überlebenden deutlich. Sie schilderten mir und Mike Ryan ihre Angst, ihr Leid und die erlebte totale Ausgrenzung. Eine solche Begegnung ist etwas Besonderes, wenn man bedenkt, dass die damalige Ebola-Sterblichkeitsrate bei bis zu 90 Prozent lag. Umso erfreulicher ist es, dass auch bei diesem Virus die Entwicklung eines Impfstoffs gelang: Die Ebola-Epidemie wurde im Jahr 2020 durch die Verfügbarkeit eines zugelassenen, hochwirksamen Impfstoffs beendet. Zum Zeitpunkt meiner Reise befand sich dieser gerade in der Testphase. Er wird heute übrigens auch in Deutschland, im niedersächsischen Burgwedel, hergestellt. Ebola wurde erstmals 1976 entdeckt, der wirksame Impfstoff konnte erst 45 Jahre später zugelassen werden.

Dieses Beispiel zeigt, welch ein Wahnsinnserfolg es ist, dass es bei Covid-19 bereits nach weniger als zwölf Monaten einen wirksamen Impfstoff gab. Auch in dieser Hinsicht hat mich die Reise ins Ebola-Gebiet im Nachhinein sehr dankbar und demütig gemacht. Ich bin mir übrigens sicher, dass die Entwicklung eines Ebola-Impfstoffs nicht so viele Jahrzehnte gebraucht hätte, wenn das Ebola-Virus in der westlichen Welt aufgetreten wäre, die sich bei der nötigen Forschung dann wahrscheinlich mehr engagiert hätte.

Auf der letzten Etappe der Afrikareise, in Nigerias Hauptstadt Abuja, kam es zu einer weiteren bemerkenswerten Erfahrung. Vom Flughafen aus fuhren wir zügig durch die Stadt, wegen der Sicherheitslage im Land von einer Militäreskorte begleitet. Ziel war neben einem Gespräch mit dem Gesundheitsminister und dem Besuch eines Start-up-Hubs für junge Gründer das »nigerianische RKI«, das Nigeria Center for Disease Control (NCDC). Als wir beim Rundgang nach der Diskussion in das Lagezentrum kamen, blickte ich auf die Bildschirme an der Wand und war fasziniert: In Echtzeit wurde mittels einer Software das Infektionsgeschehen im Land gescannt. Vereinfacht dargestellt, filterte diese Software aus den sozialen Medien wie Twitter, Instagram oder Facebook heraus, wann und wo sich wie viele Menschen über Masern, Grippe, Polio oder andere Krankheiten austauschten, wo über welche Symptome kommuniziert oder Infektionen gemeldet wurden. Und alle diese Informationen wurden zusammengeführt und grafisch auf den Monitoren dargestellt, sodass zu jeder Zeit ein Bild über das Infektionsgeschehen im Land abrufbar war.

»Das ist fantastisch, wo habt ihr das her?«, fragte ich. Und bekam zur Antwort: »Vom Robert Koch-Institut.«

Es handelte sich um eine Software namens SORMAS (Surveillance Outbreak Response Management and Analysis System), die unter der Leitung des Helmholtz-Zentrums für Infektionsforschung und unter Mitwirkung des RKI entwickelt worden war – und später, in der Corona-Pandemie, endlich auch in deutschen Gesundheitsämtern zur Anwendung kam. Während in Deutschland im Jahr 2019 noch das Fax das Mittel der Wahl war, um einen Gesamtüberblick über das Infektionsgeschehen zu erhalten, nutzte Nigeria eine in Deutschland entwickelte digitale Anwendung, von der ich bis dahin noch nie gehört hatte. Ich war perplex. Gleichzeitig verblüfft, stolz und wütend.

Wann immer ich diese Geschichte erzähle, kommt die berechtigte Frage: Warum klappte das in Nigeria, bei uns aber nicht? Ja, es stimmt: Bei der Digitalisierung des Gesundheitswesens und der öffentlichen Verwaltung in Deutschland war und ist noch viel zu tun.

Aber man kann an dem Beispiel gut erklären, warum es bei uns oft zu langsam geht. In Nigeria konnte man in einem zentralisierten und nicht besonders verzweigten Gesundheitswesen mit der Software auf der sprichwörtlichen grünen Wiese starten. Es waren weder Widerstände in Praxen oder Krankenhäusern noch eingespielte und eingefahrene Strukturen und Abläufe zu überwinden – schlichtweg, weil es sie nicht gab. In Deutschland dagegen gibt es dreihundertfünfundsiebzig Gesundheitsämter, in deren technische und behördliche Strukturen eine neue Software implementiert werden muss. In Nigeria hatte die Software die Funktion, dynamische Krankheitsausbrüche zu erkennen, zu melden und auszuwerten. In Deutschland hatte es über Jahrzehnte nur selten den Bedarf gegeben, dass die Gesundheitsbehörden untereinander – also zum Beispiel das Gesundheitsamt in Rosenheim mit dem in Flensburg – Informationen zu einem Fall austauschen mussten, etwa um Isolation oder Quarantäne von Kontaktpersonen anzuordnen. Und wenn, dann geschah das oft per Fax. Auch die Zahl der an die Landes- und Bundesbehörden zu meldenden Infektionsfälle war vergleichsweise niedrig, der »Leidensdruck« also zu gering.

All das hat dazu geführt, dass die Beharrungskräfte gegen ein gemeinsames elektronisches Meldesystem und eine vernetzte digitale Ausbruchsüberwachung über Jahre und Jahrzehnte enorm waren. Jeder schützte sein kleines eigenes Meldekönigreich mit eigener Software vor Ort gegen eine standardisierte Vereinheitlichung aus Berlin. Unter dem Druck der Pandemie-Ereignisse hat sich die Situation verbessert: Über 250 Gesundheitsämter arbeiten mittlerweile mit der Software. Aber der Weg dahin war ein langer, manche Erfolge stehen auch schon wieder infrage.

Die Erfahrung während der Pandemie zeigt jedenfalls: Man hätte die Digitalisierung im Gesundheitswesen früher und schneller vorantreiben müssen. Und damit schließt sich der Kreis zu Mike Ryan: Der größte Fehler ist es, nichts zu tun. Und eine schnelle Entscheidung ist manchmal wichtiger und richtiger als die perfekte Lösung – die vielleicht nie kommt.

Die Reise nach Afrika diente dem Ziel, das bisher zu oft am Rande behandelte Thema Gesundheitssicherheit und die damit verbundene internationale Zusammenarbeit stärker auf die Agenda des Ministeriums zu setzen. Wir waren dabei, eine ganz neue Abteilung im Ministerium aufzubauen, die Abteilung 6 Gesundheitsschutz, Gesundheitssicherheit, Nachhaltigkeit. Der Deutsche Bundestag stellte uns zum Start ab dem Jahr 2020 zusätzliche Stellen zur Verfügung – ein guter Zeitpunkt, könnte man sagen. In dieser Abteilung bündelten wir die Referate, die sich um die nationale und internationale Gesundheitssicherheit kümmerten, zum Beispiel um das Infektionsschutzgesetz, den Trinkwasserschutz, die Aufsicht über das Robert Koch-Institut, unsere Partner- und Trainingsprogramme mit anderen Staaten. Erstmals schufen wir in dieser neuen Abteilung auch Referate, die sich mit Fragen des Klimawandels und der notwendigen Anpassung an die Folgen dieses Wandels im Gesundheitswesen beschäftigten.

Zwei Beispiele für notwendige Klimaanpassungen im Bereich der Gesundheit: Aufgrund der klimatischen Veränderungen steigt im Sommer immer häufiger die Temperatur auf deutlich über dreißig Grad Celsius. Diese Hitze ist für den menschlichen Körper eine enorme Belastung, besonders für ältere und kranke Menschen.

Daher braucht es Aufklärung und Prävention, etwa durch Hitzepläne für Pflegeeinrichtungen und Krankenhäuser. Ein anderes Beispiel ist das nordwärts wandernde West-Nil-Virus. Trat es früher eher in nordafrikanischen und südeuropäischen Regionen auf, kann es aufgrund der geänderten klimatischen Bedingungen bei uns überwintern und sich im Sommer durch Mücken verbreiten, im Jahr 2021 etwa gehäuft in Sachsen.

Für die Leitung dieser neuen Abteilung konnte ich einen Generalarzt der Bundeswehr, Dr. Hans-Ulrich Holtherm, gewinnen. Ein Uniformträger im Gesundheitsministerium – das war für viele neu. Aber Dr. Holtherm war schon während der Ebola-Krise eine wichtige Stütze für das Ministerium gewesen.

Die Gründung dieser neuen Abteilung zu genau diesem Zeitpunkt, wenige Wochen vor Pandemiebeginn, stellte sich als ein glücklicher Zufall heraus. Die Kolleginnen und Kollegen in der neuen Abteilung waren zusammen mit dem Robert Koch-Institut die ersten im Ministerium, die seit der WHO-Meldung über den Corona-Ausbruch im chinesischen Wuhan von Anfang Januar 2020 an operativ in der Bekämpfung der Pandemie arbeiteten. Denn – das muss man wissen – das Gesundheitsministerium ist zu »normalen« Zeiten im Wesentlichen eine Behörde, die zum ganz überwiegenden Teil gesetzgeberisch tätig ist. Sie verfasst Gesetzestexte und Verordnungen. Die operative Umsetzung obliegt den Ländern und den vielen Institutionen des Gesundheitswesens selbst. Dass also die neue Abteilung 6, zusammen mit dem ihr zugeordneten RKI, so schnell operativ zum Einsatz kommen konnte, war ein großer Vorteil.

Ein folgenreicher Freitag

Mit den Erfahrungen und Berichten, insbesondere aus Italien und in wachsender Zahl aus anderen europäischen Ländern, ahnten wir bereits im Laufe des Februars, was auf Deutschland zukommen würde. Dennoch ist mir ein Gespräch, das am späten Freitagnachmittag des 06. März 2020 stattfand, in besonderer Erinnerung geblieben: RKI-Präsident Lothar Wieler und der Virologe und Charité-Professor Christian Drosten, die mir von Beginn der Pandemie an ebenso fachlich versierte wie erfahrene und besonnene Ratgeber waren, und ich hatten uns eher spontan zum Austausch über die Lage und den Stand der Erkenntnisse verabredet. Jetzt sprachen wir in meinem Ministerbüro mögliche Szenarien und Fallzahlen durch, mit denen wir in den nächsten Wochen und Monaten wahrscheinlich rechnen mussten. Die beiden Experten präsentierten verschiedene informelle Berechnungen. Eine davon besagte, dass wir im schlechtesten Fall infolge einer respiratorischen Erkrankung wie Covid-19 in eine Situation geraten könnten, in der wir in Deutschland vierzigtausend Patienten gleichzeitig mit Beatmungsgeräten würden versorgen müssen. Der schlechteste Fall hatte zwar nicht die höchste Wahrscheinlichkeit, aber doch sollten wir zumindest ansatzweise dafür gerüstet sein.

Vierzigtausend beatmete Patienten, das ist eine Größenordnung, bei der ich erst einmal schlucken musste. Zu diesem Zeitpunkt verfügten wir in Deutschland zwar über mehr Intensivbetten als Frankreich, Italien und Spanien zusammen und bezogen auf die Größe der Bevölkerung über mehr als die meisten Länder der Welt. So waren nach damaliger Schätzung zwar gut zwanzigtausend Intensivbetten, aber höchstens fünf- bis sechstausend Beatmungsgeräte verfügbar. Die genaue Zahl wusste niemand, denn bisher hatte es nie einen Anlass gegeben, sie zu zählen.

Das Treffen ließ mich aufgewühlt zurück. Ich hatte die Bilder aus Norditalien im Kopf: Die Notlage in den Kliniken, wo es bereits zu Situationen gekommen war, dass Intensivmediziner darüber entscheiden mussten, welche Patientin oder welchen Patienten sie beatmeten und welchen nicht – schlichtweg weil es an Beatmungsgeräten fehlte.

Ließ man einen älteren Patienten sterben, um einen jüngeren zu retten, der vielleicht höhere Überlebenschancen hatte? Was würde es mit unserem Land machen, wenn es in Deutschland zu einer solchen Situation, zur sogenannten Triage käme?, fragte ich mich. Wenn wir die Menschen nicht mehr versorgen könnten. Wenn Kranke, die auf medizinische Hilfe angewiesen sind, abgewiesen werden. Was bedeutet das für das medizinische Personal, die Pflegekräfte, Ärztinnen und Ärzte, die ohnehin einer massiven Belastung ausgesetzt waren und die im Zweifel regelhaft und explizit über Leben und Tod hätten entscheiden müssen? Konnte da die Politik, konnte ich als verantwortlicher Bundesminister sagen: Schauen wir mal, wie weit wir kommen?

An diesem Freitagnachmittag habe ich die Bedeutung der Pandemie in ihrer ganzen Dimension besser erkannt. Und ich fasste den Entschluss, alles daranzusetzen, solche Situationen in Deutschland zu vermeiden.

Am Abend kam ich lange nicht zur Ruhe. Ich rekapitulierte das Gespräch mit Lothar Wieler und Christian Drosten. Weil für den nächsten Tag, am Samstag, keine externen Termine anstanden, bat ich mein Team, dass wir uns kurzfristig im Ministerium treffen, um die Lage zu besprechen. Wie gehen wir mit diesem Szenario um? Wie sollten wir dazu kommunizieren? Und vor allem: Wie schaffen wir es, möglichst schnell an möglichst viele Beatmungsgeräte zu kommen, um bestmöglich vorbereitet zu sein? Darum ging es jetzt in erster Linie. Wer sind die größten Hersteller, und was wussten wir über ihre Produktionskapazitäten?

Über den damaligen Gesundheitsminister Schleswig-Holsteins, Heiner Garg (FDP), bekam ich noch am selben Tag den Kontakt zu einem der weltweit führenden Hersteller für Beatmungsgeräte mit Sitz in Lübeck, zur Dräger AG. Ich rief den Unternehmenschef Stefan Dräger an, schilderte unsere Lage und lud ihn für die nächste Woche zu einem persönlichen Treffen nach Berlin ein. Auch andere Hersteller von Beatmungsgeräten, teilweise deutscher Mittelstand, teilweise Weltkonzerne, kontaktierten unsere Fachleute im Ministerium und ich in den folgenden Tagen direkt. Die ganze Welt kam in diesen Wochen zu der Erkenntnis, dass es angesichts der aufkommenden Pandemie sinnvoll wäre, den Bestand an Beatmungsgeräten zu erhöhen. Wie bei den Masken drohte auch hier ein Wettrennen in Wildwestmanier, und die USA begannen bereits, den Weltmarkt aufzukaufen. Daher mussten wir schnell handeln und Geräte für Deutschland sichern.

Ich griff selbst zum Telefon, denn die Chefs der weltweit größten Konzerne der Medizintechnik konnten sich dem persönlichen Anruf des deutschen Gesundheitsministers nicht entziehen. Dafür ist der deutsche Markt zu wichtig.

So kauften wir, unterstützt durch Beschlüsse des Bundeskabinetts, des Krisenstabs des Bundes und der Ministerpräsidentenkonferenz und ausgestattet mit den nötigen Mitteln durch den Finanzminister, in kurzer Zeit viele Beatmungsgeräte. Das politisch vorgegebene Ziel: die Zahl der Beatmungsgeräte mindestens zu verdoppeln. Vizekanzler Olaf Scholz berichtete in einer Kabinettsrunde von seinen Erfahrungen als Hamburger Bürgermeister aus der Zeit der Flüchtlingskrise und schlussfolgerte, dass die Verwaltung in solchen Zeiten klare und ambitionierte Ziele brauchte. Nur dann täte sie, was nötig sei: »Deswegen sollten wir das Ziel setzen, die Zahl der Intensivbetten kurzfristig zu verdoppeln.«

Diesen Scholz'schen Vorschlag griffen die Chefinnen und

Chefs der Staatskanzleien der Länder in einer Runde mit Kanzleramtsminister Helge Braun im Februar 2020 auf. Das Ziel war also gesteckt. Aufgrund der Dringlichkeit der Lage konnte dies, auch das haben alle Beteiligten in mehreren Beschlüssen festgehalten, nicht in wochenlangen Ausschreibungen, sondern nur in direkter Ansprache der Hersteller geschehen.

Exemplarisch für unser Vorgehen in diesen Tagen sei der weitere Ablauf mit Dräger geschildert. Als Stefan Dräger und ich einige Tage später in meinem Büro zusammensaßen, berichtete er mir, wie stark die Nachfrage nach Beatmungsgeräten bereits gestiegen war. Eigentlich sei seine Jahresproduktion für 2020 schon unter Vertrag, die im Folgejahr auch mehr oder weniger. Meine Erwiderung war, dass ich ihm jetzt auf die Schnelle nur mit der Kraft der mündlichen Zusage eines Bundesministers erklären könne, dass die Bundesrepublik Deutschland bis zu zehntausend seiner Geräte abkaufen würde. Aber wir bräuchten sie bald: Ob es nicht doch irgendeinen Weg gäbe? Mir sei eine Herstellung in Deutschland lieber als eine in den Vereinigten Staaten, die schon damals damit begannen, bestimmte Produkte nicht mehr außer Landes zu lassen.

Das sei schwierig, meinte Dräger daraufhin, diese Größenordnung entspreche immerhin seiner gesamten Jahresproduktion. »Und wir sind schon komplett ausgelastet.« Er überlegte. »Okay. Wir versuchen es.«

Er müsse dafür quasi ab morgen seine Produktion umstellen, mehr Personal einplanen, neue Maschinen bestellen.

»Ja, machen Sie das«, sagte ich, und wir gaben uns die Hand darauf. Bald danach wurde die ganze Welt bei ihm vorstellig, Regierungs- und Staatschefs, selbst der König der Niederlande, riefen bei Stefan Dräger persönlich an, um an Beatmungsgeräte zu kommen.

Mit dieser und den weiteren Bestellungen bei anderen Herstellern waren wir knapp vor der Welle. Es ging um Tage. Nur ein, zwei Wochen später wäre der komplette Weltmarkt aufgekauft gewesen.

Viele Monate später passten wir die Bestellungen nach unten an oder widmeten sie in ein kurzfristig abrufbares Notkontingent um, weil zusätzliche Beatmungsgeräte in dieser großen Zahl zum Glück doch nicht benötigt wurden. Aber wir waren damit besser vorbereitet auf alles, was hätte kommen können. An Beatmungsgeräten hat es in dieser Pandemie in Deutschland jedenfalls nie gemangelt – Gott sei Dank.

Um die Zuteilung der ersten gelieferten Geräte gab es unter den Bundesländern einen regelrechten Wettstreit. Welches Land konnte seine Kliniken als erstes damit ausrüsten? Die einen sagten, sie hätten die höheren Infektionszahlen, die anderen argumentierten, sie hätten eine ältere Bevölkerung. Um jedes einzelne Beatmungsgerät wurde zu dieser Zeit in meiner Schalte mit den Gesundheitsministerinnen und -ministern der Länder hart gerungen. Von den ersten Lieferungen gaben wir auch einige Geräte an Länder ab, die damals in großer Not waren, etwa an Italien und Spanien. Ich erinnere noch gut, wie etwa der Ministerpräsident Spaniens, Pedro Sánchez, die Bundeskanzlerin um Unterstützung bat, sie mich daraufhin anrief, ich mit meinem spanischen Kollegen Salvador Illa die Details besprach und wir schließlich mit der Luftwaffe eine Handvoll Beatmungsgeräte nach Spanien brachten.

Es war nicht viel, aber viel konnten wir in der damaligen unsicheren Lage auch nicht entbehren. Wir wussten ja nicht, was uns noch erwartete. Im Rückblick hätten wir deutlich großzügiger sein können. Die Dankbarkeit war trotzdem riesig. Es war eine wichtige Geste der europäischen Solidarität.

Im Nachhinein wurde die Frage gestellt: Warum habt ihr damals so hemdsärmelig, quasi per Handschlag, Beatmungsgeräte eingekauft? Sicherlich war diese Art und Weise, Entscheidungen zu treffen, für die öffentliche Verwaltung und ein Ministerium unkonventionell. Aber die Alternative, eine formelle wochenlange Ausschreibung, hätte wahrscheinlich dazu geführt, dass Deutschland leer ausgegangen wäre und keine zusätzlichen Beatmungsgeräte bekommen hätte. Mit dem Wissen und der dringlichen Lage von damals war es mir wichtig, Deutschland bestmöglich vorzubereiten. Ich ahnte allerdings, dass es später, wenn die Dringlichkeit der derzeitigen Lage bei vielen schon wieder vergessen wäre, Kritik geben würde. Ohne diese Bereitschaft zum persönlichen politischen Risiko ist jedenfalls in Deutschland keine Krise zu managen. Denn wie sagte Mike Ryan von der WHO zum Krisenmanagement: Speed trumps perfection.

Warum bei Unsicherheit die Sicherheit Vorrang hat

Wenn wir bei Entscheidungen abwägen mussten, weil es kein klares »Falsch« und kein eindeutiges »Richtig« gab, dann hatte im Zweifel die Sicherheit Vorrang. Die Impfkampagne für den Impfstoff von AstraZeneca im März 2021 vorsorglich auszusetzen war eine auf dieser Basis getroffene Entscheidung. Sie sorgte damals für heftige Kritik. Aber ich würde heute wieder genauso entscheiden. Auslöser der Diskussion um AstraZeneca waren mehrere Meldungen in Deutschland und Europa über schwere Krankheitsfälle durch Thrombosen der Hirnvenen. Es bestand der Verdacht, sie könnten im Zusammenhang mit der Impfung stehen. Anfangs handelte es sich um sieben Verdachtsfälle in Deutschland, verimpft waren hierzulande zu dem Zeitpunkt bereits rund 1,6 Millionen Dosen AstraZeneca.

Ich beriet mich zu dieser Frage Mitte März mehrfach mit dem Präsidenten des Paul-Ehrlich-Instituts, Professor Klaus Cichutek. Wir vereinbarten, eine Expertenrunde am Morgen des folgenden Montags, dem 15. März 2021, abzuwarten, die klären sollte, ob es einen hinreichenden Beleg für einen kausalen Zusammenhang zwischen der jeweiligen Impfung und den gemeldeten Thrombosen gab. Die Bundeskanzlerin informierte ich über dieses Vorgehen. Die politische Bedeutsamkeit dieser Entscheidungen stand angesichts der noch schleppenden Impfkampagne und der daraus folgenden Stimmung im Land außer Frage.

Die Experten kamen schließlich zu dem Ergebnis, dass der kausale Zusammenhang gegeben sei und die Hirnvenenthrombosen mit den Impfungen zu tun hatten. Ich beriet mich mit unseren Fachleuten aus dem Ministerium und Professor Cichutek. Am Ende gaben drei Überlegungen den Ausschlag für meine Entscheidung, die Impfungen vorläufig auszusetzen: Erstens wussten wir noch zu wenig über die Häufigkeit solcher unerwünschten schweren Nebenwirkungen. Wir brauchten Zeit, um mit den anderen europäischen Behörden zu besseren Erkenntnissen zu kommen. Zweitens waren von diesen neu erkannten Risiken der AstraZeneca-Impfungen vor allem jüngere Frauen betroffen, für die Corona ein vergleichsweise geringes Risiko darstellte. Auch hier brauchten wir für eine vernünftige Risikoabwägung mehr Informationen. Und drittens mussten zumindest die Aufklärungsbögen überarbeitet und das erkannte Risiko ausdrücklich genannt werden. Das brauchte seine Zeit, wir konnten nicht einfach am nächsten Tag weiterimpfen, ohne die zu Impfenden korrekt auch über dieses Risiko aufzuklären. Die Kanzlerin, die ich über meine Entscheidung und ihre Hintergründe informierte, sah die Dinge im Ergebnis wie ich.

Bevor ich am Abend des 15. März 2021 vor die Presse trat und den vorläufigen Stopp von AstraZeneca verkündete, besprach ich in einer mehrstündigen Schalte mit den sechzehn Gesundheitsministerinnen und -ministern der Länder das weitere Vorgehen. Es war wichtig, sie an Bord zu haben. AstraZeneca auszusetzen würde nämlich bedeuten, in den laufenden Betrieb der Impfzentren einzugreifen. Dabei waren gerade alle heilfroh, dass er in Gang gekommen war. Wir impften bereits in vierhundertsechzig Impfzentren, nach Ostern sollten mehr als fünfzigtausend impfende Arztpraxen dazukommen. Und eines war sicher: In der Sekunde, in der ich als Bundesgesundheitsminister ankündigen würde, dass die Impfung mit AstraZeneca vorübergehend ausgesetzt wird, würde sich bei den Menschen Unsicherheit und in den Impfzentren teils Chaos breit machen. Tausende impfende Ärzte mit der Spritze im Anschlag wären ratlos, und die Patientinnen und Patienten, die gerade AstraZeneca verabreicht bekommen hatten, würden sich fragen: »Was wurde mir denn hier gerade gespritzt?«

Wir hatten in der Gesundheitsministerkonferenz schon mehrfach konfliktgeladene Debatten geführt. Auch jetzt zeichnete sich ab, dass es schwierig werden würde, alle mit ins Boot zu holen. Einige der Kolleginnen und Kollegen hatten Zweifel. Mitten in der Impfkampagne eine Vollbremsung zu machen, da kam keine gute Laune auf. Am Ende erhielt ich aber doch die nötige Rückendeckung aller für meine Entscheidung, AstraZeneca auszusetzen, wenn auch teils nur zähneknirschend.

Dann trat ich in dem Bewusstsein vor die Presse, dass gefühlt achtzig Prozent der Deutschen fragen würden, ob der Spahn jetzt wahnsinnig geworden sei, einfach mit dem Impfen aufzuhören.

»Das ist eine fachliche Entscheidung und keine politische«, sagte ich auf der Pressekonferenz – wohlwissend, dass es eine politische Entscheidung ist, der fachlichen zu folgen. Damit handelte ich gemäß der Empfehlung des Paul-Ehrlich-Instituts, das am 15. März schrieb:

>*Das Paul-Ehrlich-Institut empfiehlt nach intensiven Beratungen zu den in Deutschland und Europa aufgetretenen schwerwiegenden thrombotischen Ereignissen die vorübergehende Aussetzung der Impfungen mit dem Covid-19-Impfstoff AstraZeneca. Gegenüber dem Stand vom 11.03.2021 sind inzwischen weitere Fälle (Stand: Montag, den 15.03.2021) in Deutschland gemeldet worden. Bei der Analyse des neuen Datenstands sehen die Expertinnen und Experten des Paul-Ehrlich-Instituts jetzt eine auffällige Häufung einer speziellen Form von sehr seltenen Hirnvenenthrombosen (Sinusvenenthrombosen) in Verbindung mit einem Mangel an Blutplättchen (Thrombozytopenie) und Blutungen in zeitlicher Nähe zu Impfungen mit dem Covid-19-Impfstoff AstraZeneca.*«[9]

Das mediale Echo war wie erwartet. Es gab teilweise verhaltene Unterstützung, aber überwiegend deutliche Kritik an meinem Vorgehen. Ich bin mir sicher, beides hätte es bei einer gegenteiligen Entscheidung auch gegeben.

Nach Untersuchungen durch die Europäische Arzneimittelagentur EMA wurde der Impfstopp bereits wenige Tage später wieder aufgehoben. Allerdings empfahl die Ständige Impfkommission (STIKO) wegen des geringeren Risikos von nun an nur noch eine Verimpfung von AstraZeneca an Personen über sechzig Jahre. Das Vertrauen vieler Menschen in den Impfstoff war nach diesem Hin und Her nachhaltig gestört.

Der Impfstoff von AstraZeneca ist gut, sicher und wirksam. Und doch wäre es aus heutiger Sicht eine vernünftige Alternative gewesen, wie in Dänemark für die weitere Impfkampagne ganz auf AstraZeneca zu verzichten.[10] Die Impfempfehlungen der STIKO wurden noch mehrfach angepasst, gleichzeitig fiel der größte Teil der erwarteten Lieferungen für 2021 aus. So hat die Debatte um AstraZeneca am Ende viel Vertrauen gekostet, aber für unsere deutsche Impfkampagne keinen großen Unterschied gemacht. Nur konnte das damals, Mitte März 2021, noch niemand wissen.

Die STIKO kam bei diesen Entwicklungen ihrer Aufgabenbeschreibung nach: Sie agierte als unabhängiges, ehrenamtliches Expertengremium, auf der Grundlage der jeweils aktuellen Erkenntnisse. Im Rückblick zeigt sich aber, dass sie unter den Bedingungen einer pandemischen Ausnahmesituation in nie da gewesener Form gefordert war. Eine Lehre ist auch, dass die STIKO institutionell gestärkt werden sollte. Sie braucht mehr Ressourcen und einen hauptamtlichen Vorsitzenden.

Zwei Monate später, im Mai 2021, habe ich mich selbst impfen lassen, durch meinen Hausarzt im Münsterland. Ich entschied mich bewusst für den Wirkstoff von AstraZeneca, um ein Zeichen zu setzen: Die Risiken jeder Impfung sind deutlich kleiner als die Gefahr, ohne Impfschutz an Corona zu erkranken. Und, so viel Ehrlichkeit muss sein, es kam natürlich eine zweite Überlegung dazu: Wenn sich der Gesundheitsminister den damals noch sehr knappen und besonders begehrten Impfstoff von BioNTech »gönnt«, könnte das wie eine Vorzugsbehandlung wirken. Dieser Eindruck ließ sich leicht vermeiden.

II.

Es fehlt an allen Ecken und Enden

Unterwegs als »koordinierender Bittsteller«

Während wir uns bemühten, die Verbreitung des Virus im eigenen Land so lange wie möglich unter Kontrolle zu halten, mussten wir uns als Staat natürlich um ein weiteres Problem kümmern: die deutschen Bürgerinnen und Bürger, die sich im Großraum Wuhan aufhielten und China auf regulären Wegen nicht verlassen konnten. Der erste Corona-Hotspot der Welt war damals von der chinesischen Staatsführung total abgeriegelt worden. Zwar lief der Linienflugverkehr zwischen Europa und China noch, der von und nach Wuhan aber war bereits eingestellt. Und auf dem Landweg durfte das Sperrgebiet Wuhan von niemandem verlassen werden.

Wir konnten und wollten unsere Staatsbürgerinnen und Staatsbürger nicht ihrem Schicksal überlassen. Gleichzeitig war die Sorge groß, dass die Rückkehrer aus diesem Hotspot das Virus nach Deutschland einschleppen könnten. Zur Erinnerung: Hier geht es um die Zeit vor Karneval. Die chinesischen Behörden erlaubten es uns wie anderen Ländern auch, die eigenen Staatsbürger mit eigenen Mitteln auszufliegen. In die Rückholaktion war mein Ministerium nicht direkt involviert, da sie in die Zuständigkeit des Außen- und des Verteidigungsministeriums fiel. Aber ich weiß, wie schwierig es war, mit der chinesischen Regierung eine Übereinkunft zu finden, wann und wie die deutschen Staatsbürger zurückgeholt werden konnten. Allein die Abstimmung über Flugzeiten gestaltete sich kompliziert, es war ein gewaltiger bürokratischer Aufwand. Den Rücktransport aus Wuhan für die hundert Deutschen mitsamt ihren engsten Angehörigen anderer Nationalität übernahm eine Bundeswehrmaschine. Am 01. Februar 2020 landete ein Airbus mit hundertsechsundzwanzig Passagieren auf dem Flughafen Frankfurt/Main. Bei keinem der Reisenden waren vor dem Abflug Symptome einer Corona-Infektion festgestellt worden. Gegenüber der Presse sagte ich daher: »Es kehren Gesunde zurück.«

Sicher sein konnten wir uns angesichts der mehrtägigen Inkubationszeit des Virus allerdings beileibe nicht. Wie gesagt, oberste Maxime war, das Virus in Deutschland so lange wie möglich unter Kontrolle zu halten. Daher war die wichtigste Frage: Wo sollten die deutschen Rückkehrer für vierzehn Tage untergebracht werden, bis sicher war, dass sie nicht infiziert waren und das Virus weitertragen konnten? Sollte man sie gemeinsam zentral unterbringen? Sollten sich die Bundesländer um die Unterbringung »ihrer« Bürgerinnen und Bürger kümmern, oder überließ man es der Eigenverantwortung der Menschen, direkt nach Hause zu reisen und sich dort zu isolieren? Verfügten überhaupt alle aktuell über eine Bleibe in Deutschland?

Die betroffenen Bundesländer tendierten zu der Lösung, alle Rückkehrer nach Hause in Quarantäne zu schicken, wo dann die Gesundheitsämter vor Ort zuständig gewesen wären und die Quarantäne überwachen sollten. Ich selbst war unsicher, was der bessere Weg wäre. Eine Unterbringung zu Hause an zig verschiedenen Orten in Deutschland wäre schwer zu überwachen gewesen und hätte das Risiko von Ausflüchten, Unbedachtheiten und Zufällen maximiert. Die zentrale, überwachte

Unterbringung von mehr als hundert Menschen über eine Dauer von zwei Wochen wäre andererseits nicht nur eine logistische Herausforderung, sondern ein enormer Freiheitseinschnitt. Eine solche »Kasernierung« von freien Staatsbürgern, nur weil sie aus einer bestimmten Region der Welt einreisten, hatte es in der Geschichte der Bundesrepublik noch nicht gegeben. Und doch erschien es mir angemessen, weil so eine bessere Kontrolle möglich war.

Die Bundeskanzlerin war es, die mit diesem Argument im Zuge einer Diskussion am Ende der Kabinettssitzung am 29. Januar 2020 für die zentrale Unterbringung votierte. Nun musste schnellstmöglich ein passender Ort gefunden werden. Wir fragten die anderen Bundesministerien ab, ob sie geeignete Liegenschaften in räumlicher Nähe zum Flughafen Frankfurt/Main hätten. Verschiedene Vorschläge lagen auf dem Tisch, und nach reiflicher, aber zügiger Überlegung fiel die Wahl auf die Südpfalz-Kaserne der Bundeswehr im rheinland-pfälzischen Germersheim, etwa hundert Kilometer vom Flughafen entfernt. Der Gesundheitsminister von Hessen, Kai Klose (Grüne), und die Gesundheitsministerin von Rheinland-Pfalz, Sabine Bätzing-Lichtenthäler (SPD), wurden von mir telefonisch informiert. Viele organisatorische Details mussten miteinander besprochen werden, denn die Ankunft der Reiserückkehrer aus Wuhan in Frankfurt war bereits für das nächste Wochenende geplant.

Alle waren angesichts dieser völlig neuen Vorgehensweise nervös, von den Ministerpräsidenten der beiden Bundesländer bis hin zum Bürgermeister der Stadt und dem Landrat in Germersheim, Fritz Brechtel (CDU). Letzterer war über alle politischen Ebenen hinweg einer meiner häufigeren Telefonpartner in diesen Tagen. Dazu muss ich einmal mehr auf die formalen Zuständigkeiten nach dem Infektionsschutzgesetz hinweisen:

Die Quarantänemaßnahme anzuordnen war Sache des zuständigen Gesundheitsamts vor Ort. Für den schnellen Informationsfluss war es sehr hilfreich, dass Germersheim im Wahlkreis unseres damaligen Parlamentarischen Staatssekretärs Thomas Gebhart (CDU) liegt. Er kennt alle Verantwortlichen vor Ort persönlich und genießt bei ihnen hohes Vertrauen.

Bei der Landung waren also Vertreter des Gesundheitsamts Frankfurt/Main präsent, die direkt nach der Ankunft eine sofortige erneute Testung verfügten sowie eine Quarantäne anordneten. Die Rückkehrer brachte man in Bussen nach Germersheim, begleitet wurden sie von einem riesigen Medientross, Kamerateams fuhren nebenher und filmten.

Mit der Unterbringung in Germersheim ging die formale Zuständigkeit auf das Gesundheitsamt des Landkreises Germersheim über, das nunmehr für Anordnung und Durchsetzung der Quarantäne zuständig war. Das Gesundheitsamt in Germersheim verfügte allerdings kaum über das nötige Personal, um die intensive rechtliche und medizinische Betreuung und Begleitung der untergebrachten Rückkehrer über vierzehn Tage zu gewährleisten. Also mussten wir auch hier improvisieren, und ich bat den Inspekteur des Sanitätsdienstes der Bundeswehr, Generaloberstabsarzt Dr. Ulrich Baumgärtner, auf dem kleinen Dienstweg, mit Personal der Bundeswehr kurzfristig Amtshilfe zu leisten.

Die Bundeswehr stellte mit der Kaserne den Ort der Unterbringung, für die logistische und örtliche Begleitung und Durchführung der Quarantäne beauftragten wir als Bundesministerium aber das Deutsche Rote Kreuz (DRK). Das DRK verfügte aufgrund früherer Einsätze in Krisengebieten, etwa bei Ebola-Ausbrüchen in Afrika, über das nötige Personal, die Strukturen und das Wissen, um eine solche Situation zu meistern. Und vor allem war es nach meinem Telefonat mit dem Generalsekretär des DRK, Christian Reuter, binnen weniger Stunden einsatzbereit.

Die in einem mit Gitterzäunen abgegrenzten Bereich in der Kaserne untergebrachten Rückkehrer aus Wuhan mussten vierundzwanzig Stunden am Tag versorgt werden. Siebenundzwanzig Mitarbeiterinnen und Mitarbeiter des DRK, die sich freiwillig gemeldet hatten, zogen mit ihnen in den abgesperrten Bereich ein und waren während der zwei Wochen genauso abgeschnitten von der Außenwelt. Die Organisation, wie man zum Beispiel Lebensmittel sicher ins Gebäude und Wäsche und Abfall nach draußen schaffte, war höchst komplex. Es wurde ein System erarbeitet, um die praktischen Dinge des Alltags so zu regeln, dass von den Menschen in Quarantäne keine Gefahr für die Bürger draußen ausgehen konnte.

Am 02. Februar 2020, am frühen Sonntagmorgen, einen Tag nach der Ankunft der Reiserückkehrer in Germersheim, klingelte mein Handy. Kai Klose, der hessische Gesundheitsminister, war dran. Die Ergebnisse der nach der Landung in Frankfurt vorgenommenen Tests waren da: Zwei der Rückkehrer waren positiv getestet worden. In einer kurzen gemeinsamen Schalte mit der Gesundheitsministerin von Rheinland-Pfalz beschlossen wir, dass beide Patienten im Laufe des Tages von Germersheim in die entsprechend vorbereitete Universitätsklinik Frankfurt gebracht werden sollten.

Aus heutiger Sicht, dreißig Millionen in Deutschland gemeldete Infektionen später, wirken all diese Fragen rund um die Reiserückkehrer aus Wuhan klein und weit weg. Warum also schildere ich das alles so detailliert? Weil es ein ziemlich einmaliger Vorgang war und ist: Eine zentrale Unterbringung – im Klartext Kasernierung und vierzehn Tage Freiheitsentzug – unbescholtener deutscher Bürgerinnen und Bürger hatte es bis dahin in der Geschichte der Bundesrepublik Deutschland noch nicht gegeben. Das war damals aus Sicht des Infektionsschutzes ein zwar angemessener, aber zugleich massiver Eingriff in die Freiheitsrechte. Und damit war es auch ein Unterfangen mit großen politischen Risiken, das war mir ab der ersten Sekunde klar.

Der kritischste Punkt war die Frage, was passierte, wenn sich jemand weigerte, den Anordnungen zu folgen? Die in der Kaserne untergebrachten Menschen standen in Kontakt mit Freunden, Angehörigen und Medien, über Telefon und Chats, sie drehten und veröffentlichten Videos. Was, wenn es zu Unzufriedenheit, Lagerkoller, Tumulten, Gewalt kam? Was, wenn einige sagten, wir gehen jetzt einfach? Wer würde sie aufhalten? Die Mitarbeiter des DRK? Die Polizei? Die Soldaten, die die Kaserne bewachten? Und würde man notfalls Gewalt einsetzen? Wie weit würde der deutsche Staat gehen, um diese Form der zentralen Quarantäne durchzusetzen?

Zusammen mit meinem Staatssekretär Thomas Steffen, der mir als krisenerfahrener Beamter und Jurist in dieser Pandemie eine wichtige Stütze wurde, spielte ich gedanklich die verschiedenen Situationen mehrfach durch, stets ohne befriedigende, abschließende Antworten. Zum Glück mussten wir all diese Fragen am Ende nie klären, weil alle Betroffenen kooperierten, wenn auch teilweise unter vernehmbarem Murren. Im damals aktuellen Nationalen Pandemieplan wurden solche Maßnahmen höchstens angedeutet, geübt oder auch nur durchgespielt worden waren sie jedoch nie.[11]

Was sich an diesem Beispiel exemplarisch zeigt: wie eingeschränkt die Handlungsmöglichkeiten des Bundes in einer solchen nationalen Gesundheitskrise nach der geltenden Rechtslage waren, selbst in Fragen der Einreise nach Deutschland. Ich habe damals immer wieder gesagt, ich sei faktisch nur ein »koordinierender Bittsteller«: Formal mit wenig Kompetenz ausgestattet, war ich darauf angewiesen, dass die Leiter der zuständigen Behörden vor Ort, vom Landrat bis zum Landesminister, zur Kooperation bereit waren. Faktisch, politisch und in der öffentlichen Wahrnehmung trug aber ich in der Funktion als Bundesminister die Verantwortung.

Wenige Tage später, am 05. Februar 2020, besuchte ich die Südpfalz-Kaserne. Ich wollte mir selbst ein Bild der Lage machen und die Gelegenheit nutzen, den Helfern von der Bundeswehr und dem DRK im Namen der Bundesregierung offiziell zu danken. Während der Autofahrt nach Germersheim telefonierte ich auch mit Heiko Maas (SPD), dem damaligen Außenminister. Ich war etwas ungehalten, denn das Auswärtige Amt kündigte bereits die nächsten Rückholflüge aus Wuhan an, ohne dass eine vernünftige Abstimmung mit uns erfolgt wäre. Denn ab der Landung würden dann wieder wir im Bundesministerium für Gesundheit für die zentrale Unterbringung dieser Rückkehrer verantwortlich sein.

»Du machst dir keine Vorstellung davon, wie aufwendig die Organisation, die Logistik, der Abstimmungsbedarf für solche zentrale Unterbringungen ist«, sagte ich zu Heiko Maas. Wir verabredeten eine bessere Abstimmung unserer Ministerien.

In der Folge organisierte die Bundesregierung noch zwei weitere Rückholflüge aus Wuhan, mit denen Deutsche in Maschinen der Bundeswehr zurückgeholt und zentral untergebracht wurden, einmal nach Landung in Stuttgart in einem Hotel im württembergischen Kirchheim-Teck und ein letztes Mal nach Landung in Berlin auf einem Klinikgelände in Köpenick.

Als ich an der Südpfalz-Kaserne ankam, empfing mich eine geradezu surreale Situation: Viel Presse, viel Auftrieb, Kamerateams harrten tagelang vor der Kaserne aus. Live-Berichterstattung quasi rund um die Uhr. Ganz Deutschland passte auf, ob wir unseren Job in Germersheim auch gut machten. Mit denen, um die es eigentlich ging, den Reiserückkehrern in Quarantäne, konnte ich wegen des Infektionsschutzes nicht direkt sprechen. Nur ein kurzer Austausch über den Zaun hinweg war möglich. Ich redete dann lange mit den Helferinnen und Helfern vom DRK und den Soldatinnen und Soldaten. Sie schilderten mir, was sie in ihrem Alltag erlebten. Aus ihren Erzählungen sprach unisono eine große Verunsicherung bei der Bevölkerung.

»Sie glauben gar nicht, Herr Spahn, wie wir da draußen plötzlich ausgegrenzt werden, nur weil wir in der Kaserne arbeiten.« Selbst Soldatinnen und Soldaten, die mit den Rückkehrern gar nichts zu tun hatten – es war ja ein großes Kasernengelände –, bekamen zu spüren, wie die Menschen auf Distanz gingen. An der Tankstelle, berichtete mir einer, hieß es, »Leg das Geld draußen hin, kommt bloß nicht rein«.

Diese Stigmatisierungen waren zu Beginn der Pandemie keine Einzelfälle. Ähnliches hörte ich aus Bayern, wo beispielsweise Mitarbeiter von Webasto berichteten, sie seien von einer Kfz-Werkstatt abgewiesen worden, nur weil sie Angestellte der Firma waren, in der es die ersten Corona-Fälle gegeben hatte.

»Jens, wo bleiben meine Masken?«

Gewohnte Strukturen und eingefahrene Abläufe haben in der Krise teils nicht mehr funktioniert. Das gilt besonders bei der Beschaffung von medizinischer Schutzausrüstung.

Gelegentlich muss man an die Lage erinnern, in der wir im März und April 2020 waren. Heute, gute zwei Jahre später, sind medizinische Schutzmasken, ob als OP-Maske oder als FFP2-

Maske, an jeder Straßenecke und in jedem Onlineshop leicht erhältlich und für geringe Centbeträge erschwinglich. Aber damals herrschte die schiere Not. Der Mangel an medizinischen Schutzmasken war riesig, die Preise durch die Decke gegangen. Ein Centprodukt schien so wertvoll geworden zu sein wie Gold.

Der Grund war einfach: Die Nachfrage explodierte. Gleichzeitig befand sich mit der Volksrepublik China ausgerechnet dasjenige Land im Lockdown, das etwa 80 Prozent des weltweiten Bedarfs an medizinischer Schutzausrüstung abdeckte – inklusive einer Produktion von über hundert Millionen medizinischen Schutzmasken täglich. Wegen des eigenen Bedarfs hatte China zudem den Export dieser Produkte sowie benötigter Vorprodukte enorm eingeschränkt. Massiv gestiegene Nachfrage traf auf kurzzeitig kaum noch vorhandenes Angebot. Für eine einzige FFP2-Maske wurden in dieser Zeit in Einzelfällen Preise von bis zu fünfunddreißig Euro berichtet.

Die Lage in den Krankenhäusern eskalierte. Denn diejenigen, die an vorderster Front dieser Pandemie gegen das damals noch ziemlich unbekannte Virus kämpften, die Ärztinnen und Ärzte, die Pflegekräfte, alle, die mit Patientinnen und Patienten in Kontakt kamen, hatten eine berechtigte Erwartung: dass wir sie für diesen Kampf bestmöglich ausstatteten und mit dem nötigen Rüstzeug versahen.

Anfang Februar 2020 hatte ich in einem Treffen mit Vertretern der Deutschen Krankenhausgesellschaft, der Ärzteschaft, der Hersteller medizinischer Schutzausrüstung und der Bundesländer die aktuell schwierige Versorgungslage erörtert – mit unbefriedigendem Ergebnis. Kurzfristige Abhilfe war nicht zu erwarten. Ich erinnere mich an Anrufe von ärztlichen Direktoren von Universitätskliniken ebenso wie aus Krankenhäusern im heimatlichen Wahlkreis, die mir eindringlich die Lage schilderten. Sie machten deutlich, dass sie spätestens in zehn, vierzehn Tagen den Betrieb würden einstellen müssen, wenn sie keine neuen medizinischen Schutzmasken geliefert bekämen. Sie könnten das gegenüber ihren Beschäftigten nicht mehr länger verantworten. Ich verstand ihre Lage nur allzu gut. Auch der öffentliche Druck wuchs, Pflegekräfte saßen in den abendlichen Talkshows und beschwerten sich völlig nachvollziehbar, dass es keine Masken für sie gab.

Ich bat damals den Präsidenten des Bundesinstituts für Arzneimittel und Medizinprodukte, Professor Karl Broich, zusammen mit dem Robert Koch-Institut Empfehlungen und Handlungsanweisungen zu erarbeiten, wie Kliniken und medizinische Einrichtungen benutzte Schutzmasken durch dekontaminierende Erhitzung wiederverwenden konnten. Die Fachhochschule Münster begleitete dieses Projekt wissenschaftlich.[12] In manchen Kliniken beschrifteten die Pflegekräfte ihre Schutzmasken mit ihrem Namen – bloß nichts wegwerfen war das Motto. Berichte häuften sich, dass medizinische Schutzmasken gestohlen wurden. Viele Kliniken gingen dazu über, ihre Vorräte zu verstecken und sicher zu verschließen. Die Not war groß.

Die Politik war in Aufregung. Ministerpräsidenten riefen sonntags um halb acht in der Früh an und begannen das Gespräch mit einer vorwurfsvollen Frage: »Jens, wo bleiben meine Masken?«

Dabei ist der Bund originär gar nicht zuständig für die Beschaffung oder Bevorratung medizinischer Schutzgüter. Zuständig sind in erster Linie die Krankenhäuser und medizinischen und pflegerischen Einrichtungen selbst. Zur klugen Vorsorge gehört naturgemäß eine gewisse Bevorratung. Und es gab durchaus Kliniken und Pflegeheime, die ausreichend Vorrat hatten und vorerst gut damit hinkamen. Nur meldeten die sich in der öffentlichen Debatte nicht. Die Mehrheit der Kliniken aber verfügte über keine größeren Vorräte, aus Kostengründen. Vorsorge kostet Geld. Nur: Keine Vorsorge kostete jetzt noch viel mehr Geld.

Für den Pandemie- oder Katastrophenfall liegt die Verantwortung zur Vorsorge und Bevorratung nach unserer föderalen Ordnung übrigens bei den Bundesländern. Eine Zuständigkeit, über die sie in normalen Zeiten mit Argusaugen wachen. Doch hatten sie weder die Strukturen noch die Mittel, um kurzfristig Abhilfe zu schaffen. Zudem bestand die Sorge, sich bei der Beschaffung gegenseitig Konkurrenz zu machen. Daher boten wir den Ländern angesichts der weltweiten Mangellage Anfang März 2020 an, seitens des Bundes mit in die Verantwortung zu gehen und sie bei der Beschaffung zu unterstützen. Dieses Vorgehen wurde Ende März 2020 in einer Telefonkonferenz der Chefinnen und Chefs der Staatskanzleien der Länder mit dem Chef des Bundeskanzleramtes nochmals bekräftigt: »Zur Unterstützung der Krankenhäuser und Arztpraxen in Deutschland beschafft der Bund Persönliche Schutzausrüstung und liefert sie zu den von den Ländern (…) angegebenen Adressen. (…) Die Marktlage ist extrem angespannt und die Preise sind stark gestiegen.«[13]

Dem Beschluss wurde eine Preistabelle beigefügt, die den damals zwischen Bund und Ländern vereinbarten Abgabepreis wiedergab, der unterhalb der damals aktuellen Marktpreise lag. Der Bund war also in der Krise bereit, die Länder bei dieser Aufgabe auch aus Bundesmitteln zu unterstützen.

Damit stand der Bund – und nach entsprechender Vereinbarung in der Bundesregierung unser Bundesministerium für Gesundheit – mit einem Mal vor der riesigen Aufgabe, medizinische Schutzmasken für das deutsche Gesundheitswesen zu besorgen. Der zu beschaffende Bedarf wurde im Verlauf der Krise mehrmals nach oben angepasst. In der zweiten Aprilhälfte schätzte die Bundesregierung ressortübergreifend einen Jahresbedarf von rund fünf Milliarden Schutzmasken für das deutsche Gesundheitswesen, davon bis zu einem Drittel mit dem Schutzstandard einer FFP2-Maske. Angesichts der ungewissen weiteren Pandemieentwicklung wurde zwischen den Ressorts als Ziel definiert, die Versorgung für mindestens sechs Monate sicherzustellen – zu beschaffen und zu bevorraten durch den Bund. Das Bundeskabinett hat dieses Ziel mehrfach bestätigt. Das war eine Herkulesaufgabe.

Da das Gesundheitsministerium in normalen Zeiten keine Beschaffungen im größeren Umfang vornimmt, beauftragten wir anfangs die drei großen Beschaffungsämter des Bundes in Amtshilfe damit, für uns unter anderem Schutzmasken zu besorgen: das Bundeswehrbeschaffungsamt beim Bundesministerium der Verteidigung, das Beschaffungsamt des Bundesinnenministeriums und die Generalzolldirektion beim Bundesministerium der Finanzen. Das dafür nötige Geld hatte das Finanzministerium kurzfristig zur Verfügung gestellt, der Haushaltsausschuss des Bundestages war eingebunden. Wir verließen uns also auf die vorhandenen Institutionen und Strukturen, die ihrerseits in eingeübter Weise vorgingen.

Nur passte das leider nicht zur weltweiten Notlage. Nachdem auf dem Weltmarkt Wildwestmanieren und Goldgräberstimmung eingesetzt hatten, konnten die klassischen Wege der Beschaffung nicht mehr funktionieren. Die Ämter veröffentlichten eine dringliche Ausschreibung nach der anderen, es gingen auch Angebote ein, es wurden sogar Verträge geschlossen. Doch nur in den wenigsten Fällen kam daraufhin die vereinbarte Lieferung an, denn die Händler hatten im Zweifel zwischenzeitlich bei anderen Käufern höhere Preise erzielt und die Ware dorthin umgelenkt. Es folgten teils skurrile Meldungen, wie die am 24. März 2020, dass sechs Millionen vom Bund beschaffte Schutzmasken auf einem Flugplatz in Kenia verschwunden wären.[14]

Die großen Beschaffungsämter schickten uns über ihre Ministerien teils täglich Listen, wann welche Masken angeblich geliefert würden – doch wenn der Termin verstrichen war und wir nachfragten, hieß es oft nur: »Nein, die sind nicht gekommen.«

Zugespitzt formuliert, wurden Masken scheinbar immer noch so geordert, wie man ansonsten in Friedenszeiten Helme für die Bundeswehr beschaffte. Am 19. März 2020 erreichte uns von einem der Ämter die freudige Nachricht, dass zehn Millionen Schutzmasken im Anflug wären. Das war zu diesem Zeitpunkt etwas Großes, in meiner Freude erwähnte ich diese Lieferung in einem längeren Fernsehinterview mit Steffen Hallaschka bei *stern-TV*.[15] Leider stellte sich am nächsten Tag heraus, dass drei Nullen zu viel in die Liste geraten waren. Nur zehntausend Masken waren gekommen, eine weitere herbe Enttäuschung.

Mir wurde mit diesen Erfahrungen bald klar, dass das so, also auf den herkömmlichen Wegen und mit den eingefahrenen Verantwortlichkeiten, nichts werden würde – jedenfalls nicht in ausreichendem Maß und nicht in der notwendigen Geschwindigkeit. Und so begannen wir im Bundesministerium für Gesundheit selbst, operativ in die Beschaffung von medizinischen Schutzmasken einzusteigen. Angesichts der erheblichen Brisanz des Themas war klar, dass das Chefsache ist.

Ab Ende Februar 2020 wurden wir mit Angeboten überschüttet, mein E-Mail-Fach quoll über und das anderer Kolleginnen und Kollegen im Ministerium auch. Es war schwer, den

Überblick zu behalten und die Spreu vom Weizen zu trennen. Bis nachts saßen unsere Kolleginnen und Kollegen in ihren Büros und machten nichts anderes, als Angebote zu sortieren, abzutelefonieren und – soweit in der Kürze der Zeit möglich – zu verifizieren. Die Beschaffung in Krisenzeiten gehörte sicher nicht zum Erfahrungsschatz der Beamtinnen und Beamten, umso dankbarer bin ich ihnen für diesen enormen Einsatz. Auch Abgeordnete, Landräte und Bürgermeister, Landes- und Bundesminister, sie alle leiteten uns Angebote für Masken und Schutzausrüstung weiter, die sie erreicht hatten. Sie wollten helfen und uns unterstützen.

Ich gab im Ministerium die Parole aus, dass wir in den nächsten Wochen weniger wie ein Ministerium im Normalbetrieb, sondern mehr wie ein mittelständisches Unternehmen agieren müssten: flexibel, mit schnellen Entscheidungen und flachen Hierarchien. Und dass ich selbst mit anpacken würde. Unser Ziel war es, die gravierenden Versorgungsengpässe schnellstmöglich zu beseitigen. Weitere Verzögerungen würden Menschenleben gefährden. »Wir ziehen das jetzt zusammen durch«, war meine Botschaft.

In den ersten Tagen gab es – trotz der vielen Angebote – viele Enttäuschungen, auch wir mussten immer wieder erleben, dass vertraglich vereinbarte Lieferungen nie ankamen oder Anbieter kurzfristig wieder absprangen. Das war enorm frustrierend. Am 08. März 2020, einem Sonntagmorgen, reichte es mir. Ich wollte verstehen, warum das alles so schwierig war, und selbst ein Gefühl für die Marktlage bekommen. Und so griff ich zum Handy und rief stichprobenartig eine Handvoll der Anbieter an, deren Angebote mich erreicht hatten. Ich befragte sie zur aktuellen Marktlage, zu den Schwierigkeiten und ob sie uns aktuell ein verlässliches Angebot an Schutzmasken machen könnten. Die per E-Mail eingehenden Angebote gab ich wie immer an die nun für Beschaffung zuständige Fachabteilung weiter, um sie prüfen zu lassen.

Nach und nach zahlte sich unser Einsatz aus, erste kleinere Lieferungen kamen in Deutschland an und konnten an die Länder weiterverteilt werden. »Direktbeschaffung« nannten wir diesen Weg: Die Kolleginnen und Kollegen aus dem Ministerium verhandelten direkt mit Anbietern, meistens Zwischenhändlern, Verträge und Konditionen über die Lieferung von Schutzausrüstung und Schutzmasken aus und schlossen Verträge ab. Der Krisenstab der Bundesregierung hatte hierfür bereits am 03. März 2020 eine besondere Dringlichkeit der Beschaffung festgestellt, was uns vergaberechtlich mehr Möglichkeiten zusicherte. Seit dem 09. März 2020 war innerhalb des Ministeriums ein strukturierter Prozess für diese Direktbeschaffungen entwickelt, der unter Einbindung der betroffenen Fachabteilungen und der Ministeriumsleitung zügige Entscheidungen möglich machte.

Maskenbeschaffungen waren anfangs oft nur gegen Vorkasse möglich. Für eine solche Notmaßnahme hatte unser Beschaffungswesen keine klaren Regeln oder zuständige Institutionen. Ohne klare Regeln und Verantwortlichkeiten aber zeichnet kein Beamter der Welt letztverantwortlich den Kauf von Schutzmasken gegen Vorkasse ab und weist dann eine Zahlung von mehreren Millionen Euro nach China an. Also zeichnete ich jeden einzelnen der Vorgänge als Minister selbst ab und nahm das politische Risiko auf mich. Zur Absicherung unseres Tuns ließ ich das Corona-Kabinett und damit auch den Finanzminister persönlich dieses Vorgehen ausdrücklich absegnen. Mehrere Male haben wir in der Not Maskeneinkäufe aus China gegen Vorkasse getätigt – und die Ware wurde jeweils auch geliefert.

Dieses kleine Beispiel zeigt, dass es für künftige Krisenlagen eindeutige Regeln und damit eine Entpolitisierung von ungewöhnlichen Vorgehensweisen braucht. Denn irgendetwas ist immer knapp und muss auf ungewöhnlichen Wegen besorgt werden in einer Krise. Sonst wäre es keine.

Die Beschaffung über den direkten Vertragsschluss mit den Anbietern, meistens Zwischenhändler, wurde um zwei weitere Wege ergänzt: Erstens im April 2020 um eine standardisierte Beschaffung mit fixen, vom Bund abschließend gesetzten Vertragsbedingungen im sogenannten Open-House-Verfahren. Und zweitens ab Ende März durch die Zusammenarbeit mit international tätigen deutschen Konzernen. Beim Open-House-Verfahren setzt der Bund in einer Ausschreibung die Konditionen und Produktvorgaben, inklusive der qualitativen Anforderungen, fest und nimmt dann jedem, der ein entsprechendes Angebot abgibt und rechtzeitig liefert, die Ware ab. Im Ergebnis wurde so nur ein kleinerer Teil der vom Bund beschafften Menge an medizinischen Schutzmasken gekauft. Als wir uns nach einiger Abwägung entschieden hatten, dieses Verfahren durchzuführen, waren wir unsicher, ob unser Angebot von 4,50 Euro inklusive Anlieferung in Deutschland überhaupt genügend Lieferanten anziehen würde, weil die uns bis dahin angebotenen Preise teils deutlich darüber lagen. Zum Zeitpunkt dieser Entscheidung verfügte der Bund nur über gut zwanzig Millionen auslieferungsfähige medizinische Schutzmasken. Die Resonanz war jedoch unerwartet groß.

In der Abwicklung hat das Open-House-Verfahren gefühlt über neunzig Prozent des anschließenden Ärgers rund um die Maskenbeschaffung mit sich gebracht – inklusive teils immer noch anhängiger Rechtsstreitigkeiten. Hätte man auf dieses Verfahren verzichten können? Im Nachhinein: Ja! Für zukünftige Krisen kann ich diese Vorgehensweise jedenfalls nicht empfehlen.

Mehr Erfolg brachte ab Ende März 2020 die Zusammenarbeit mit international tätigen deutschen Konzernen, die über besondere Erfahrung im Chinageschäft oder eine besondere Expertise in der notwendigen Logistik verfügten. Die Idee zum Aufbau eines solchen Unternehmensnetzwerkes war in einem Gespräch zwischen der Bundeskanzlerin und mir entstanden. Einige Chefs größerer deutscher Konzerne hatten auf verschiedenen Wegen ihre Bereitschaft zur Unterstützung angedeutet. Vor diesem Hintergrund rief ich die Vorstandsvorsitzenden von Unternehmen wie BASF, Bayer, Daimler, Otto, Lufthansa oder Volkswagen an und fragte sie, ob sie mit ihren Unternehmen die Bundesrepublik Deutschland und das deutsche Gesundheitswesen bei der Beschaffung von medizinischer Schutzausrüstung unterstützen könnten. Sie konnten – und dafür bin ich bis heute sehr dankbar.

Einige von ihnen berichteten mir später von dem patriotischen Stolz einiger Mitarbeiterinnen und Mitarbeiter, ihrem Land in der Krise zu helfen. Mit den Kontakten dieser Unternehmen vor Ort in China gelang es, mit vertrauenswürdigen chinesischen Herstellern direkt Verträge zu schließen, die Masken per Luftfracht selbst nach Deutschland zu transportieren und die teuren Zwischenhändler zu umgehen.

In der Krise bildeten sich neue Strukturen: Neben den neu aufgesetzten Abläufen innerhalb des Gesundheitsministeriums wurde zur Steuerung all dieser Aktivitäten Anfang April 2020 ein interministerieller Beschaffungsstab gebildet, in dem sich mindestens einmal täglich Vertreter des Finanz-, des Wirtschafts- und des Außenministeriums sowie des Bundeskanzleramts austauschten und abstimmten. Geleitet wurde er in Absprache mit der Bundeskanzlerin und dem Vizekanzler vom Abteilungsleiter unserer Zentralabteilung Europa und Internationales im Gesundheitsministerium, Ingo Behnel. Eine angebundene Taskforce, in der auch Vertreter des Zolls und der Bundespolizei sowie weiterer Ressorts mitarbeiteten, sollte bei der schnellen Problemlösung helfen. So hingen zum Beispiel in dieser Zeit nicht selten Maskenlieferungen tagelang bei der Einfuhrabfertigung im Zoll fest. Sobald uns eine solche Meldung erreichte, schaffte die Taskforce Abhilfe. Wegen des damaligen Warenwertes und wegen der Bedeutung für unsere Versorgungssicherheit wurde die Bundespolizei aktiv und – das kann man sich heute nicht mehr vorstellen – eskortierte alle Lieferungen in unsere Zentrallager sowie die Lieferungen des Bundes an die Länder. Externe Dienstleister – Rechtsanwälte wie Wirtschaftsprüfer – unterstützten unter anderem bei konzeptionellen Fragen sowie bei der komplexer werdenden Abwicklung der Verträge und bei Fragen des nationalen und internationalen Rechts.

Deutschland ist nach meiner Kenntnis das einzige Land in der EU, das konsequent eigene Qualitätstestungen, etwa in Zusammenarbeit mit dem TÜV, durchgeführt und nicht nur den beigelegten Zertifikaten vertraut hat. Die Prozesse und Abstimmungserfordernisse wurden komplexer, ein eigenes Organigramm wurde erstellt, die Entscheidungswege aber blieben kurz und agil. Der Deutsche Bundestag wurde durch unsere Berichte im Ausschuss für Gesundheit und im Haushaltsausschuss regelmäßig informiert, dem Corona-Kabinett berichtete ich wöchentlich mündlich und oftmals schriftlich über den Stand der Dinge.

In den Schaltkonferenzen mit den Länderministerinnen und -ministern entbrannte, wie bei der Verteilung der Beatmungsgeräte, zeitweise erneut ein Verteilungskampf um die Masken. Das war unschön, aber verständlich. Wir hatten gemeinsam beschlossen, dass sich die Verteilung der Masken auf die Bundesländer am Bevölkerungsschlüssel orientierte. Aber dann forderten die Länder, die höhere Infektionszahlen hatten: »Wir brauchen mehr Masken als die Länder mit niedrigeren Zahlen.« Diese wiederum konterten: »Kommt nicht infrage, es bleibt bei dem vereinbarten Schlüssel.«

Die Ankunft neuer Maskenlieferungen wurde anfangs zu einem Medienspektakel. Der bayerische Ministerpräsident Markus Söder (CSU) nahm Masken am Flughafen in München persönlich entgegen. Bundesverteidigungsministerin Annegret Kramp-Karrenbauer (CDU) fuhr nach Leipzig, als eine Transportmaschine der Bundeswehr, gefüllt mit Masken für Deutschland, aus China dort landete. Ich fuhr zu unserem damaligen Zentrallager ins thüringische Apfelstädt, einige Sender waren live dabei.

Schon ab Anfang Mai 2020 konnten die Beschaffungsaktivitäten des Bundes wieder erheblich reduziert werden, da sich die Marktlage unerwartet deutlich entspannte. Mit Beschluss des Kabinetts am 03. Juni 2020 wurden sie im Grunde beendet. Im Endeffekt wurde durch den Bund ab Anfang März gute acht Wochen lang medizinische Schutzausrüstung für das Gesundheitswesen beschafft – nur acht Wochen, die sich aber für alle Beteiligten unendlich lange anfühlten. Eine verrückte Zeit!

Und es war eine Zeit, deren Aufarbeitung das Ministerium und mich bis heute, auch zweieinhalb Jahre später noch, politisch begleitet. Der nordrhein-westfälische Gesundheitsminister Karl-Josef Laumann hat einen Satz berühmt gemacht, den wohl nur er mit seiner unnachahmlichen Art so glaubwürdig sagen kann: »Wer nach der Krise nicht den Landesrechnungshof am Arsch hat, der hat alles verkehrt gemacht.«[16] Das ist zugespitzt formuliert, beschreibt das Problem aber treffend.

Es ging um viel: in erster Linie um die Gesundheit und das Leben des medizinischen Personals und um die Funktionsfähigkeit des deutschen Gesundheitswesens mitten in der

Pandemie. Mit den so erworbenen Schutzmasken konnte das Gesundheitswesen in der Notlage versorgt werden, aus den großen Mengen an beschafften Masken konnten zudem alle Pflegeeinrichtungen in Deutschland vor den Wintern 2020/21 und 2021/22 kostenlos mit großen Maskenpaketen ausgestattet werden. Wir konnten zudem solidarisch sein mit unseren Partnern auf der Welt und Ländern in akuter Not, wie Tschechien, Polen, Indien oder Südafrika, und die WHO mit der Spende von Millionen Masken unterstützen. Und wir haben einen Vorrat aufgebaut, der eines sicherstellte: Egal wie sich diese Pandemie weiterentwickeln würde, Deutschland würde nie wieder zu wenig Masken für seine Pflegekräfte haben.

Andererseits ging es dabei um sehr viel Geld. Der Bund hat mehr als sechs Milliarden Euro in die Beschaffung medizinischer Schutzausrüstung investiert. Eine hohe Summe. Der Bundesrechnungshof hat im Auftrag des Haushaltsausschusses des Bundestages unsere Beschaffungsaktivitäten geprüft und unser unkonventionelles Vorgehen gerügt.[17] Die Margen vieler Zwischenhändler waren unverschämt hoch, es gab Goldgräber, Betrüger und Qualitätsmängel. Viele haben in und mit der Not ein gutes Geschäft gemacht – selbst einzelne, charakterlose Abgeordnete haben sich auf schäbige Art bereichert. All das ärgert mich sehr.

Aber was wäre die Alternative gewesen? Nichts tun bei wachsender Not? Keiner wusste im März 2020, wie sich die Pandemie entwickeln würde, ob uns noch Zustände wie in Norditalien drohten, wie lange die erste Welle gehen würde und wann die zweite käme. Und niemand wusste, ob und wann China wieder medizinische Schutzmasken produzieren und exportieren würde und wann sich die Marktlage vielleicht wieder entspannte.

Wir haben uns in der Bundesregierung jedenfalls entschieden, nicht abzuwarten, sondern zu handeln. Ich habe oft über diese Phase und unsere damaligen Entscheidungen nachgedacht. Es gab keine Blaupause für so ein Vorgehen. Auch dass sich ein Minister selbst so aktiv beteiligt, wie ich zu Beginn in der akutesten Not, ist im System nicht vorgesehen.

Ich habe damals nach Instinkt gehandelt und nach bestem Wissen und Gewissen. Und ich bin mir ziemlich sicher: Wären wir gewöhnliche Wege gegangen, wären wir damit gescheitert, ausreichend Schutzmasken für das medizinische Personal zu besorgen. Unser Vorgehen war nicht fehlerfrei und konnte ausgenutzt werden. Das System war nicht perfekt, aber es hat funktioniert.

Zwischenblende 2022

Eine Lehre aus Harvard

Im Februar 2022, als Karl Lauterbach (SPD) bereits das Amt des Gesundheitsministers übernommen hatte, reiste ich in die USA. Ich wollte ein paar Tage lang Kurse an der Harvard Kennedy School in Cambridge besuchen und meinen Horizont erweitern. Einer der Dozenten, Dan Levy, warf die Frage auf, was eine gute Entscheidung ausmache. Stutzen ließ mich seine These, dass die Qualität einer Entscheidung nicht von ihrem Ergebnis abhängt. Vor Kursbeginn hatte Dan Levy die Gruppe online gefragt: »Was war eure beste Entscheidung im vergangenen Jahr? Mit welchem Ergebnis?«

Alle bis auf einen nannten eine Entscheidung, deren Ergebnis ein positives war. Auch ich. Denn das ist der normale Reflex: Nur wenn ein Vorhaben funktioniert hat, war die Entscheidung, die am Anfang stand, auch eine gute Entscheidung. Dann aber erzählte Dan Levy uns dieses Beispiel: Zwei Freunde, deren körperliche Konstitution völlig identisch ist, machen über Nacht einen Langstreckenflug, einer schläft sich aus, einer kann nicht schlafen und bleibt die Nacht über wach. Am Ankunftsort mieten die beiden gemeinsam einen Wagen und müssen entscheiden, wer von ihnen die anstehende Strecke von 300 Kilometern fahren soll. Welche Entscheidung darüber, wer sich ans Steuer setzt, ist die richtige? Mit den gegebenen Informationen ist es besser, wenn der, der ausgeschlafen ist, fährt. Denn eine Autofahrt von dieser Länge erfordert Konzentration und Ausdauer, und beides ist am Folgetag stark eingeschränkt, wenn der menschliche Körper eine Nacht nicht geschlafen hat.

Aber angenommen, der Ausgeschlafene fährt und wird in einen Unfall verwickelt. War es dann eine schlechte Entscheidung?

Nein, es bleibt eine gute Entscheidung, *obwohl* es ein schlechtes Ergebnis gab. Oder angenommen, der Unausgeschlafene fährt und bringt die beiden sicher ans Ziel. War es dann eine gute Entscheidung? Nein, natürlich war es eine schlechte Entscheidung, *obwohl* es gut ausging.

Das ist ein stark vereinfachendes Beispiel, und doch macht es den intuitiv nicht immer präsenten Unterschied zwischen einer guten Entscheidung und dem daraus resultierenden Ergebnis klar. Zurück aus Harvard, musste ich oft an diese Diskussion mit Dan Levy denken, auch mit Blick auf die Erlebnisse und Erfahrungen aus der Zeit der Maskenbeschaffung. Denn oft geht bei der Bewertung vieler der Entscheidungen, die wir in der Pandemie getroffen haben, genau dieser Unterschied zwischen der Qualität der Entscheidung und der Qualität des Ergebnisses durcheinander. Manche unserer damaligen Entscheidungen werden heute aufgrund ihres unbefriedigenden Ergebnisses als falsch eingestuft – obwohl sie mit dem Wissen, das zum Zeitpunkt der Entscheidung vorhanden war, möglicherweise gute Entscheidungen waren. Und umgekehrt wird die Richtigkeit mancher der damaligen Entscheidungen nicht bezweifelt, weil das Ergebnis ein gutes war. Ob es allerdings auch eine gute Entscheidung war, fragt in einem solchen Fall keiner mehr.

Das Vorsorgeparadox

Eine dezidierte Vorsorgepolitik zu verfolgen erfordert politischen Mut, denn sie bindet finanzielle, personelle und organisatorische Ressourcen, die an anderer Stelle nicht zur Verfügung stehen. Es ist wie mit den Kosten einer Feuer- oder Flutversicherung im Privaten: Wenn das Ereignis über Jahre und Jahrzehnte nicht eintritt, was ja zu hoffen ist, stellt man sich schon mal die Frage, ob es diese Versicherung wirklich braucht, wenn das Geld mal wieder vom Konto abgeht. Auf staatlicher Ebene stellt sich diese Frage genauso. Denn solange keine Krise eintritt, wirkt Krisenvorsorge eher im Stillen. Der Effekt ist vergleichbar mit dem des sogenannten Präventionsparadox, das uns in der Pandemie auch an anderer Stelle begegnet ist: Wenn Maßnahmen der Prävention erfolgreich sind und das zu verhütende Ereignis ausbleibt, werden genau jene Maßnahmen, die es mit verhindert haben, im Nachhinein für überflüssig gehalten:»Es ist ja nichts passiert.« Dieses Paradox und die damit verbundene Kritik muss eine staatliche Präventions- und Vorsorgepolitik aushalten.»There is no glory in prevention«, besagt entsprechend auch ein in den 1980er-Jahren von dem britischen Epidemiologen Geoffrey Rose geprägter Spruch. Man erntet keinen Ruhm durch Vorsorge.

Deshalb braucht es einen politischen Konsens darüber, vorzusorgen: in Szenarien zu denken und Institutionen vorzuhalten, die nur im Ernstfall gebraucht werden, dann aber in der Lage sind, sofort und effektiv einzugreifen. Vorsorge bedeutet nicht, jede Krise verhüten zu können. Sondern im Krisenfall schnell agieren zu können. In diesem Zusammenhang ist häufig von Resilienz die Rede. Resilienz lässt sich mit dem Bild eines Baums im Sturm verdeutlichen: Der Baum kann keinen Sturm verhindern, aber wenn er fest verwurzelt steht und sich im Wind neigt, fällt er nicht.

Nur, wie war es bisher zu oft: Vorsorge? Vorräte? Katastrophenübungen? Fehlanzeige. Die Sirenen, Symbol des Zivilschutzes, wurden nicht mehr auf ihre Funktionsfähigkeit getestet, digitale Warnsysteme für den Zivil- und Bevölkerungsschutz aus Kosten- oder Datenschutzgründen verhindert und vertrödelt – Versäumnisse, die uns mit der Flutkatastrophe im Ahrtal schmerzhaft eingeholt haben. Als der frühere Bundesinnenminister Thomas de Maizière 2016 sein Zivilschutzkonzept[18] vorstellte und forderte, jeder solle Lebensmittel- und Wasservorräte für mindestens zehn Tage zu Hause lagern, löste er einen Sturm der Empörung und des Spotts aus. Heute, mit dem Wissen, was Lieferengpässe infolge von Pandemie und Krieg auch für die Bedarfe unseres täglichen Lebens bedeuten können, spottet niemand mehr.

Ein ähnliches Beispiel aus einem Nachbarland: Belgien legte nach den Erfahrungen mit der Schweinegrippe 2009 und auf Basis eines 2006 erarbeiteten nationalen Notfallplans einen strategischen Vorrat an medizinischen Schutzmasken an. Doch 2018, nur zwei Jahre vor dem Beginn der Pandemie, wurden die letzten Masken vernichtet und der Vorrat nicht wieder aufgefüllt. Die Verantwortlichen waren der Meinung, dass es keinen Sinn ergebe, über Jahre und Jahrzehnte viel Geld für die

Lagerung von Masken auszugeben, die niemand brauchte. Die Entscheidung lag in der Verantwortung der Politik, aber diese Denkweise war auch Ausdruck eines breiten gesellschaftlichen Konsenses. Mit Leichtigkeit ließen sich viele weitere Beispiele dieser Art auflisten.

Es ist also die Aufgabe vorausschauender Politik, in möglichen Szenarien zu denken und für diese vorzusorgen. Reserven vorzuhalten und Gegenwehr auszuhalten, wenn die Reserven zwanzig Jahre lang nie benötigt werden, aber trotzdem jedes Jahr finanziert werden müssen. Aber dann, im einundzwanzigsten Jahr, werden sie vielleicht gebraucht und retten Menschenleben.

Zur Vorsorge gehört deshalb eine vorausschauende Haushaltspolitik des Bundes: in guten Zeiten schon für schlechte Zeiten vorsorgen. Dieser Logik dient die verfassungsrechtlich verankerte Schuldenbremse. Dafür habe ich mich auch während meiner Zeit als Parlamentarischer Staatssekretär im Bundesfinanzministerium immer starkgemacht. So konnte der Bundeshaushalt zwischen 2014 und 2019 Jahr für Jahr Überschüsse erzielen. Deswegen konnten wir in der Krise »aus dem Vollen schöpfen« und wie kein anderes Land in Europa ein breites wirtschaftliches und soziales Auffangnetz für diejenigen schaffen, die die Maßnahmen besonders hart trafen: etwa durch eine Ausweitung des Kurzarbeitergeldes, Corona-Hilfspakete und Wirtschaftshilfen.

Diese Erfahrung zeigt, wie wichtig es ist, nach Zeiten der Krise zu einer vorausschauenden Haushaltspolitik zurückzukehren und den Schuldenstand zu reduzieren – um für die nächste gewappnet zu sein. Das erfordert manche harten Entscheidungen und umso mehr politischen Mut, Vorsorgepolitik in einen größeren Zusammenhang zu stellen und zu erklären.

Vorsorge für künftige Pandemien

Krisenvorsorge braucht klare Regeln und Strukturen. Die Basis bilden eine weitsichtige Lagerhaltung und für den Krisenfall vorgehaltene Kapazitäten. Gute Krisenvorsorge braucht darüber hinaus Pläne, und die müssen regelmäßig geübt werden. Wer wann für was zuständig ist, muss vor der Krise geklärt sein. Der rechtliche Rahmen muss vorher stehen, er sollte erlauben, schnell und pragmatisch zu handeln und wenn nötig Risiken einzugehen, die man in normalen Zeiten nicht eingehen würde.

Mit dieser Idee der präventiven Krisenvorsorge haben wir im Bundesministerium für Gesundheit bereits in den Jahren 2020 und 2021, parallel zum laufenden Krisenmanagement, begonnen, Lehren aus der Pandemie zu ziehen und in der Folge konkrete Maßnahmen umzusetzen. Fünf seien hier exemplarisch aufgeführt:

1. Pandemiebereitschaftsverträge

Wir hatten in dieser Krise großes Glück, dass ein Impfstoff nicht nur in Rekordtempo auf den Markt gebracht, sondern auch noch in großen Mengen in Deutschland hergestellt werden konnte. Davon berichtet ein späteres Kapitel. An dieser Stelle geht es um die Frage, welche Lehre wir ziehen, um auch künftig in kurzer Zeit genügend Impfstoff gegen neue Viren produzieren zu können. Im Februar 2021 setzte die Bundesregierung dafür eine Taskforce Impfstoffproduktion ein und bereitete den Abschluss sogenannter Pandemiebereitschaftsverträge vor. Die Taskforce erhielt eine eigene Geschäftsstelle und setzte sich zusammen aus Vertretern des Finanz-, des Gesundheits- und des Wirtschaftsministeriums sowie des Kanzleramts; ein Ausschuss der beamteten Staatssekretäre der beteiligten Ressorts tagte regelmäßig. Die politisch bedeutsamen Grundsatzentscheidungen trafen Bundeskanzlerin Merkel, Vizekanzler Scholz, Wirtschaftsminister Altmaier und ich.

Bereits beim ersten Treffen dazu am 24. Februar 2021 im Bundeskanzleramt legten wir vier fest, dass die Taskforce unter anderem den mittelfristigen Aufbau einer hinreichenden Industriestruktur zur Versorgung der Bevölkerung in Deutschland mit Impfstoffen sicherstellen und den Forschungs- und Produktionsstandort für Impfstoffe mit neuartigen Technologien sichern und stärken soll.[19] Schon bald entstand in unseren Diskussionen die Idee, der Bundesrepublik Deutschland den Zugriff auf schnell verfügbare Produktionskapazitäten von bis zu fünfhundert Millionen Impfdosen pro Jahr zu sichern. Nun macht es wenig Sinn, wenn ein Staat selber industrielle Produktionsanlagen vorhält oder betreibt. Das können private Unternehmen in aller Regel besser. Daher wurde ein Konzept entwickelt, mit dem in einer Ausschreibung Impfstoffhersteller als Vertragspartner gefunden werden sollen, die sich verpflichten, bestimmte Produktionskapazitäten so vorzuhalten, dass die Bundesregierung sie im Ernstfall in kurzer Frist abrufen und zur Herstellung eines gerade dringlich benötigten Impfstoffs nutzen kann. Im Gegenzug erhalten die Hersteller dafür eine jährliche Gebühr vom Staat. Damit war die Idee der Pandemiebereitschaftsverträge geboren. Nach vielen Vorarbeiten und einem monatelangen Ausschreibungsprozess konnte die neue Bundesregierung auf dieser Basis im Februar 2022 die ersten fünf dieser Verträge abschließen:

BMG, 16.02.2022: »*Heute hat das Kabinett beschlossen, mit fünf Unternehmen Verträge zur Bereitstellung von Corona-Impfstoffen für die kommenden Jahre bis 2029 abzu-*

schließen. (...) Die Verträge gewähren der Bundesregierung im Falle des Andauerns der Covid-19 Pandemie oder einer neuen Pandemie den Zugriff auf Produktionskapazitäten der Unternehmen und treffen so Vorsorge für den Fall einer erneuten Engpasssituation. Neben der Bereithaltung von Produktionskapazitäten umfassen die Verträge auch Vereinbarungen zur Herstellung und Lieferung von Impfstoffen an die Bundesregierung. (...) Hierbei zahlt der Bund den Unternehmen ab dem Zeitpunkt der Bereitschaft ein jährliches Bereitschaftsentgelt dafür, dass die Kapazitäten erhalten und im Abruffall zeitnah für die Produktion von ausreichend Impfstoff für die Bürgerinnen und Bürger zur Verfügung steht. Der Bund rechnet hierbei mit Kosten von bis zu 2,861 Milliarden Euro für die Jahre 2022 bis 2029.«[20]

Im Geschäftsbereich des Bundesministeriums wurde zudem im Oktober 2021 das Zentrum für Pandemieimpfstoffe und -Therapeutika beim Paul-Ehrlich-Institut (ZEPAI)[21] mit dem Auftrag gegründet, bei künftigen Pandemien die Bereitstellung von Pandemie-Impfstoffen bereits innerhalb von drei bis sechs Monaten zu ermöglichen. Das ZEPAI übernimmt zu diesem Zweck auch das Management der neuen Verträge.

Mit diesem Konzept und der Unterzeichnung der Pandemiebereitschaftsverträge hat Deutschland eine weltweite Vorreiterrolle übernommen. Viele Staaten haben vergleichbare Konstrukte in den letzten Monaten diskutiert, bis jetzt, im Sommer 2022, aber ist Deutschland das einzige Land, das die Idee tatsächlich umgesetzt hat. Ein sinnvoller nächster Schritt wäre die Einbettung in ein EU-weites Konzept der Pandemie-Vorsorge. Zudem könnten in Deutschland vorgehaltene Produktionskapazitäten für Impfstoffe bei regionalen Ausbrüchen in anderen Teilen der Welt angeboten werden, etwa über die WHO. Hätte man solche Kapazitäten beispielsweise für das beschleunigte Hochfahren der Produktion eines Ebola-Impfstoffes nutzen können, hätte dies zwar nicht Deutschland direkt, aber doch der weltweiten Gesundheitssicherheit gedient.

2. Nationale Reserve Gesundheitsschutz

Der Maskenmangel zu Beginn der Pandemie war ein Schock. Bund und Länder konnten nur unter großen Mühen genügend Masken für das Gesundheitswesen beschaffen und so eine Überforderung verhindern. Dass es ein zweites Mal zu solch einer Situation kommen könnte, mussten wir unbedingt vermeiden. Deshalb beschloss das Bundeskabinett in seiner Sitzung am 03. Juni 2020, eine Nationale Reserve Gesundheitsschutz (NRGS) anzulegen. Das Ziel: Persönliche medizinische Schutzausrüstung nicht nur für das Gesundheitswesen vorhalten, sondern ebenso für Personal in der kritischen Infrastruktur, Verwaltung, Wirtschaft und insbesondere für vulnerable Gruppen der Bevölkerung. Wir wollten bis zu sechs Monate unabhängig von Lieferungen aus dem Ausland sein, mindestens ein Monat sollte über Lagerhaltung abgedeckt werden, der übrige Zeitraum mit eigenen Produktionskapazitäten.

Die NRGS sollte gemäß Beschluss des »Corona-Kabinetts« vom 30. November 2020 drei Phasen umfassen: Zu Beginn wird die NRGS auf dem Bestand an Schutzausrüstung aufgebaut, der bereits vom Bund beschafft wurde und nicht für eine aktuelle Versorgung im Rahmen der Covid-19-Pandemie benötigt wird. Hierzu zählen auch die Schutzmasken, die zurzeit des Maskenmangels mit nationalen Sonderzulassungen beschafft und insbesondere aus China eingeführt worden sind. In der zweiten Phase soll der Bestand an Schutzausrüstung durch solche aus inländischer Produktion (siehe Punkt 3 »Masken made in Germany«) aufgefüllt sowie durch weitere relevante Versorgungsgüter ergänzt werden. Zudem sollen in dieser Phase die Grundlagen für eine dauerhafte Institutionalisierung der NRGS geschaffen werden. In der dritten Phase ab dem Jahr 2023 soll die NRGS dann in Dauerbetrieb übergehen und weitestgehend über die Absicherung von Produktionskapazitäten realisiert werden; eine physische Mindestreserve soll weiterhin vorgehalten werden.[22]

Die eigentliche politische Aufgabe wird in den nächsten Jahren und Jahrzehnten darin bestehen, den Betrieb und den Aus- und Aufbau dieser Nationalen Reserve Gesundheitsschutz fortzusetzen und auch dann noch zu rechtfertigen, wenn diese Pandemie längst vorbei ist. Denn – man denke an das bereits beschriebene Vorsorgeparadox – früher oder später wird es die ersten Stimmen geben, die sagen: »Es passiert doch nichts, was soll der ganze Aufwand?«

3. Masken made in Germany

Ich wollte mehr von den technischen Anforderungen und Voraussetzungen der Produktion von medizinischen Schutzmasken verstehen und stieß bei meinen Gesprächen mit Praktikern auf diesem Gebiet auf eine überraschende Wendung: Es stellte sich heraus, dass für die Massenproduktion medizinischer Schutzmasken sogenannte Vliese als Vorprodukt benötigt werden, ein textiles Spezialprodukt, das – quasi als »Herzstück« in die Maske eingebaut – als Filter die medizinische Wirksamkeit sicherstellt.[23] Auch diese Vliese wurden massenhaft in China produziert. Als ich erfuhr, dass die Maschinen, die für die Vliesproduktion benötigt wurden, fast alle aus Deutschland stammten, musste ich erst einmal innehalten: Ein großer Teil der weltweit im Einsatz befindlichen Maschinen, die das wichtigste Vorprodukt für medizinische Schutzmasken, die Vliese, produzierten, und ein großer Teil der Maschinen, die aus diesen Vliesen dann automatisiert die medizinischen Schutzmasken fertigten, stammte von einigen wenigen deutschen Mittelständlern im Spezialmaschinenbau? Und diese Maschinen wurden nicht selten aus Deutschland nach China exportiert, um in China Schutzmasken für Deutschland zu produzieren?! Klar, in einer arbeitsteiligen Welt kommt es zu solchen Konstellationen. Aber in der aktuellen Lage machte es mich fast wahnsinnig: Warum nicht die Maschinen aus Deutschland in Deutschland für die in Deutschland so dringend benötigten Schutzmasken produzieren lassen?

Im März und April 2020 überlegten wir in mehreren Runden, mit welchen Instrumenten wir entsprechende Anreize setzen konnten. Die Produktion medizinischer Schutzmasken ist keine hochkomplexe Raketenwissenschaft, aber über Nacht baut man sie eben auch nicht auf. Wir wählten zwei Wege: In meinen Gesprächen mit Unternehmen, die grundsätzlich bereit waren, mehr Schutzmasken in Deutschland zu produzieren, kam immer wieder der Hinweis, dass es nahezu unmöglich wäre, bei uns zu den gleichen Kosten wie in China zu produzieren, und daher der Preis immer ein höherer sei. Vor diesem Hintergrund war die Investition in eine Maskenproduktion mit dem Standort Deutschland ein hohes wirtschaftliches Risiko. Um es zu minimieren, entwickelten wir im Ministerium die Idee, derartige Investitionen über eine garantierte Abnahme für einen vorher bestimmten Zeitraum und eine vorher vertraglich vereinbarte Zahl von Masken durch den Bund anzureizen. Noch im März 2020 starteten wir ein Ausschreibungsverfahren. Bei diesem erhielten diejenigen einen Zuschlag, die das beste Angebot für die Lieferung von in Deutschland produzierten und CE-zertifizierten OP- und FFP2-Masken machten. Um

Planungssicherheit zu geben, lief der jeweilige Vertrag dann von Anfang August 2020 bis Ende Dezember 2021, also für siebzehn Monate. Eine Vielzahl von Anbietern erhielt einen Zuschlag und investierte daraufhin in den Auf- und Ausbau der Maskenproduktion in Deutschland. Einige hatten bereits Erfahrung auf diesem Gebiet, andere stiegen hier ganz neu ein. Insgesamt hat der Bund bis Ende Dezember 2021 auf diesem Weg für über 1,2 Milliarden Euro über 2,4 Milliarden OP-Masken und knapp siebenhundert Millionen FFP2-Masken abgenommen, mit europäischem CE-Zertifikat und aus deutscher Produktion.

Ende März 2020 erfuhr ich, dass eine der wenigen sehr großvolumigen Maschinen, die zur automatisierten Vliesproduktion jedes Jahr in Deutschland hergestellt wurden, bald fertig werden und auftragsgemäß nach China verschifft werden sollte. Der Gedanke gefiel mir gar nicht, und daher rief ich den Chef des mittelständischen Maschinenbauers in Bayern persönlich an und fragte, ob wir etwas tun könnten.

»Sie können etwas tun, Herr Spahn«, sagte er. »Sorgen Sie für mehr Vertrauen in Deutschland als Produktionsstandort für Masken. Wenn sich kurzfristig ein deutscher Abnehmer findet, dann bleibt die Maschine in Deutschland. Das macht mir zwar viel Ärger. Aber da bin ich Patriot. Versprochen.«

Es war also Eile geboten. Zumal der Aufbau einer automatisierten Vliesproduktion mindestens drei bis vier Monate braucht. Um tatsächlich noch einen Unterschied machen zu können, musste es also schnell gehen.

Am darauffolgenden Wochenende formulierte ich meine Ideen für die Grundzüge eines möglichen Förderkonzepts. Ich setzte mich mit Wirtschaftsminister Peter Altmaier in Verbindung und schilderte ihm meine Überlegungen. Er war rasch mit an Bord, und so entstand unter Einbindung unserer jeweiligen Fachleute und mit Unterstützung des Finanzministeriums eine dreiseitige Vorlage für die Sitzung des Corona-Kabinetts schon am nächsten Montagvormittag, dem 06. April 2020. In der Krise können Abläufe, die sonst Monate dauern, sehr schnell gehen. Dieser Beschluss des Corona-Kabinetts wurde Ausgangspunkt für ein Förderprogramm des Bundes.[24] Das Programm war ein Erfolg: An zweiundachtzig Unternehmen wurden seitens des Bundes mehr als dreiundsechzig Millionen Euro Investitionszuschüsse geleistet, es ist so eine Kapazität zur Produktion von 7,1 Milliarden Masken entstanden. Die Maschine zur automatisierten großvolumigen Vlies-Produktion aus Bayern ist übrigens tatsächlich in Deutschland geblieben.

Allerdings droht Deutschland nun seinen eigenen Erfolg beim Aufbau einer heimischen Produktion medizinischer Schutzmasken wieder zu verspielen. Denn in Deutschland produzierte Masken liegen preislich nahezu immer über dem Preis chinesischer Ware. Sobald die beschriebenen staatlichen Förderinstrumente auslaufen, könnten viele der in Deutschland neu geschaffenen Produktionskapazitäten wieder abgebaut werden.[25] Obwohl die Qualität nicht selten besser ist, entscheidet fast immer ausschließlich der Preis – zugunsten der chinesischen Masken. Dabei wäre es nach dem Vergaberecht möglich, andere Kriterien, wie Qualität, soziale Fragen oder Nachhaltigkeit, etwa den CO_2-Verbrauch, zugrunde zu legen. Allein wegen des langen Transportweges aus China dürfte der CO_2-Fußabdruck einer in Deutschland produzierten Maske immer niedriger sein. Frankreich geht diesen Weg: Die dortige Regierung hat verfügt, dass der Preis als Kriterium nur zu fünfundzwanzig Prozent und Kriterien wie Liefersicherheit, Qualität und Klimabilanz zu fünfundsiebzig Prozent bei Ausschreibungen ausschlaggebend sein sollen.

Über neunzig Prozent der in Deutschland genutzten medizinischen Masken, ob in Kliniken, Pflegeheimen oder Arztpraxen, dürften indirekt über die Beitragsgelder der Versicherten finanziert worden sein. Viele der Maskeneinkäufer sind öffentliche Institutionen wie Universitätskliniken oder kommunale Krankenhäuser. Ich finde, da muss es schon aus nationalem Interesse an der Versorgungssicherheit möglich sein, per Gesetz das Einhalten anderer Kriterien bei der Beschaffung medizinischer Schutzmasken festzuschreiben. Einen Versuch wäre es jedenfalls wert. Sonst hätten wir schon während der Pandemie eine der ersten Lehren, die wir in der Notlage gezogen haben, wieder vergessen.

4. Pandemiepläne üben

Nach den Erfahrungen mit der weltweiten Ausbreitung der Schweinegrippe 2009 und dem EHEC-Ausbruch in Deutschland 2011 war bereits ein anderes Bewusstsein entstanden. Seitdem gibt es in Deutschland Pandemiepläne für jedes Krankenhaus und jede Pflegeeinrichtung sowie für Großunternehmen; alle Bundesländer und viele Kommunen hatten Pandemiepläne erarbeitet und in der Schublade liegen.

Das Problem war: In der Schublade sind sie geblieben. Die Pläne wurden in Wahrheit nie geübt und wenig ernst genommen. Mangels praktischer Übung wusste niemand, ob die Pläne im Ernstfall wirklich etwas taugten und umsetzbar wären. Die Probe aufs Exempel kam, als ich die Länder in einer Telefonschalte der Gesundheitsministerinnen und -minister am 26. Februar 2020 aufforderte, ihre Pandemiepläne angesichts der Lage zu aktualisieren und erstmalig zu aktivieren.

Auf internationaler Ebene gab es vereinzelt die Simulation internationaler Gesundheitskrisen. Deutschland, genauer gesagt der damalige Gesundheitsminister Hermann Gröhe (CDU), schlug im Rahmen der G-20-Präsidentschaft ein Planspiel vor, um die internationalen Abläufe zu testen. Die Krisensimulation wurde während des Treffens der G-20-Gesundheitsministerinnen und -minister am 19. und 20. Mai 2017 in Berlin gemeinsam mit Vertretern der WHO und der Weltbank durchgeführt.[26] Im Mai 2022 fand erneut unter deutscher Präsidentschaft in Berlin eine Übung der G-7-Gesundheitsministerinnen und -minister gemeinsam mit der EU und der WHO zu einer simulierten Pockenpandemie statt.

Das Bemerkenswerte an beiden Übungen: dass sie überhaupt stattfanden! Denn sie sind bisher ziemlich einmalig. Ich kann mir das Augenrollen mancher Beteiligter bei der G-20-Übung 2017 lebhaft vorstellen, denn es ist alles andere als üblich, dass Ministerinnen und Minister überhaupt irgendetwas üben. Das gilt selbst für Finanzkrisen oder Terrorlagen. Es ist verführerisch, als Minister zu glauben, eh schon alles zu können. Aber genau diese Einsicht, dass beständiges Üben von Abläufen, Prozessen oder der Kommunikation mit anderen Beteiligten – auch wenn es nervt oder unnötig erscheint – einen Unterschied macht, wenn es darauf ankommt, ist der Schlüssel jeder sinnvollen Krisenvorsorge. Und wenn Ministerinnen und Minister es national und international beispielhaft vorleben, funktioniert es umso besser.

Solche Pandemieübungen brauchen wir verstärkt auf Bundes-, Landes- und regionaler Ebene. Dafür benötigen wir operative Einheiten und Behördenstrukturen, die in einer Übung genauso wie im Ernstfall agieren können. Die gab es in der Pandemie auf Bundesebene faktisch gar nicht und auf Landesebene nur vereinzelt. Das in Bonn ansässige Bundesamt für Bevölkerungsschutz und Katastrophenhilfe (BBK) mit über dreihundertvierzig Mitarbeitern und einem jährlichen Etat von über hundertsechzig Millionen Euro darf laut geltender

Rechtslage nur in den gesetzlich genannten Lagen tätig werden, insbesondere beim Zivilschutz und in der Katastrophenhilfe. Für die Pandemie war diese Behörde damit ohne eine ausdrückliche Gesetzesänderung nicht einsetzbar. Leider hat dafür die politische Kraft nicht gereicht. Dabei hätte das BBK mit seiner Erfahrung, seinem Netzwerk und seinen Ressourcen zur Bildung von Bund-Länder-übergreifenden Krisenstäben, zur Erstellung von Lagebildern und zur Koordinierung der Hilfsorganisationen eine echte Unterstützung und eine Entlastung in den letzten zwei Jahren sein können, insbesondere auch für unser Ministerium und das Robert Koch-Institut. Als Lehre aus der Pandemie kann ich daher nur nachdrücklich für eine entsprechende Gesetzesänderung werben, die eine operative Einheit des Bundes für Lagen der Gesundheitssicherheit und des Infektionsschutzes schafft. Der Bund braucht hier dauerhafte Strukturen. Die Fachabteilung im Gesundheitsministerium kann das personell nicht permanent leisten, zudem sollte operatives Handeln grundsätzlich eher in nachgeordneten Behörden gebündelt werden, wie in anderen Ministerien bei der Bundespolizei, dem Zoll oder eben beim BBK.

Das Robert Koch-Institut selbst war vor der Pandemie eher eine Wissenschaftsinstitution als eine operativ tätige Behörde. Einheiten, die in regelmäßigem Austausch mit den Gesundheitsbehörden in Ländern und Kommunen stehen und auch vor Ort aktiv unterstützen konnten, gab es faktisch nicht. Beim ersten großen Ausbruch im Februar 2020 in Heinsberg bat der Landrat Stephan Pusch um direkte Unterstützung durch das RKI. Doch eine solche war weder regelhaft vorgesehen, noch war ausreichend Personal dafür da. Das haben wir im Laufe der Krise geändert und eine Kontaktstelle für den Öffentlichen Gesundheitsdienst beim RKI aufgebaut und zum Start mit vierzig neuen Stellen ausgestattet. Aber das kann nur der Anfang sein, Wissenschaft alleine reicht nicht mehr. Die Krise hat gezeigt, dass das RKI in seinem Auftrag, seiner Struktur und seiner Ausstattung viel operativer gedacht werden muss.

5. Epidemische Lage von nationaler Tragweite

In der täglichen Regierungsarbeit zeigte sich, dass zu viele überlappende oder nicht eindeutig zugeordnete Zuständigkeiten uns allen – den Bürgerinnen und Bürgern wie den Behörden selbst – das Leben schwer machen.

Ein Beispiel: Der Bund ist formal zuständig für alle Fragen, die mit der Einreise nach Deutschland in Zusammenhang stehen. Als Bundesminister konnte ich nach geltendem Recht anordnen, dass Piloten den Tower eines deutschen Zielflughafens vor der Landung darüber informieren müssen, ob Passagiere mit Atemwegserkrankungen oder Corona-Symptomen an Bord waren, damit nach der Landung direkt entsprechende Maßnahmen ergriffen werden konnten. Zudem konnte ich verfügen, dass alle Passagiere eine sogenannte Aussteigekarte ausfüllen mussten. Einreisende aus Risikogebieten mussten sich zudem grundsätzlich in häusliche Quarantäne begeben. Die Aussteigekarten machten es möglich, diese stichprobenartig zu kontrollieren. Mit diesen Informationen konnten zudem die Umsitzenden im Fall einer später festgestellten Infektion bei einem Passagier schnell erreicht werden. Zumindest theoretisch.

Praktisch war das viel schwieriger. Schon bei der Frage, wer die Karten vor Ort nach der Landung einsammelt und auswertet, war die rechtliche Zuständigkeit kompliziert. Der Bund selbst durfte mangels Zuständigkeit allenfalls in Amtshilfe, etwa mit der Bundespolizei, tätig werden. Die zuständigen Gesundheitsbehörden der Flughafenstandorte waren eh schon am

Limit und hatten schlicht nicht ausreichend Personal, um diese Aufgabe im nötigen Umfang leisten zu können. Auch die Quarantäne für Einreisende aus Risikogebieten konnte ursprünglich nicht der Bund anordnen. Um eine gewisse Einheitlichkeit zu gewährleisten, erarbeitete der Bund mehrfach eine sogenannte Muster-Quarantäneverordnung, die die sechzehn Bundesländer dann jeweils formal rechtlich in Kraft setzen mussten. Nicht selten wichen sie in einzelnen Regelungen ab, sodass ein Flickenteppich entstand.

Das war alles sehr unbefriedigend. Daher haben wir dem Bundestag mehrfach Gesetzentwürfe zugeleitet, um dem Bund mehr Kompetenzen zu geben. Im November 2020 wurde beispielsweise für die Zeit der Pandemie dem Bund das Recht übertragen, die Quarantäne für Einreisende aus Risikogebieten anzuordnen oder den Flugverkehr aus bestimmten Hochrisikoregionen ganz auszusetzen. Auf dieser neuen rechtlichen Grundlage konnten wir als Bundesregierung eine Einreiseverordnung erlassen, die einheitlich und unmittelbar für ganz Deutschland galt. Die Aussteigekarten auf Papier konnten auf dieser Basis nun digitalisiert und die Digitale Einreiseanmeldung entwickelt werden.

Das damals geltende Infektionsschutzrecht war im Grunde nicht auf eine pandemische Lage ausgerichtet. Die Regelungen beschäftigten sich beispielsweise mit Vorgaben für Gemeinschaftseinrichtungen wie Kindergärten und Schulen. Das Regelwerk passte für einzelne lokale Masernausbrüche, selbst das seit 2005 geltende Gesetz zur Durchführung internationaler Gesundheitsvorschriften ging von einzelnen, aus dem Ausland eingetragenen Infektionsfällen aus. Übergangsweise konnten die Behörden in den Ländern ihre einschränkenden Maßnahmen bis hin zum ersten Lockdown im März 2020 auf eine Art Generalklausel im Infektionsschutzgesetz stützen. Diese besagte in einfachen Worten: Alles, was hilft, das Virus einzudämmen, ist im Grunde erlaubt.

Uns wurde in der Bundesregierung schnell klar, dass das nur eine vorübergehende Lösung bleiben konnte. Denn derart einschränkende Grundrechtseingriffe, wie sie in dieser Notlage zum Schutz der Bevölkerung nötig waren, brauchten eine eigene rechtliche Grundlage, welche die notwendige Abwägung von Verhältnismäßigkeit abbildete.

Daher entwickelten wir im Bundesministerium für Gesundheit zusammen mit dem Justizministerium ein völlig neues Rechtsinstrument, die sogenannte Epidemische Lage von nationaler Tragweite. Die Idee war es, drei Dinge gleichzeitig zu erreichen: die demokratische Legitimation zu stärken, den Ausnahmecharakter der Lage deutlich zu machen und dabei die notwendige Flexibilität für die Regierungen zu erhalten, um die Maßnahmen an die jeweilige Lage dynamisch anpassen zu können. Wenn das Parlament, der Deutsche Bundestag, also mit Mehrheit als Ausnahmesituation das Bestehen einer Epidemischen Lage feststellt, erhalten Bund und Länder für die Dauer dieser Feststellung besondere, im Einzelnen im Gesetz definierte Befugnisse. Der Bundestag muss diese Feststellung alle drei Monate verlängern und kann sie jederzeit aufheben.

Was in manchen Debatten gelegentlich übersehen wird: Die Bundesregierung selbst hatte und hat nach Feststellung der Epidemischen Lage von nationaler Tragweite keinerlei Befugnisse, kontaktreduzierende Maßnahmen, Beschränkungen des öffentlichen oder wirtschaftlichen Lebens oder einen Lockdown zu beschließen. Das können weiterhin nur die Länder und die Behörden vor Ort, und dabei müssen sie das Gebot der Verhältnismäßigkeit und Angemessenheit beachten. Der Bund und vor allem der Bundesminister für Gesundheit erhielt für den Zeitraum der festgestellten Epidemischen Lage allerdings besondere Befugnisse, per Verordnung Regelungen etwa zum Reiseverkehr, zum Impfen und zum Testen, für die Zulassung von Arzneimitteln und Impfstoffen, für Melde- und Untersuchungspflichten und viele vergleichbare Fragen zu erlassen. Eine »Ermächtigung zum Durchregieren«, wie gelegentlich von Kritikern der Regelung kolportiert, war das Rechtskonstrukt nie.

Die Regelungen zur Epidemischen Lage von nationaler Tragweite waren nicht perfekt und wurden im Laufe der zwei Jahre mehrfach angepasst und überarbeitet. Sie bildeten aber in der akuten Krise eine belastbare rechtliche und politische Legitimation, auf deren Grundlage konkrete Maßnahmen zum Schutz der Bevölkerung flexibel und lageangepasst durchgesetzt werden konnten. Als Dauerregelung eignen sie sich sicher so nicht. Umso wichtiger wäre es, bereits jetzt eine Pandemiegesetzgebung vorzubereiten und umzusetzen, die in Zukunft eine noch bessere, weil vorsorglich getroffene Grundlage für staatliches Handeln in einer solchen Notsituation legt. Eine Expertenkommission hat Ende Juni 2022 in Erfüllung eines gesetzlichen Auftrags Vorschläge hierzu vorgelegt.

Kehrt die Bürokratie zurück, ist die Krise vorbei

»Never waste a good crisis« – dieses berühmte, auf den ersten Blick vielleicht etwas zynisch anmutende Zitat drückt aus, dass in jeder Krise auch die Chance zu Veränderung steckt. Wenn die Not groß ist, ist der Druck zu handeln und zu entscheiden hoch. So können in einer Krise Entscheidungen getroffen und Veränderungen begonnen werden, die zu normalen Zeiten nicht denkbar gewesen wären oder deren Umsetzung viel mehr Zeit in Anspruch genommen hätte. Zu teuer, zu schwierig, zu Geht-halt-nicht. Jetzt, in der Pandemie, war vieles plötzlich möglich.

Zum Beispiel bei der Stärkung des Öffentlichen Gesundheitsdienstes (ÖGD). Der ÖGD wurde über viele Jahre auf allen Ebenen stiefmütterlich behandelt, die Personalausstattung in den meisten der knapp vierhundert Gesundheitsbehörden in den Ländern und Kommunen war dürftig, die Ressourcen knapp, und in den gesundheitspolitischen Debatten spielte er keine Rolle. Bei der Digitalisierung dieses Teils der öffentlichen Verwaltung haperte es seit Jahren. Zu Beginn der Pandemie wurden Covid-19-Infektionsfälle von den Arztpraxen, Krankenhäusern, Laboren und Testzentren sowie anderen meldepflichtigen Stellen standardmäßig noch per Fax, Briefpost oder telefonisch an die Gesundheitsämter gemeldet. Im Jahr 2020!

Dass der daraus entstehende Meldeverzug ein Problem ist, wurde bereits während der Zeit des EHEC-Ausbruchs in Deutschland im Jahr 2011 erkannt und problematisiert, unter anderem vom damaligen Gesundheitsminister Daniel Bahr (FDP) und dem Abgeordneten Karl Lauterbach (SPD).[27] Die Gesundheitsministerkonferenz der Länder fasste daraufhin 2011 den Beschluss, die Machbarkeit eines elektronischen Meldeverfahrens zu überprüfen. Das Bundesgesundheitsministerium gab eine technische Studie dazu in Auftrag, dafür musste 2013 eigens eine Experimentierklausel in das Infektionsschutzgesetz eingefügt werden. Zur Einführung des nun geplanten Deutschen Elektronischen Melde- und Informationssystems (DEMIS) wurde ein zweijähriger, vom RKI gesteuerter Prozess aufgesetzt, um unter Einbeziehung aller Beteiligten auf allen föderalen Ebenen gemeinsam den Bedarf und die technischen Anforderungen zu definieren. Ein Einführungskonzept wurde entwickelt, und 2014 veröffentlichte das RKI einen Projektbericht über die Ergebnisse.[28] Seitdem passierte: nichts.

EHEC war wieder vergessen. Die relativ geringe Zahl von gut vierhunderttausend meldepflichtigen Infektionsfällen in »normalen« Jahren konnte auch gefaxt werden, der Leidensdruck war überschaubar, richtig verantwortlich fühlte sich im föderalen Gefüge niemand, die Kosten einer Einführung wurden gescheut. Und so lag das RKI-Konzept sechs Jahre in der Schublade.

Ich beschreibe diese Vorgeschichte so ausführlich, um zu zeigen, dass es nicht an der Erkenntnis, dem Konzept oder der Technik fehlte. Woran es mangelte, war der politische Wille, das als richtig Erkannte gegen Widerstände und mit Beharrungsvermögen durchzusetzen. Das änderte sich durch den Druck der Pandemie schlagartig. Heute erfolgen nahezu alle Meldungen von Covid-19-Infektionen elektronisch innerhalb der sicheren Dateninfrastruktur des Gesundheitswesens, nach und nach werden auch alle anderen meldepflichtigen Infektionskrankheiten wie Masern, Pocken oder HIV einbezogen.

In der Pandemie ist es unserer Digitalabteilung im Ministerium zudem gelungen, binnen weniger Monate weitere digitale Pandemie-Werkzeuge für den ÖGD zu entwickeln: ein digitales Symptomtagebuch, das bei der Betreuung von Personen in Quarantäne enorme Ressourcen in den Gesundheitsämtern spart; ebenso wie ein KI-gestützter Telefonassistent, der die Gesundheitsämter spürbar von pandemiebedingten Routinetelefonaten entlastet; sowie das Programm SORMAS zum besseren Management von Kontaktpersonen und -ketten von Rosenheim bis Flensburg. Letzteres war mir, wie bereits beschrieben, zum ersten Mal in Nigeria begegnet und wurde nun auf die Besonderheiten des deutschen ÖGD angepasst.

Die Herausforderung bei all diesen Projekten: Als Bund können wir solche digitalen Werkzeuge und Anwendungen immer nur anbieten – ob und in welchem Umfang sie genutzt werden, entscheiden die Bundesländer oder die Gesundheitsämter vor Ort. Die Verantwortlichen vor Ort müssen die Überzeugungsarbeit leisten, dass neue digitale Tools die Arbeit der Behörden und Ämter am Ende erheblich erleichtern. Weil dieser Überzeugungsprozess häufig länger dauert, bleibt unklar, ob vom Bund entwickelte Angebote überhaupt zum Einsatz kommen. Das wiederum erschwert es, zu rechtfertigen, warum der Bund überhaupt Geld für deren Entwicklung in die Hand nehmen sollte – ein Teufelskreis.

Dass der Öffentliche Gesundheitsdienst zu lange ein Schattendasein in der Gesundheitspolitik geführt hat, wollten wir unter dem Eindruck der Pandemie ändern. Um ihn deutlich zu stärken, verhandelte ich mit den sechzehn Ländern über den Sommer 2020 einen »Pakt für den ÖGD«,[29] den die damalige Vorsitzende der Gesundheitsministerkonferenz (GMK), die Berliner Gesundheitssenatorin Dilek Kalayci (SPD), und ich nach erfolgreichem Abschluss der Gespräche am Samstag, den 05. September 2020, in einer Pressekonferenz vorstellten. Die Bundeskanzlerin lud in Abstimmung mit mir die Vertreterinnen und Vertreter aller Gesundheitsämter Deutschlands für den 08. September 2020 zu einer digitalen Auftaktkonferenz ein, und die Corona-Ministerpräsidentenkonferenz (MPK) am 29. September 2020 machte den Pakt für den ÖGD zur Chefsache.

Obwohl der Bund nach der föderalen Ordnung nicht zuständig ist für den ÖGD in den Ländern und Kommunen, sagten wir vier Milliarden Euro Förderung für den ÖGD zu. Im Gegenzug verpflichteten sich die Länder, bis zum Ende des Jahres 2022 mindestens fünftausend zusätzliche Stellen im ÖGD zu schaffen und zu besetzen, die Attraktivität durch bessere Bezahlung zu steigern und gemeinsam mit dem Bund die Digitalisierung des ÖGD voranzutreiben.

Ob dieser Pakt auch tatsächlich voll erfüllt und die vereinbarten Stellen dauerhaft geschaffen werden – oder ob sich mit nachlassendem Pandemie-Druck doch wieder die Beharrungskräfte der bürokratischen Ebene durchsetzen, wird sich zeigen. Es gibt viel Licht, aber auch Schatten: Die Ministerpräsidentenkonferenz hat am 16. November 2020 beschlossen, dass bis Ende 2020 mindestens neunzig Prozent aller Gesundheitsämter DEMIS und SORMAS nutzen sollten. Bei DEMIS wurde das Ziel, wenn auch mit zeitlicher Verzögerung, erreicht.

Bei SORMAS allerdings sind wir gescheitert, man muss es so deutlich sagen. Zwar nutzen mittlerweile über dreihundertvierzig Gesundheitsämter in Deutschland diese Anwendung. Doch selbst unter dem Handlungsdruck einer Pandemie war ein flächendeckender Umstieg auf eine einheitliche Plattform nicht durchsetzbar. Lieber wollten viele an ihren eigenen alten, gewohnten Systemen festhalten. Das erschwerte die Erfassung erheblich. Schließlich wurde im Jahr 2022 sogar vereinbart, SORMAS wieder abzuschalten und durch ein ganz neues System zu ersetzen. Meine Prognose: Wenn das Durch- und Umsetzen einer bundeseinheitlichen IT-Plattform für den gesamten ÖGD in Deutschland in den nächsten Jahren nicht höchste politische Priorität behält, wird dieses Projekt so enden, wie DEMIS nach dem EHEC-Ausbruch. Denn kaum ist die Krise vorbei, kehrt die Bürokratie zurück.

Die Entwicklung der Corona-Warn-App (CWA), ein Digitalprojekt des Bundes, ist ein Positivbeispiel. Innerhalb von drei Monaten, gerechnet von der Entscheidung für diese App im März 2020 bis zu ihrer Implementierung auf Millionen von Mobilfunkgeräten Mitte Juni, gelang es, dieses Projekt zu realisieren. Gemeinsam mit unseren Unternehmenspartnern setzte das Digitalteam meines Ministeriums unter Führung von Dr. Gottfried Ludewig in fünfzig Tagen und Nächten dieses komplexe IT-Projekt um, europäische Vernetzung zu anderen Corona-Warn-Apps inklusive. Das hat es in so kurzer Zeit noch nie zuvor in unserem Land gegeben. Und es funktionierte nur aus einem Grund: Weil der Wille da war und alles, was normalerweise den Prozess verzögert hätte, dem großen Ganzen untergeordnet wurde. Der Datenschutz ist ziemlich heilig in unserem Land, zumindest wenn der Staat im Spiel ist – was nicht recht zu der Freigebigkeit passt, mit der wir Daten an US-amerikanische oder chinesische Digitalkonzerne hergeben. Um Sorgen vor einem gläsernen Bürger zu zerstreuen, haben wir die CWA so entwickelt, dass die Daten auf dem Endgerät des jeweiligen Nutzers bleiben, und um mögliche Lücken aufzuspüren, früh mit dem Chaos Computer Club zusammengearbeitet. Ähnlich schnell und unbürokratisch konnte der digitale Impfnachweis eingeführt werden.

In der Breite der Bevölkerung wird die Digitalisierung der Verwaltung allemal als notwendig anerkannt. Dieser positive Geist und der Wille, selbst etwas zur Veränderung beizutragen, kam auch im #WirVsVirus Hackathon der Bundesregierung zum Ausdruck: Daran beteiligten sich an einem Wochenende im März 2020 mehr als zwanzigtausend Menschen mit über tausendfünfhundert Projekten. Die daraus entwickelten Konzepte befassten sich zum Beispiel mit einer Beratung von Mittelständlern, die in der Pandemie schnell auf digitale Arbeitsformen umstellen mussten, oder mit einem App-gesteuerten Einlassmanagement für Einzelhändler. Solche Formen der Zusammenarbeit für das Gemeinwesen werden als »Open Social Innovation« bezeichnet. Ebenso wie die Corona-Warn-App ist das Hackathon ein Beispiel für das Zusammenwirken von Staat und Markt zugunsten des gesellschaftlichen Fortschritts. Solche Erfahrungen sollten ein Antrieb für die Digitalisierung der Verwaltung sein.

Kurz erwähnt sei ein anderer Bereich des Gesundheitswesens, in dem Behörden in der Krise gezeigt haben, was gehen kann: die Genehmigung neuer Zulassungsstudien für Covid-19-Arzneimittel und -Impfstoffe in Deutschland. Die entsprechenden Anträge wurden in der Pandemie durch die beiden zuständigen Behörden des Gesundheitsministeriums in Rekordzeit bearbeitet, geprüft und genehmigt: für Arzneimittel das Bundesinstitut für Arzneimittel und Medizinprodukte (BfArM) in Bonn und für Impfstoffe das Paul-Ehrlich-Institut (PEI) in Langen. Auch im weltweiten Vergleich waren wir in der Pandemie hier weit vorne. Dies ist aber nicht gelungen, weil auf irgendwelche Anforderungen oder gesetzlichen Erfordernisse verzichtet worden wäre, sondern allein indem die nötigen Personalressourcen zur Bearbeitung dieser priorisierten Anträge zusammengezogen und darauf konzentriert wurden und weil in einer engen konstruktiven Abstimmung mit den pharmazeutischen Herstellern fehlende Unterlagen in kurzer Frist eingefordert und nachgereicht wurden. Was sonst viele, viele Monate dauerte, ging plötzlich in wenigen Wochen – ohne dass bei der Qualität der Anforderungen und der Prüfung auch nur irgendein Abstrich gemacht werden musste. Das zeigt, was geht, wenn man will – und wenn die notwendigen Ressourcen an Personal und Ausstattung zur Verfügung stehen.

In der Pandemie war diese Geschwindigkeit ein echter Standortvorteil für Deutschland, pharmazeutische Hersteller wählten bewusst bevorzugt auch Deutschland als Standort für ihre Studien. Die Lehre: Wir sollten die beiden Zulassungsbehörden so ausstatten, dass sie diese Geschwindigkeit zum Vorteil des Studien-, Wissenschafts- und Wirtschaftsstandorts Deutschland auch in normalen Zeiten erbringen können. Damit die Bürokratie nach der Krise nicht zurückkehrt.

III.

»Das wird die größte Krise seit dem Zweiten Weltkrieg.«

Die Pandemie eindämmen – aber mit welchen Maßnahmen?

Am 12. März 2020 fand eine Ministerpräsidentenkonferenz statt, die mir aus mehreren Gründen besonders erwähnenswert erscheint. Am Tag zuvor war ich zum ersten Mal mit Angela Merkel und RKI-Chef Lothar Wieler vor die Bundespressekonferenz getreten – die berühmte blaue Wand, die noch viele Male während der Pandemie die Kulisse geben würde.

Die Zusammenarbeit mit Lothar Wieler war sehr professionell und gut eingespielt. Für ihn als Behördenleiter war die plötzliche Öffentlichkeit in dieser extremen Form sicherlich nicht immer einfach. Wir versuchten, über die vielen Monate die richtige Tonlage zu treffen. Am Tag vor unserem gemeinsamen Auftritt mit der Kanzlerin meldete das RKI:

> *»Insgesamt sind in Deutschland 1567 (+271) laborbestätigte Fälle von Coronavirus-Krankheit-2019 (Covid-19) seit dem 27.01.2020 bekannt geworden, davon wurden bisher 1089 elektronisch an das RKI übermittelt und hier validiert. In Deutschland wurden seit dem 09.03.2020 erstmals insgesamt 3 Todesfälle in Zusammenhang mit Covid-19-Erkrankungen berichtet.«*[30]

Diese Zahlen klingen unwirklich klein, wenn man sie heute liest. Aber zum damaligen Zeitpunkt war die Lage ziemlich ernst. Tags zuvor hatte mich die Bundeskanzlerin angerufen und gefragt, was ich von der Idee einer gemeinsamen Pressekonferenz hielte, um diesem Ernst Nachdruck zu verleihen. Ich fand die Idee gut. Denn diese Krise, diese Pandemie konnte nicht allein eine Angelegenheit des Gesundheitsministers sein. Die Verantwortung lag bei der gesamten Regierung. Die Krise betraf alle Lebensbereiche und damit die Zuständigkeit nahezu aller Bundesministerien. Der gemeinsame Auftritt von Bundeskanzlerin und Bundesgesundheitsminister sendete genau dieses Signal der Ernsthaftigkeit und der gemeinsamen Anstrengung an die Bevölkerung. Mehr als eine Stunde lang saßen wir in der Bundespressekonferenz und beantworteten Fragen.

Auf dieser Pressekonferenz schlossen sowohl die Kanzlerin als auch ich pauschale Schulschließungen aus – und zwar aus Überzeugung. Mein Hauptargument war immer: Bei früheren Pandemien, beispielsweise bei der Spanischen Grippe, hatte man die Schulen leichter schließen können, weil der Lebensalltag der Menschen ein anderer war. Frauen gingen häufig nicht arbeiten, mehrere Generationen lebten vielfach unter einem Dach und kümmerten sich gemeinsam zu Hause um die Kinder und um die Ältesten. Jetzt aber, im Jahr 2020, war klar: Würde man die Schulen schließen, gerieten viele Familien, besonders jene, bei denen beide Elternteile berufstätig sind, an ihre Grenzen. Und welche Auswirkungen hätten Schulschließungen auf das ohnehin schon strapazierte Gesundheitswesen, wenn das medizinische Personal zu Hause bei den Kindern bleiben musste?

Es war die Zeit, in der die Politik in Bund und Ländern zum ersten Mal austarierte, was im Kampf gegen die Ausbreitung des Virus notwendig und gleichzeitig den Menschen zumutbar war. Es gelte die Balance zwischen den notwendigen Einschränkungen und dem Alltag zu halten, so formulierte ich es auf der Pressekonferenz mit der Kanzlerin.

Am 12. März 2020 kam es dann zur ersten »Corona-MPK«. Zum ersten Mal stand die beginnende Corona-Pandemie auf der Tagesordnung der Konferenz der Bundeskanzlerin mit den Regierungschefinnen und Regierungschefs der Länder, wie das häufig als Ministerpräsidentenkonferenz oder MPK abgekürzte Format offiziell heißt. Es sollten in den nächsten zwei Jahren noch viele weitere Corona-MPKs folgen, wenige in Präsenz, viele telefonisch oder als Videoschalte.

RKI-Präsident Lothar Wieler, Professor Christian Drosten als Virologe und der Chef der Charité, Professor Heyo Kroemer, schilderten den versammelten Ministerpräsidentinnen und Ministerpräsidenten all das, was über das Virus und seine mögliche Ausbreitung bekannt war und wofür wir uns nach ihrer Einschätzung wappnen müssten. Nicht wenige der Teilnehmenden hatten vor der MPK noch eine Erwartungshaltung, die sich mit »Es ist schlimm, aber wir bekommen das unter Kontrolle« zusammenfassen lässt. Der hessische Ministerpräsident Volker Bouffier war es dann, der angesichts der Zahlen und Prognosen schlussfolgerte: »Das wird die größte Krise nach dem Zweiten Weltkrieg.«

An diesem Tag, in den Nachmittagsstunden, wurde ihm wie einigen anderen auch die ganze Dimension dessen klar, was auf uns zukam.

SZ, 03.03.2021: »*Es war Donnerstag, der 12. März 2020. Die Bundeskanzlerin und die Ministerpräsidenten wollten eigentlich über die Energiewende konferieren. Doch die Zahl der Ansteckungen mit dem Coronavirus war in den Tagen zuvor sprunghaft angestiegen (…) Also änderte Angela Merkel im Einvernehmen mit dem Vorsitzenden der MPK, Markus Söder, die Tagesordnung. Man habe, berichtete die Kanzlerin anschließend, eine breite Diskussion geführt ›über das, was unser Land jetzt erwartet‹. Heute weiß man: Von dem, was das Land wirklich erwartete, hatten die Beteiligten zu diesem Zeitpunkt so gut wie keine Ahnung. Lothar Wieler, der Präsident des Robert Koch-Instituts (RKI), war in der Sitzung zugegen, ebenso der Chef des Berliner Charité-Krankenhauses, Heyo Kroemer, und ein Virologe, der damals ausschließlich in Fachkreisen bekannt war: Christian Drosten. Sie warnten vor einem exponentiellen Wachstum der Infektionszahlen. Vier Tage später ging Deutschland in den ersten Shutdown.«*[31]

Zwei Entscheidungen dieser ersten Corona-MPK am 12. März 2020 waren von enormer Tragweite, allen voran die Frage der Schulschließungen. Im damaligen einstimmigen Beschluss heißt es: »In Regionen und Bundesländern mit sich abzeichnendem dynamischen Ausbruchsgeschehen ist (…) die vorübergehende Schließung von Kindergärten und Schulen, etwa durch ein verlängerndes Vorziehen der Osterferien, eine weitere Option. Die Entscheidung dazu obliegt jeweils den Ländern.«[32]

Ich erinnere mich sehr gut an die genaue Formulierung dieser Textpassage; es war die gleiche, die ich am Vortag in der Bundespressekonferenz verwendet hatte. Dem vorausgegangen war eine Diskussion darüber, welche Rolle die Schulen für das Infektionsgeschehen überhaupt spielten. In dieser Diskussion meinte einer der Experten, bislang sei er immer gegen pauschale Schulschließungen gewesen, aber nach einem Gespräch mit einer Kollegin im Ausland über neue Forschungsergebnisse müsse er diese Position noch mal überdenken. Diejenigen Länderchefs in der Runde, die als Verfechter von Schulschließungen bekannt waren, fühlten sich bestätigt. Die anderen eher überrumpelt. Der nach intensiver Diskussion einstimmig gefasste, oben zitierte Beschluss sah jedenfalls nichtsdestotrotz *keine* pauschalen Schulschließungen vor, sondern regionale, je nach Infektionsdynamik vor Ort.

Am nächsten Morgen, Freitag, dem dreizehnten, verkündete der Ministerpräsident Bayerns die Schließung der Schulen für den gesamten Freistaat:

> *»Nach der Rücksprache auch jetzt noch mal mit allen Ministerien heute früh ordne ich Folgendes an: (…) Ab Montag werden die Schulen und Kindertagesstätten, Kindergärten geschlossen. Das gilt jetzt vorläufig bis zum Ende der Osterferien, also bis zum 20.04.«*[33]

In den folgenden Stunden zogen alle anderen Bundesländer nach. Das Ergebnis war, dass ab Montag, dem 16. März 2020 alle Schulen und Kindergärten in Deutschland schlossen und für viele Monate nicht in den Regelbetrieb zurückkehrten. Trotz eines gemeinsam gefassten anderslautenden Beschlusses wenige Tage zuvor.

Eine Dynamik war in Gang gesetzt, die sich nicht mehr bremsen ließ. »Wenn ein Bundesland zumacht, müssen wir auch zumachen«, sagten die anderen Länder. Denn natürlich würden sich sonst viele Eltern in ganz Deutschland fragen, warum ihr Bundesland nicht genauso vorsorglich handelte. Diesem Druck konnte und wollte in dieser erhitzten Situation kein Ministerpräsident und kein Kultusminister standhalten. Im Rückblick denke ich, die pauschale Schulschließung in allen sechzehn Bundesländern wäre zumindest damals, im März 2020, nicht nötig gewesen.

Eine zweite historische Entscheidung fiel auf dieser MPK: »Mit dem Ziel, dass sich die Krankenhäuser in Deutschland auf den erwartbar steigenden Bedarf an Intensiv- und Beatmungskapazitäten zur Behandlung von Patienten mit schweren Atemwegserkrankungen durch Covid-19 konzentrieren, sollen, soweit medizinisch vertretbar, grundsätzlich alle planbaren Aufnahmen, Operationen und Eingriffe in allen Krankenhäusern ab Montag auf unbestimmte Zeit verschoben oder ausgesetzt werden.«[34] Eine Entscheidung von vergleichbarer Tragweite hatte es im deutschen Gesundheitswesen noch nicht gegeben.

Was wir wussten, war, dass in Deutschland im Durchschnitt an jedem Tag des Jahres über vierzigtausend Operationen an vollstationär aufgenommenen Patientinnen und Patienten stattfanden. Ein sehr großer Teil davon fiel in die Kategorie »planbar«, war also kein Notfall. Hunderttausende, ja Millionen Operationen sind in Folge dieser Entscheidung in den folgenden Wochen auf unbestimmte Zeit verschoben worden. Und auch wenn eine geplante Hüft- oder Bandscheiben-Operationen möglicherweise keine unmittelbare medizinische Dringlichkeit hatte, bedeutete die Verschiebung doch Schmerz, Frust und länger andauerndes Leiden für die betroffenen Patientinnen und Patienten.

Was wir nicht wussten, war, was eine solche massenhafte Verschiebung mit dem Medizinbetrieb an sich und mit der gesundheitlichen Versorgung insgesamt machen würde.

Wir wussten, dass eine solche Entscheidung massive Auswirkungen auf die wirtschaftliche Lage der Krankenhäuser in Deutschland haben würde. Denn jeder abgesagte Eingriff, jede verschobene Operation bedeutet weniger Erlöse für die Kliniken, viele würden in kurzer Zeit ins Defizit rutschen und in ernste Schwierigkeiten geraten. Was wir vorher *nicht* kannten, waren Dauer und Umfang dieser Erlöseinbußen. Und so setzte ich noch am Folgetag der MPK ein Schreiben an alle Krankenhäuser auf, in dem ich als zuständiger Bundesminister versprach, dass kein Haus in Deutschland wegen dieser Maßnahme ins Defizit geraten würde und wir zügig einen gesetzlichen Schutzschirm des Bundes aufspannen würden. Auf unseren Vorschlag hin hat der Deutsche Bundestag in einem Eilverfahren die entsprechenden gesetzlichen Grundlagen geschaffen. Bis Ende September 2020 wurden für den erstmalig aufgesetzten Schutzschirm fast neun Milliarden Euro an die Krankenhäuser gezahlt. Wir hatten unser Versprechen gehalten.

Wir wussten, dass sich mit dem Verschieben der planbaren Operationen die Intensivstationen nach und nach leeren würden. Denn nur ein kleiner Teil der Intensivpatientinnen und -patienten ist originär als unerwarteter Notfall dort aufgenommen worden, die meisten lagen dort nach einer vorher durchgeführten, geplanten Operation, zur regulären Nachbeobachtung oder wegen eines unvorhergesehenen Verlaufs. Was wir *nicht* wussten: Wie lange würde es ab Montag dauern, bis ein nennenswerter Teil der in Deutschland vorhandenen Intensivkapazitäten »leergelaufen« war, weil deutlich weniger Patientinnen und Patienten aus den Operationssälen kamen? Ziel war ja, die Bettenkapazität für eine weiter steigende Zahl von Covid-19-Patientinnen und -Patienten vorzubereiten.

Ich erinnere mich noch gut an einen spontan geplanten Besuch wenige Tage zuvor in der Notaufnahme der Charité. Ich wollte den Ärztinnen und Ärzten und den Pflegekräften für ihren Einsatz danken und von ihnen direkt hören, wie es ihnen nach einigen Wochen unter Pandemiebedingungen ging. Bei der Gelegenheit waren auch zwei Intensivmediziner zugegen, und ich diskutierte beim Hinausgehen mit ihnen genau diese

Frage, wann sich der Effekt für die Intensivkapazitäten einstellen würde.

»Das wissen wir nicht, Herr Minister, das haben wir noch nie probiert. Ein paar Tage vielleicht, vielleicht aber auch zwei, drei Wochen«, war ihre Antwort. Heute wissen wir, es braucht nur drei, vier Tage, bis ein spürbarer Effekt eintritt und sich die Intensivbetten leeren.

Was wir auch *nicht* wussten zum damaligen Zeitpunkt: Wie viele belegbare Intensivbetten hat Deutschland überhaupt? Und wie viele davon waren mit einem Beatmungsgerät ausgestattet?

Ja, es gab grobe Schätzungen. Aber grobe Schätzungen zu den verfügbaren Mitteln sind keine gute Basis für das Krisenmanagement in einer Pandemie. Daher musste zügig Abhilfe her. Die DIVI, die Deutsche Interdisziplinäre Vereinigung für Intensiv- und Notfallmedizin, war in der Lage, zusammen mit dem Robert Koch-Institut und Fachleuten aus dem Ministerium innerhalb von nur zwei Wochen ein Register zur Echtzeiterfassung von Behandlungskapazitäten in der Intensivmedizin aufzubauen.[35]

Die erste Datenerhebung erfolgte am 17. März 2020. Ab dem 16. April 2020 waren alle Akutkrankenhäuser in Deutschland durch eine von mir gezeichnete Ministerverordnung zur täglichen Datenmeldung verpflichtet. Deutschland war damals Vorreiter in Europa, bis heute verfügen nur wenige Länder über eine solche Echtzeiterfassung ihrer Intensivkapazitäten. Das DIVI-Intensivregister wurde und wird beständig weiterentwickelt und ist eine der vielen Erfolgsgeschichten dieser Pandemie. Für eine Idee, die es vorher schon gab, die aber aus unterschiedlichen Gründen – zu teuer, zu aufwendig, zu viel Bürokratie, zu nutzlos – nie beherzt angegangen wurde, war in der Krise das Momentum gekommen.

Die Professoren Uwe Janssens und Gernot Marx, Präsidenten der DIVI in 2020 und 2021, und Professor Christian Karagiannidis, bis heute eine treibende Kraft hinter dem Register, bestärkten mich zu Beginn der Pandemie in einigen persönlichen Gesprächen, diesen Weg zu gehen, auch gegen die erwartbaren Widerstände. Ich bin mir sehr sicher: Dieses digitale Werkzeug wird auch nach der Pandemie noch einen wertvollen Dienst für die medizinische Versorgung in Deutschland leisten – und bei künftigen Pandemien und Krisen von Anfang an einen Unterschied machen.

Osterruhe trotz Schwarmintelligenz

Die Ministerpräsidentenkonferenzen waren nicht meine »Hauptarena«, hier agierten federführend die Bundeskanzlerin, der Kanzleramtschef Helge Braun und die Regierungschefinnen und -chefs der Länder. Als zuständiger Minister nahm ich an allen Sitzungen teil, erläuterte den aktuellen Stand der Pandemie und beriet mit der Runde das weitere Vorgehen. Zudem flossen viele Entscheidungen der Gesundheitsministerkonferenzen in die MPK ein. Über eine lange Strecke funktionierte das Zusammenspiel von Bund und Ländern gut. Von den gemeinsam getroffenen Entscheidungen ging ein starkes Signal aus: Die führenden Politikerinnen und Politiker des Landes stehen, halten und entscheiden zusammen. Entscheidungen wie die zum ersten Lockdown im März 2020, die gemeinsam getroffen und getragen wurden, fanden hohe Akzeptanz in der Bevölkerung.

Wirklich belastend für das Format waren die ärgerlichen Indiskretionen, sowohl für die Arbeitsatmosphäre im Inneren als auch für die Glaubwürdigkeit nach außen. Gerade erst war intern etwas besprochen worden, wenige Minuten später las man davon online in den Medien, nicht selten in regelrechten Wortprotokollen. Wir hatten manchmal das Gefühl und den Verdacht, einige Journalisten wären heimlich live zugeschaltet oder säßen bei den Videokonferenzen bei einem der Teilnehmer mit im Raum. Beweisen konnte das natürlich niemand. Einmal brüllte einer der Ministerpräsidenten sichtlich genervt: »Was soll dieser Mist? Ich habe diesen Satz gerade erst gesagt, und jetzt lese ich ihn schon auf Twitter!«

Die dämlichste Erfahrung dieser Art machte ich bei einer Corona-MPK per Videokonferenz am 22. März 2021. Die Kanzlerin fragte mich bei einem ganz anderen Thema unerwartet nach einem Sachstand zu den aktuellen Testkapazitäten, während ich gerade von einem süßen Riegel abgebissen hatte. Ich war also nicht unmittelbar sprechbereit und entschuldigte mich etwas salopp mit: »Oh, jetzt habe ich gerade einen Duplo im Mund.« Dieser banale Satz schaffte es in die Überschrift vieler Online-Medien, bei *bild.de* wurde es sogar eine Eilmeldung mit durchlaufendem Banner.[36]

Eine Lehre, die wir für die Beschlüsse der Corona-MPK schon früh ziehen und auch empirisch belegen konnten, war, dass ein verständliches Vorgehen und Nachvollziehbarkeit entscheidend für die Akzeptanz der Corona-Maßnahmen ist.[37] Ein konkretes negatives Beispiel war die Entscheidung der Corona-MPK am 15. April 2020, dass Geschäfte mit einer Verkaufsfläche von bis zu achthundert Quadratmetern wieder öffnen dürfen, alle ab achthundert Quadratmeter aber geschlossen blieben. Diese Lösung war als klassischer politischer Kompromiss im Laufe der Diskussion entstanden. Aber was uns in der Corona-MPK als gute Lösung erschien, löste bei den meisten Bürgerinnen und Bürgern nur Kopfschütteln aus. Weil sie es nicht logisch fanden, dass mit 799 Quadratmetern problemlos sein soll, was mit 800 Quadratmetern dann scheinbar zum Problem wird. Besser wäre es gewesen, klare Kriterien und Bedingungen, wie etwa ein Hygienekonzept oder vorzuhaltende Quadratmeter pro Kunde, zu definieren. Für die Zukunft stand fest: besser klare Hygienekriterien statt Quadratmeter.

Die MPK zeigt gut, was wir im Umgang mit Krisen und ihrer Bewältigung verbessern sollten. Sie hatte ihre große Stärke und Berechtigung darin, dass dies ein Forum zur Abstimmung der exekutiven Entscheider im föderalen Staat war. Einige Kritiker erhoben zwar den Vorwurf, dass die MPK zu viel allein entschied, und forderten eine stärkere Beteiligung der Parlamente. Aber in der Krise war es zunächst einmal von Vorteil, dass hier schnell entschieden werden konnte. Und wenn es eine Einigung gab, war die Runde auch in der Lage, die Beschlüsse in kurzer Frist bundesweit durchzusetzen. Die gleiche Effektivität, Geschwindigkeit und Einheitlichkeit wäre kaum möglich gewesen, wenn wir versucht hätten, jede einzelne Maßnahme und jeden Beschlusspunkt erst in allen Landesparlamenten und im Bundestag zu diskutieren. Da die Ministerpräsidentinnen und -präsidenten ebenso wie die Bundeskanzlerin direkt von den Parlamenten gewählt worden sind, halte ich dieses Prozedere im Krisenfall für legitim und legitimiert. Zudem konnte jedes der siebzehn Parlamente jederzeit durch einen Mehrheitsbeschluss Entscheidungen der jeweiligen Regierung aufheben, ändern oder verstärken.

Dass in der MPK häufig unterschiedliche, teils gegenläufige Meinungen vertreten wurden, musste kein Nachteil sein. Im Gegenteil, gerade in Krisensituationen ist keine einzelne Person allwissend, im besten Fall entsteht eine »Schwarmintelligenz«, die zu besseren Entscheidungen führt und Fehlentscheidungen verhindert. Dass das nicht immer geklappt hat, zeigt das folgende Beispiel.

Kurz vor Ostern 2021 traf die Corona-MPK eine Entscheidung, die der Akzeptanz dieses Formats nicht guttat. Es geht um die von der MPK am 22. März 2021 zuerst beschlossene und zwei Tage später wieder verworfene sogenannte Osterruhe. Der Plan war, Gründonnerstag und Karsamstag zu Ruhetagen zu erklären, an denen wie an den anderen österlichen Feiertagen auch das wirtschaftliche und gesellschaftliche Leben ruhen sollte, inklusive einer kompletten Schließung des Einzelhandels und der Betriebe in Deutschland.

Ich musste bei dieser Diskussion an eine Situation im Jahr zuvor, im März 2020, denken, noch vor dem allerersten Lockdown. Am Samstag, 14. März 2020, verbreiteten wir über den Twitter-Account unseres Ministeriums folgende Nachricht:

>*»Achtung Fake News. Es wird behauptet und rasch verbreitet, das Bundesministerium für Gesundheit/die Bundesregierung würde bald massive weitere Einschränkungen des öffentlichen Lebens ankündigen. Das stimmt NICHT! Bitte helfen Sie mit, ihre Verbreitung zu stoppen.«*[38]

Hintergrund dieses Tweets war ein Gerücht, das in den sozialen Netzwerken und durch viele WhatsApp-Gruppen kursierte, demzufolge in Deutschland unmittelbar und noch am selben Tag ein harter Lockdown wie in Italien bevorstünde, mit Schließung aller Geschäfte, selbst des Lebensmittelhandels und der Apotheken, und mit Ausgangssperren. Das Gerücht zog immer weitere Kreise, und man spürte förmlich, wie sich da etwas aufbaute und sich Panik breitmachte.

Ich bekam Anrufe und Nachrichten aus der ganzen Republik. »Was ist da los bei euch?« – »Ist da was dran?«

Gleichzeitig gab es Meldungen von Hamsterkäufen, vor allem im Lebensmittelhandel und in den Apotheken. Um

Schlimmeres an diesem Samstag zu vermeiden, setzten wir über den zitierten Tweet ein Dementi ab. Als kurz danach, am 22. März 2020, tatsächlich der erste Lockdown in Deutschland – allerdings ohne Schließung der Supermärkte und Apotheken und auch ohne Ausgangssperren – in Kraft trat, da fiel uns der Tweet böse auf die Füße. Was als Beruhigung einer aufgewühlten Lage für das Wochenende gedacht war, wurde uns wenige Tage später als Lüge und Verschleierung ausgelegt. Es entstand ein regelrechter Verschwörungsmythos nach dem Motto: »Die Bundesregierung hat euch bewusst belogen, um eine Woche später doch zu schließen.«

Jetzt, ein Jahr später, schwante mir, statt der Osterruhe würde es eher zum Osterchaos kommen, mit Panikkäufen und Massenandrang. Denn noch nie in der Geschichte Deutschlands waren alle Lebensmittelhändler, Apotheken oder auch Arztpraxen fünf Tage am Stück geschlossen gewesen. Aus meiner Sicht war absehbar, was dieses Vorhaben hinsichtlich der emotionalen Verfasstheit der Menschen anrichten würde.

Die MPK fand per Videoschalte statt und zog sich bis tief in die Nacht. Ich nahm aus meinem kleinen Videokonferenzzimmer im Ministerium teil, außer mir war kaum noch jemand im Haus. Nach einer stundenlangen Unterbrechung und vielen internen Abstimmungsrunden in kleinen und kleinsten Kreisen war plötzlich die Idee der Osterruhe geboren. Wie genau diese Idee binnen kurzer Zeit einen solchen Durchmarsch schaffen konnte, weiß ich bis heute nicht. Als ich davon erfuhr, war es jedenfalls schon so gut wie beschlossene Sache. Und so teilte ich der Kanzlerin meine Bedenken mit.

Nachdem sie zurück in der großen MPK-Runde den nun gefundenen Kompromiss inklusive der Osterruhe vorgetragen hatte, schaute sie auf ihren Bildschirm und meinte, wenn sie das unglückliche Gesicht des Gesundheitsministers so sehe, dann sei er noch nicht ganz einverstanden. Ich wiederholte meine Bedenken für die ganze Runde. Daraufhin entstand der Kompromiss, dass der Lebensmittelhandel am Karsamstag doch öffnen dürfen sollte. Ansonsten blieb es bei der Osterruhe.

Als wenige Stunden später, am Morgen des 23. März 2021, der Beschluss bekannt wurde, brach bundesweit ein Proteststurm los. Da ja auch die Betriebe an den beiden Tagen ruhen sollten, fragten sich Unternehmer und Gewerkschafter gleichermaßen, wer denn den Lohn und den Arbeitsausfall ersetze. Logistiker fragten, wie sie die Lieferketten halten sollten, und warnten vor den Folgen einer so langen Ruhepause. Und das waren nur zwei von Tausenden offenen Fragen.

Zwei Tage nach der MPK war die Osterruhe schon wieder vom Tisch. Die Bundeskanzlerin hatte sich in der regulären Sitzung des Kabinetts am frühen Morgen des 24. März 2021 nichts anmerken lassen. Während der Fahrt vom Kabinett zurück ins Ministerium erhielt ich dann eine Einladung zu einer kurzfristig angesetzten MPK-Schalte noch an diesem Vormittag. Dort erklärte die Kanzlerin der verdutzten Runde, was sie anschließend auch in der Presse sagte:

> *»Dieser Fehler ist einzig mein Fehler. (…) Ein Fehler muss als Fehler benannt werden, und vor allem muss er korrigiert werden. (…) Gleichwohl weiß ich natürlich, dass dieser gesamte Vorgang zusätzliche Verunsicherung auslöst. Das bedaure ich zutiefst, und dafür bitte ich alle Bürgerinnen und Bürger um Verzeihung.«*[39]

Für dieses Eingeständnis, diese klare Haltung zollte nicht nur ich ihr großen Respekt. Viele Kommentatoren und viele Bürgerinnen und Bürger empfanden es als wohltuend, dass eine

Politikerin, noch dazu die Bundeskanzlerin, einen Fehler offen
eingestand und um Verzeihung bat. Ihren Zustimmungswer-
ten in der Bevölkerung tat das damals keinen Abbruch, eher im
Gegenteil. »Bitte mehr davon!«, hieß es allenthalben.

Doch das mit dem Entschuldigen und Um-Verzeihung-Bit-
ten ist für Politiker ein zweischneidiges Schwert. Offen, auf-
richtig und ehrlich vorgetragen und im richtigen Moment
angebracht, hat es etwas Befreiendes und findet, wie hier geschehen, Unterstützung. Aber mit einer Entschuldigung wachsender politischer Unruhe den Stecker zu ziehen, das geht eben
exakt nur ein einziges Mal in einer solchen Phase. So ein Weg
kann sich schnell abnutzen und die Wirkung ins Gegenteil ver-
kehren.

Lockdown – über den Wert der Freiheit

Im Frühjahr 2020 war die Debatte um die Osterruhe noch weit
weg. Deutschland war vielmehr auf dem Weg in seinen ersten
Lockdown. Die erste bundesweit einheitliche Beschränkung
des öffentlichen Lebens in dieser Pandemie war die Absage von
Großveranstaltungen mit mehr als tausend Teilnehmern. Im
Vorfeld wurden einzelne Großveranstaltungen in Deutschland
durch die Behörden oder durch den Veranstalter abgesagt. Die
prominenteste war die Internationale Tourismusmesse Berlin
(ITB), zu der Anfang März jeden Jahres über hundertfünfzig-
tausend Besucherinnen und Besucher aus wortwörtlich aller
Welt nach Berlin kamen. Am Rande einer Pressekonferenz,
in der Bundesinnenminister Seehofer und ich zum Start des
neuen gemeinsamen Krisenstabes unserer beiden Ministerien
auftraten, verabredeten wir, dass die ITB angesichts der Lage
nicht stattfinden dürfe. Vor und hinter den Kulissen machten

wir beide Druck auf den Berliner Senat, die Messe abzusagen, die am Mittwoch, 04. März, beginnen sollte. Denn das war ein echtes Risiko für ein mögliches Superspreading-Event. Am späten Freitagnachmittag, am 28. Februar 2020, erfolgte endlich die weltweit beachtete Absage. Diese sendete auch ein Signal: »Leute, es ist ernst.«

Allerdings war das Bild weiter uneinheitlich, und besonders ein Großereignis der nächsten Tage besorgte mich: Am 11. März sollte das Bundesligaspiel von Borussia Mönchengladbach gegen den 1. FC Köln im Borussia-Park wie geplant vor vollen Rängen stattfinden, nur eine halbe Autostunde von Heinsberg entfernt, dem damaligen Corona-Hotspot Deutschlands. Tausende Fans auch aus der Heinsberger Region würden sich auf den Weg zu diesem regionalen Derby machen. So ein Spiel passte nicht zur aktuellen Infektionslage in der Region.

Der Bund konnte aber keine Fußballspiele absagen oder Geisterspiele anordnen, dazu fehlte mir als »koordinierendem Bittsteller« schlicht die rechtliche Befugnis. Das konnten nur die Behörden vor Ort. Aber auf lokaler oder Landesebene wollte keiner der verantwortlichen Politiker der Spielverderber sein. Niemand wollte, wenn es um König Fußball ging, den ersten Schritt machen. Also entschied ich mich am 08. März 2020, einen anderen Weg zu wählen, den Weg des öffentlichen Drucks: Wenn ich als Bundesminister für Gesundheit dies öffentlich für notwendig erachten würde, würde kein Verantwortlicher mehr anders entscheiden können, ohne sich in enormen Rechtfertigungszwang zu begeben.

Da es in der absehbar folgenden Debatte vor allem um die Bundesliga gehen würde, wollte ich diese gerne vorab an Bord holen. Also rief ich am Sonntagmittag den damaligen Chef der Deutschen Fußball Liga (DFL), Christian Seifert, an, um ihn über mein Vorhaben zu informieren. Ich sagte ihm, es wäre gut, wenn Politik und Fußball hier zum Schutz der Menschen gemeinsam handeln. Zuvor hatte ich mich mit der Kanzlerin abgesprochen.

»Wir brauchen nicht eine Sekunde diskutieren«, sagte Seifert, er verstehe und unterstütze das Anliegen und werde sich später, nach meinem Statement und einer Absprache mit seinem Präsidium, unterstützend äußern. Am Nachmittag veröffentlichte ich dann mehrere Tweets:

Twitter, 08.03.2020: *»Seit letzter Woche Mittwoch ist das #Coronavirus in Deutschland. Unser oberstes Ziel ist es, seine Ausbreitung zu verlangsamen. Denn je langsamer sich das Virus verbreitet, desto besser kann unser Gesundheitssystem damit umgehen. (…) Ein wichtiger Aspekt dabei sind Großveranstaltungen mit mehr als 1000 Teilnehmern. Sie werden aus meiner Sicht immer noch zu zaghaft abgesagt. Angesichts der dynamischen Entwicklung der letzten Tage sollte das schnell geändert werden. (…) Nach zahlreichen Gesprächen mit Verantwortlichen ermuntere ich ausdrücklich, Veranstaltungen mit mehr als 1000 Teilnehmern bis auf Weiteres abzusagen. Prinzipien für den Umgang mit kleineren Veranstaltungen hat das RKI entwickelt. (…)«*

Die DFL hielt ihr Wort, äußerte sich entsprechend, und binnen weniger Stunden wurden nun nach und nach alle Fußballspiele von den zuständigen Behörden zu sogenannten Geisterspielen ohne Zuschauer erklärt. Die Fußballmanager und Fans zogen fast alle mit. Auch sämtliche Großveranstaltungen, Messen, Volksfeste wurden abgesagt. Das hatte es in der Geschichte der Bundesrepublik noch nicht gegeben. Doch es war leider erst der Anfang dessen, was nötig war …

Eine gute Woche später, am 16. März 2020, saßen Kanzleramtsminister Helge Braun und ich am Vormittag im Kanzleramt zusammen, um gemeinsam Vorschläge für eine Telefonschalte der MPK mit der Bundeskanzlerin vorzubereiten. Die Lage hatte über das Wochenende eine besondere Dynamik bekommen, erstmalig würden wir in dieser Schalte deutschlandweit geltende Regelungen für die »Beschränkung von sozialen Kontakten im öffentlichen Bereich angesichts der Corona-Epidemie«[40] beschließen. Was also sollten wir der Runde vorschlagen, welche Bereiche des öffentlichen Lebens sollten zum Brechen der ersten Welle in Deutschland besser heruntergefahren, eingeschränkt oder geschlossen werden – und warum? Welche mussten, wie Supermärkte und Apotheken, in jedem Fall aufbleiben?

Es gab für diese Situation keine Blaupause, keine Bundesregierung vor uns hatte sich je mit dieser Frage beschäftigen müssen. In der zweiten, dritten, vierten Welle, von Lockdown zu Lockdown, wusste man, aus eigenen und aus internationalen Erfahrungen und später aus Studien, von Mal zu Mal besser, welche Folgen welche Schließungen hatten und was den größten Unterschied machte. Das war beim ersten Mal anders. Ein Beispiel: Im ersten Lockdown wurden auch die Spielplätze geschlossen. Sie wurden mit Absperrband oder -gittern abgeriegelt. Die Sorge war, auch hier im Freien könnte sich das Virus zwischen Familien verbreiten. Das erwies sich als Fehleinschätzung.

Die Wissenschaft konnte uns beraten, lieferte Fakten und Einschätzungen. Aber kein Virologe, kein Infektiologe und kein Mikrobiologe konnte uns die Aufgabe abnehmen, die notwendigen Abwägungen vorzunehmen und Entscheidungen zu treffen. Das Grundgesetz schützt die gesundheitliche Unversehrtheit und gleichzeitig auch die individuelle Freiheit der Bürgerinnen und Bürger. Es mussten also Grundrechte gegeneinander abgewogen werden. Was mir als Christdemokrat dabei immer wichtig war: Freiheit heißt nicht, jeder macht, was er will. Freiheit geht immer auch mit Verantwortung einher: mit Verantwortung für mich, für meine Familie und die Nächsten und mit Verantwortung für die Gemeinschaft. Und bürgerliche Eigenverantwortung in der Pandemie bedeutete, aufeinander achtzugeben, einander zu achten und auch unter Stress zu vertrauen.

»Freiheit ist das Einzige, was zählt«, hat Marius Müller-Westernhagen vor vielen Jahren gesungen. Auch wenn die Deutschen es selbst manchmal gar nicht wahrgenommen haben in den letzten Jahren und Jahrzehnten: Wir leben in einem der freiesten Länder der Welt. Das hohe Gut dieser Freiheit so massiv einzuschränken, wie wir es in der Pandemie zeitweise getan haben, tun mussten, das hätte ich mir vorher niemals vorstellen können. Demonstrationsfreiheit, Forschungs- und Wissenschaftsfreiheit, Bewegungsfreiheit, die Freiheit, den Aufenthaltsort zu wählen, Versammlungsfreiheit, Religionsfreiheit, Gewerbefreiheit – wie nie zuvor in der Geschichte der Bundesrepublik waren die Deutschen in ihrem Privat- und Berufsleben staatlichen Restriktionen ausgesetzt.

So drastisch, so hart die Maßnahmen in Deutschland waren, waren sie trotzdem weniger einschneidend als in manch anderen europäischen Ländern. Wir haben zum Glück nie erlebt, dass – wie in Spanien oder Italien – das Militär auf den Straßen Ausgangssperren kontrolliert. Produzierendes Gewerbe und Industrie wurden bei uns nie geschlossen, Lebensmittelhandel und Apotheken blieben zu jedem Zeitpunkt auf. Tatsächlich sind wir in Deutschland über weite Teile der Pandemie eher den schwedischen Weg gegangen als den spanischen oder den italienischen. Allerdings wurde das in der Debatte bei uns häufig anders wahrgenommen.

Was die Politik mit jeder neuen Erkenntnis über das Virus und nach jeder neuen Entwicklung des Infektionsgeschehens leisten musste, war ein Abwägen zwischen der individuellen Freiheit des Einzelnen und seiner Verantwortung für den Nächsten. Die Lockdowns hatten nicht nur eine wirtschaftliche Dimension, sondern immer auch eine zutiefst menschliche und soziale. Wer waren die Leidtragenden der Lockdown-Politik? Vor allem Schüler, Kinder, Jugendliche, die in einer prägenden Lebensphase aus ihrem sozialen Umfeld gerissen wurden; Alleinstehende, die unter Einsamkeit litten; alte Menschen, die sich nicht mehr nach draußen trauten; pflegende Angehörige, die unter der Last und der Unsicherheit fast zusammenbrachen; Frauen und Kinder, die vor Gewalt im häuslichen Umfeld keinen Schutz mehr fanden; Familien, die an ihr Limit kamen …

Sie sind es, die wir, die politisch Verantwortlichen, um Verzeihung bitten müssen.

Insofern ist es wichtig, darüber zu sprechen, warum wir eigentlich gemacht haben, was wir gemacht haben. Ich habe das in einer Rede im Bundestag am 18. November 2020 so hergeleitet:

>»In dieser Jahrhundertpandemie ist klar: Egal was wir tun oder ob wir nichts tun: Es entsteht Schaden. Egal was wir entscheiden oder ob wir gar nicht entscheiden: Es entsteht Schaden. Die Frage ist: Wo entsteht welcher Schaden? Es geht um wirtschaftlichen Schaden für viele einzelne Bürgerinnen und Bürger und für die Volkswirtschaft; es geht um sozialen Schaden, menschliche Härten und Ausnahmesituationen; es geht um gesundheitlichen Schaden, Leid und Tod. Wir müssen nun gewichten, Prioritäten setzen, abwägen. (…) Wir im Deutschen Bundestag und in der von ihm*

legitimierten Regierung müssen gewichten, welchen Scha-
den wir wo wie ertragen wollen und ertragen können. (...).
Der Schutz der Gesundheit gilt nicht absolut; aber wir haben
entschieden, dass der Schutz der Gesundheit in dieser Pan-
demie ein relativ stärkeres Gewicht bekommt. Wir haben uns
entschieden, mit großer Mehrheit entschieden, in der Gesell-
schaft und hier im Parlament, dass wir keine Überforderung
unseres Gesundheitssystems akzeptieren wollen. Leid durch
Krankheit, Intensivmedizin, Beatmung und Tod können wir
zwar nicht absolut vermeiden, aber wir wollen dieses Leid
bestmöglich reduzieren. (...) Da aber nichts absolut gelten
kann, auch nicht der Schutz der Gesundheit, geht es um die
richtige Balance, das richtige Austarieren. Um diese Balance
ringen wir doch alle jeden Tag, jeder in seinem Alltag, wir als
Gesellschaft und wir in der politischen Vertretung und Füh-
rung dieses Landes.«[41]

Was wichtig zu beachten ist: Ein überlastetes Gesundheitswesen hätte nicht allein für die Covid-19-Patientinnen und
Patienten und das medizinische und pflegerische Personal fatale Folgen, sondern für alle Bürgerinnen und Bürger. Denn
niemand weiß, ob er oder sie morgen einen Herzinfarkt oder
Schlaganfall erleidet oder in einen Autounfall verwickelt wird
und dringend medizinische Hilfe braucht. Das Gesundheitswesen ist ein Gemeingut, auf das potenziell alle angewiesen
sind. Das unterscheidet es von vielen anderen Bereichen.

Und doch waren die Freiheitseinschränkungen ein hoher
Preis, den wir alle gemeinsam für dieses Ziel zahlten. War er zu
hoch? Die ergriffenen Maßnahmen waren eine bittere Medizin.
Aber eben auch eine wirksame Medizin. Dass es Kritik gab –
auch fundamentale, emotionale, kontroverse Kritik –, sehe ich
nicht nur als legitim an. Ich würde mir ganz im Gegenteil so-

gar Sorgen machen, wenn es sie in unserer freiheitlichen Gesellschaft nicht gegeben hätte. Man merkt erst, wie wertvoll die Freiheit ist, wenn sie einem – ganz oder in Teilen – genommen und eingeschränkt wird.

Es war übrigens nie Ziel der Politik und der ergriffenen Maßnahmen, jede einzelne Ansteckung zu vermeiden. Es gab auch bei uns prominente Befürworter einer Null-Covid-Strategie. Ich habe mich immer vehement dagegen ausgesprochen. Australien und China sind zwei Länder, die diesen Weg auf unterschiedliche Weise, aber im Kern doch ähnlich, eingeschlagen haben – und gescheitert sind. China hält bis heute an dieser Strategie fest und riegelt ganze Städte wegen weniger Fälle ab. Die Bilder und Berichte verzweifelter Menschen aus Shanghai, die über Wochen in ihren Wohnungen eingesperrt waren, oft ohne ausreichende Lebensmittelversorgung, gingen um die Welt, als die Metropole von Anfang April bis Anfang Juni 2022 in einem rigorosen Lockdown war. Uns ging es nie darum, jede Ansteckung, jeden Krankheitsfall, jeden Todesfall zu vermeiden, so hart das auch klingen mag. Gesundheit zu schützen war das prioritäre Ziel, aber nie das absolute.

Wolfgang Schäuble hat das in einem am 26. April 2020 erschienenen Interview sehr früh und treffend formuliert:

> *»Aber wenn ich höre, alles andere habe vor dem Schutz von Leben zurückzutreten, dann muss ich sagen: Das ist in dieser Absolutheit nicht richtig. Grundrechte beschränken sich gegenseitig. Wenn es überhaupt einen absoluten Wert in unserem Grundgesetz gibt, dann ist das die Würde des Menschen. Die ist unantastbar. Aber sie schließt nicht aus, dass wir sterben müssen.«*[42]

»Boah, ich könnte das nicht.«

In der Pandemie stand und steht besonders die enorme Belastung von Pflegekräften und Ärztinnen und Ärzten im Fokus. Auch bei fast allen anderen Gesundheitsberufen war und ist die Beanspruchung sehr hoch. Wie sollte es anders sein in einer Gesundheitskrise? Umso wichtiger ist es, diese Belastung wahrzunehmen und, wo möglich, auszugleichen. Eine hochwertige pflegerische Versorgung ist die große gesellschaftspolitische Aufgabe der kommenden Jahre. Dazu ist es unbedingt nötig, den Pflegeberuf zu stärken.

Ich habe mir bereits vor der Pandemie so oft wie möglich selbst ein Bild vor Ort gemacht. Das gelang immer dann am besten, wenn ich ohne Medientross und viel Begleitung, sozusagen inkognito, Pflegeheime und Kliniken besuchte. Bei diesen Gelegenheiten sprach ich häufig mit Pflegerinnen und Pflegern. Ein Thema, auf das sie dabei oft schnell zu sprechen kamen, ist der Faktor Zeit. Personalmangel, zu wenig Kolleginnen und Kollegen, zu wenig planbare Dienstzeiten – darin liegt das Kernproblem der Pflege und eine der Hauptursachen für Stress und Belastung.

»Und auch wenn es um die Wertschätzung unseres Berufsstandes geht«, sagte mir ein Pfleger im bayerischen Altötting im September 2021, »es nervt mich wirklich, wenn ich immer höre: Boah, dass du diesen Job machen kannst, also ich könnte das gar nicht.« Das klinge in seinen Ohren nach Mitleid und Bedauern, aber nicht nach Anerkennung. Solche Sprüche, sagte er, frustrierten ihn jedes Mal aufs Neue.

Ich habe in meiner Amtszeit zahlreiche Diskussionen mit Pflegekräften geführt. Am 17. September 2021, kurz vor der Bundestagswahl, hatte mich der damalige Vorsitzende des Gesundheitsausschusses des Bundestages, Erwin Rüddel (CDU), zu einer Kundgebung in seine Heimat eingeladen. Auf einem Platz vor dem örtlichen DRK-Krankenhaus im rheinland-pfälzischen Kirchen saßen an diesem Mittag knapp hundert interessierte Bürgerinnen und Bürger, viele der Union nahestehend, auf den bereitgestellten Bänken, dahinter hatten sich auf der einen Seite Dutzende Corona-Leugner lautstark versammelt, auf der anderen Hunderte protestierende Pflegekräfte, nicht minder lautstark. Sie hatten auf großen Transparenten und Plakaten ihre Forderungen an die Politik aufgeschrieben.

Nach meiner kurzen Rede, die in dem Lärm fast unterging, nahm ich das Mikrofon, verließ das Rednerpult und ging runter bis zur Absperrung, wo die Corona-Leugner standen, und versuchte, mit dem Mikrofon in der Hand mit ihnen zu diskutieren. Ein, zwei Fragen zu den Impfungen beantwortete ich. Das Konzept der Veranstaltung war zu dem Zeitpunkt eh schon aus dem Ruder gelaufen, die Verantwortlichen der örtlichen CDU wurden nervös.

Dann bin ich rüber zu den demonstrierenden Pflegekräften und sprach unter anderem mit dem Vorsitzenden des Betriebsrats des örtlichen Krankenhauses, immer noch über das Mikrofon, und sagte ihm: »Alles das, was auf euren Plakaten steht, was ihr einfordert, das haben wir schon umgesetzt. Wie wollen wir junge Leute überzeugen, dass was passiert in der Pflege und es sich lohnt, mitzumachen, wenn ihr selbst nicht darüber redet, sondern so tut, als wäre gar nichts passiert?« Ich merkte, einige schrien immer noch, klar – aber viele wussten, ich hatte recht.

Wir hatten in den letzten drei Jahren wirklich mehr in der Pflege unternommen als in all den Jahren zuvor – und auch viel mehr, als meist wahrgenommen wird: Wir haben gesetzlich geregelt, dass jede(!) zusätzliche Pflegestelle in den Kliniken von den Krankenkassen bezahlt wird und sich ein Sparen zulasten der Pflege nicht mehr auszahlt. Wir haben in der Altenpflege per Gesetz für Pflegefachkräfte dreizehntausend und für Pflegeassistenzkräfte zwanzigtausend zusätzliche, voll finanzierte Stellen geschaffen. Wir haben die Pflegeausbildung reformiert, das Schulgeld für die Pflegeschulen abgeschafft, eine Ausbildungsvergütung eingeführt und so trotz Pandemie Rekordzahlen bei der Ausbildung erreicht. Wir haben die Bezahlung erhöht und die Tarifbindung gestärkt. Wir haben in der stationären Altenpflege per Gesetz einen Personalschlüssel eingeführt und verbindliche Vorgaben für die Kliniken gemacht, wie viel Pflegepersonal auf welchen Stationen mindestens im Einsatz sein muss. Wir haben Leiharbeit in der Pflege begrenzt und die Gründung von Pflegekammern unterstützt, wo es nur ging. Ich behaupte nicht, dass das alles schon genug ist. Aber es ist auch nicht nichts.

Es ist in der Pflege in den letzten Jahren wahnsinnig viel Vertrauen verloren gegangen. Dieses zurückzugewinnen, braucht Zeit und Durchhaltevermögen. Wir haben in der Politik manchmal das Gefühl: »Wir halten mit Wasser aus allen Rohren auf das Problem.« Und die, die in der Pflege arbeiten, haben das Gefühl: »Das sind doch nur Tropfen auf den heißen Stein. Bei uns im Alltag kommt nichts an.«

Deswegen ist für die Schaffung von Verlässlichkeit und Vertrauen eine hohe Kontinuität in der Verbesserung der Arbeitsbedingungen der Pflege so wichtig, auch über Legislaturperioden hinweg.

Warum aber kommt im Alltag noch zu wenig an? Aus meiner Sicht steckt die Pflege in einem Teufelskreis. Denn zusätzlich finanzierte Stellen alleine lösen das Problem des Personalmangels noch nicht. Die Stellen müssen auch besetzt werden. Und das ist aktuell sehr schwer, der Arbeitsmarkt ist leer gefegt. Viele sagen: »Ich könnte mir ja vorstellen, in die Pflege zu gehen / in der Pflege zu bleiben, denn das ist ein toller Beruf. Aber solange da so viel Stress ist, gehe ich da nicht rein / bleibe ich nicht dort.«

Das ist ein echtes Henne-Ei-Problem: Es wird nur besser in der Pflege, wenn sich mehr Menschen für die Pflege entscheiden. Es entscheiden sich aber nur mehr Menschen für die Pflege, wenn es besser geworden ist.

Die Nicht-Planbarkeit, die sich aus diesem Personalmangel ergibt, macht den Beruf für viele besonders unattraktiv. Selbst in der eigentlich freien Zeit muss man jederzeit damit rechnen, einen Anruf zu erhalten mit der Bitte, doch reinzukommen. Dann sind andere, eigentlich eingeplante Kolleginnen und Kollegen kurzfristig ausgefallen, und die Personaldecke ist zu dünn, als dass es ohne sofortigen Ersatz ginge.

Das kommt sehr häufig vor, das höre ich auch aus meinem persönlichen Umfeld. Seit meiner Jugend haben wir in meinem Heimatort in Westfalen einen Stammtisch, wir treffen uns monatlich – wobei ich einschränkend sagen muss, dass ich in den letzten Jahren zu selten dabei sein konnte. In unserer Chatgruppe bekomme ich mit, wenn diejenigen, die in der Pflege arbeiten, immer mal wieder kurzfristig absagen, weil sie trotz ihres eigentlich freien Tages einspringen müssen. Das gibt es bei keiner anderen Berufsgruppe so häufig. Und das erhöht den Frust enorm.

Mehr Pflegekräfte, besser bezahlt, ohne dass die steigende Zahl von Pflegebedürftigen und ihre Familien alleine auf diesen Mehrausgaben sitzen bleiben. Dieser kurze Dreisatz, so ehrlich muss man sein, kostet viel Geld. Die demografische Entwicklung in unserem Land wird die Kosten für die Pflege noch steigern. Hier wie in anderen Bereichen unserer Sozialversicherung müssen wir daher auch innovative Wege der Finanzierung in Betracht ziehen. Ich habe deshalb von den führenden Wirtschaftsforschungsinstituten des Landes ein gemeinsames Modell für eine kapitalgedeckte Finanzierung von Pflegekosten entwickeln lassen.[43] Ein kreditfinanzierter Fonds erwirtschaftet dabei durch eine kluge Anlagepolitik Überschüsse, die die zu erwartenden Mehrkosten in der Pflege abfedern sollen. Damit würde die traditionelle Umlagefinanzierung ergänzt. Ein solcher Fonds nutzt die Bonität, also die günstigen Bedingungen zur Kreditaufnahme, die der deutsche Staat an den Kapitalmärkten aufgrund seiner soliden Haushaltspolitik genießt. Und er ermöglicht es über niedrigere Sozialbeiträge indirekt, dass Menschen mit kleinem Einkommen auch mal spürbar von den Erträgen der Kapitalmärkte profitieren.

Der Ansatz ist ohne Zweifel ungewöhnlich. Aber auch das ist eine Lehre aus der Pandemie: Wir sollten öfter das bisher Undenkbare zumindest mal als mögliche Option prüfen. Über die künftige Finanzierung der sozialen Sicherungssysteme in Deutschland wird es angesichts der demografischen Lage jedenfalls noch in diesem Jahrzehnt grundsätzliche Richtungsentscheidungen geben müssen.

Doch Fortschritte sind nicht allein eine Frage des Geldes. Die Pflegekräfte haben selbst mehr Macht, als sie häufig annehmen: Über das Thema Pflege und die Arbeitsbedingungen der Pflegekräfte wurde noch nie so viel diskutiert wie in den zwei Jahren seit Beginn der Pandemie. Das versuchte ich auch immer wieder den Pflegekräften selbst deutlich zu machen: »Und neunzig Prozent der Bevölkerung unterschreiben sofort, dass es mehr von euch geben soll, dass ihr besser bezahlt werden solltet. Die Mehrheit der Deutschen möchte, dass es euch besser geht. Eigentlich habt ihr eine echt starke Lobby.«

Leider ist die Pflege nicht so gut organisiert wie beispielsweise die Ärzteschaft. Es gibt nicht den einen Pflegeverband, der die große Mehrheit der Pflegekräfte vertritt und ihre Interessen bündelt. Bei den Ärzten leisten das mit deutlich vernehmbarer Stimme die Kassenärztlichen Vereinigungen und die Ärztekammern, auch die Apotheker haben Verbände, die nahezu alle Apotheker Deutschlands vertreten. Nur bei den Pflegekräften gibt es das nicht, obwohl sie von der Kopfzahl her die mit Abstand größte Berufsgruppe im Gesundheitswesen sind. Die Verbände, die es gibt, haben nur wenige Mitglieder und sind sich teilweise spinnefeind. Und jeder Versuch, etwa eine Pflegekammer zu gründen, scheitert am Widerstand aus der Pflege selbst.

Wir in der Politik haben unseren Teil für bessere Arbeitsbedingungen zu tun. Aber sich zu organisieren und die eigenen Interessen dadurch stärker zu vertreten, das können wir der Pflege nicht abnehmen. Ich bin davon überzeugt, dass die Pflege mit stärkeren eigenen Strukturen ihre Interessen besser durchsetzen könnte, sei es gegenüber Arbeitgebern oder der Politik.

Zu konflikthaften Begegnungen kam es aber auch, wenn mir Pflegekräfte mit Trotz in der Stimme sagten, sie wollten sich nicht impfen lassen, wie bei einer Veranstaltung des Abgeordneten Marc Biadacz (CDU) am Abend des 19. August 2021 in Herrenberg. Ich antwortete: »Diese Einstellung können Sie ja vertreten, es ist Ihre freie Entscheidung. Aber ich finde, das passt nicht zu Ihrem Beruf in der Pflege. Weil Sie dadurch andere gefährden, statt sie zu schützen.« Ich habe dann stets auf die große Mehrheit der Pflegekräfte verwiesen, die sich bewusst impfen lassen wollten, um die ihnen Anvertrauten zu schützen.

Ich war, bin und bleibe ein Anhänger der These, dass Dialog besser ist als Zwang, besonders in Stresssituationen. Anfang 2022 wurde eine Impfpflicht für Gesundheitsberufe eingeführt.

Obwohl ich das Ziel einer möglichst hohen Impfquote im Gesundheitswesen teile, halte ich diesen Weg nicht für den richtigen. Er hat die Debatte unter Pflegekräften weiter zugespitzt, den Frust bei vielen erhöht und zudem die bisherigen überschaubaren Erfolge gefährdet und die Personalnot verschärft.[44]

Eine verpflichtende Impfung bleibt in der Abwägung auch deswegen falsch, weil eine Impfung – leider – eine Infektion anderer nicht dauerhaft und sicher vermeidet. Auch geimpftes Personal muss in der Pandemie zum Schutz der Bewohnerinnen und Bewohner sowie der Patientinnen und Patienten weiterhin regelmäßig getestet werden.

IV.

Mahnungen und Warnungen verpuffen

Sorglos-Sommer, Gütersloh-Blues, Sorgen-Herbst

Im Sommer 2020 herrschte eine trügerische Ruhe. Es war absehbar, dass uns der Herbst, wenn es kälter wurde und die Menschen sich wieder verstärkt in Innenräumen aufhielten, die nächste Welle bringen würde. Bis zum Sommer war Deutschland gut durch die Krise gekommen, gefühlt war das Virus für viele Menschen schon weit weg. Die erste Welle im Frühjahr des Jahres konnte sehr früh gebrochen werden und verlief insgesamt vergleichsweise mild. Dank der Einigkeit der politischen Ebenen und Akteure galt Deutschland international als Musterland im Kampf gegen die Pandemie.

Zwei Corona-Themen beherrschten den Sommer: einerseits das beschauliche Gütersloh, das zu *dem* Corona-Hotspot des Sommers wurde, andererseits die Reiserückkehrerwelle und damit verbunden die Frage der Testung.

Was ist eigentlich fair?

Beginnen wir mit Gütersloh und der Frage: Was war eigentlich fair in Zeiten der Pandemie?

Im sonst ruhigen Sommer 2020 brachte ein Ausbruch in Gütersloh Corona mit voller Wucht zurück in die Schlagzeilen. Die Stimmung rund um diesen Ausbruch war damals bundesweit so aufgeladen, dass Armin Laschet, der Ministerpräsident Nordrhein-Westfalens, am Sonntag, den 21. Juni 2020, den Ort des Geschehens persönlich besuchte, um sich zu informieren, die Medien waren live dabei. Heute wäre der Ausbruch in dem Schlachtbetrieb der Firma Tönnies im Kreis Gütersloh eine Randnotiz. Der Kreis Gütersloh erreichte am 22. Juni 2020 eine Sieben-Tage-Inzidenz von über dreihundert Infektionen auf hunderttausend Einwohner, das ist aus heutiger Sicht kein großer Aufreger.[45] Im Sommer 2020 aber, ohne Impfstoffe, ohne verfügbare Schnelltests, mit weniger Wissen über das Virus und seine Varianten, und bei gleichzeitig sehr niedriger Inzidenz im Rest des Landes war dieser Wert Anlass zur Sorge. Zum Vergleich: Die Sieben-Tage-Inzidenz im benachbarten Bielefeld lag bei 5,4, die des Landes Nordrhein-Westfalen bei 12,6.

Einmal mehr in dieser Pandemie war der direkte Austausch zwischen Bundesminister und Landrat wichtig für das Krisenmanagement. Mit dem Gütersloher Landrat Sven-Georg Adenauer (CDU) stand ich in ständigem Kontakt. Er berichtete mir von der Situation vor Ort, und wir schickten unter anderem Experten des RKI zur Unterstützung nach Gütersloh. Denn eine Frage beschäftigte alle: Wie hatte es zu so einem Ausbruch kommen können? Lag es an den Arbeitsbedingungen, an den Sammelunterkünften, in denen viele der aus Osteuropa stammenden Beschäftigten des Unternehmens untergebracht waren? Oder waren gar die geschlachteten Tiere Infektionsherde?

Bei der Untersuchung des Ausbruchs wurde erstmalig in Deutschland die Übertragung über die Lüftung und damit die enorme Bedeutung der Aerosole deutlich: Um Energie zu sparen, wurde die erwärmte Luft in den Arbeitshallen immer wieder umgeschlagen – für Viren in der Luft die perfekte Umgebung. Die beengten Verhältnisse bei Unterbringung und Transport der Beschäftigten verstärkten den Effekt.

Infolge dieses Ausbruchs kamen die Arbeitsbedingungen in der Fleischbranche insgesamt auf die politische Agenda, Werkverträge in zentralen Bereichen der Branche wurden verboten, der Mindestlohn erhöht.

Der Ausbruch betraf in Gütersloh eigentlich nur zwei, drei Orte im Landkreis. Wie sich später herausstellte, konzentrierte sich das Ausbruchsgeschehen im Grunde sogar nur auf die Beschäftigten des Unternehmens und ihre Angehörigen. Das Unternehmen wurde vom Gesundheitsamt vorübergehend geschlossen, etwa siebentausend Beschäftigte mussten in häuslicher Quarantäne bleiben. Die wenigen Orte, an denen die meisten Beschäftigten des Unternehmens wohnten und die sehr hohe Inzidenzen aufwiesen, waren teils dreißig, vierzig Kilometer von anderen Städten oder Gemeinden weg. Trotz niedriger lokaler Inzidenz mussten diese Nachbargemeinden mit in den Lockdown, weil sie Teil des großen Landkreises Gütersloh waren.

War das fair und angemessen? Wie sehr konnte und musste man differenzieren? Diese Frage stellte sich bei jeder Maßnahme und bei jedem Lockdown aufs Neue. Es brauchte eine klar abgrenzbare, nachvollziehbare Einheit, um Infektionsschutzmaßnahmen einzuführen, sie durchzusetzen und für die Bevölkerung nachvollziehbar zu machen. Das konnte ein Haus sein, ein Straßenzug, eine Stadt oder eben ein Landkreis. In diesem Fall, wie in den meisten anderen, war die von den Verantwortlichen gewählte Einheit der Landkreis. Eine richtige, absolut faire Lösung gibt es hier nicht. Die Entscheidung musste getroffen werden zu einem Zeitpunkt, als noch nicht ganz klar war, wie sehr die Infektionsketten über Kontakte beim Sport, in Kindergärten oder Schulen, anderen Betrieben, Familienfesten oder vielen sonstigen Gelegenheiten bereits über den Ursprungsort hinaus quer durch den Kreis liefen. Gleichzeitig war natürlich nicht auszuschließen, dass einzelne infizierte Personen aus Gütersloh bereits in Nachbarkreise oder andere Teile Deutschlands gereist waren. Da die Wahrscheinlichkeit für ersteres Risiko deutlich höher war als für letzteres, wurde in der Abwägung entschieden, für den ganzen Landkreis kontaktreduzierende Maßnahmen, inklusive etwa der Schließung der Kindergärten und Schulen und der Gastronomie, zu erlassen, aber eben nicht für ganz Ostwestfalen oder ganz Deutschland.

Ist das angesichts der enorm einschneidenden wirtschaftlichen und sozialen Konsequenzen im Alltag von über dreihundertsechzigtausend Einwohnern des Landkreises Gütersloh fair? Darüber kann man streiten. Mit dem heutigen Wissen um die weitere Entwicklung, auch um die im Nachhinein relative Bedeutung dieses Ausbruchs in Gütersloh, würde man möglicherweise anders entscheiden. Aber dieses Wissen gab es eben damals noch nicht. Es musste schnell entschieden werden, um den Ausbruch einzudämmen. Und so wurde aus der konkreten Situation heraus eine abgewogene, nachvollziehbare und effektive Entscheidung getroffen. Das ist das, was man in der konkreten Krisenlage erwarten kann. Nicht weniger, aber eben auch nicht mehr.

Am Beispiel Gütersloh wurde übrigens, wie zuvor schon in Germersheim und auch in Heinsberg, ein weiteres Mal deutlich, wie sehr Corona in der Anfangszeit stigmatisierte. Allein ein Autokennzeichen mit dem Gütersloher Kürzel GT reichte aus, um andernorts Vorurteilen ausgesetzt zu sein. Als einzelne

Bundesländer begannen, für Reisende aus dem Landkreis ein Beherbergungsverbot zu verfügen und damit deren Planung für den Sommerurlaub durchkreuzten, fand die emotionale Aufladung der Stimmung ihren Höhepunkt.

Auch innerhalb der Stadt Gütersloh selbst traten Spannungen auf. Die zumeist aus Osteuropa stammenden Mitarbeiter des Schlachtbetriebs wurden von Anwohnern angefeindet. Ganze Straßenzüge, insgesamt rund zwanzigtausend Menschen, mussten in Quarantäne gehen, teilweise hinter Gitterzäunen abgeriegelt.

Funkloch im Urlaub

Die wachsende Dramatik des zweiten Corona-Aufregers im Sommer 2020 ist in meiner Erinnerung mit der Geschichte eines Funklochs verknüpft. Ende Juli 2020 verbrachte ich mit meinem Mann ein paar Tage in Bayern am Tegernsee. Im Grunde war ich auch dort jederzeit erreichbar. Nur das eine Mal, als wir während einer längeren Wanderung auf dem Risserkogel, einem der höchsten Gipfel der Tegernseer Berge, Rast machten, befanden wir uns in einem Funkloch. Und genau da versuchte die Kanzlerin, mich zu erreichen. Das Einzige, was in den wenigen Momenten durchkam, in denen das Handy trotz Funkloch ein Netz ortete, war eine SMS. Ich hatte mittlerweile einige Übung darin, den Nachrichten der Kanzlerin an kleinen Nuancen zu entnehmen, ob es dringend war oder nicht. Dieses Mal war es offenbar sehr dringend. Auch die mich begleitenden Personenschützer hatten kein Netz, und so beendeten wir die gerade begonnene Rast und beeilten uns mit dem Abstieg. Chefinnen soll man nicht zu lange warten lassen.

Zwischenblende

Das Verhältnis zur Chefin

Mein Verhältnis zur Bundeskanzlerin Angela Merkel ist in der Zeit der Krise intensiver geworden. Die Lage erforderte einen nahezu täglichen Austausch, nicht selten über ihren bekanntermaßen bevorzugten Kommunikationsweg, die SMS. Wir waren nicht immer einer Meinung. Ich war »Team Vorsicht«, und sie war »Team ganz besonders vorsichtig«. Das hat durchaus zu unterschiedlichen Einschätzungen geführt.

Vor allem in der Zeit der Pandemie aber wussten wir beide: Wenn wir zu zweit in einem Raum sitzen, bleibt alles, was in diesem Raum gesprochen wird, dort. Es gab nicht besonders viele Personen in der Spitzenpolitik, mit denen wir zu dieser Zeit wirklich offen jeden Gedanken und jede Idee durchspielen konnten, ohne dass es gleich irgendwo zu lesen war. Zwischen der Kanzlerin, Kanzleramtsminister Helge Braun und mir ging das zu jeder Zeit. Und das war wichtig.

Angela Merkel und ich, wir hatten ja schon eine gemeinsame Geschichte, bevor sie mich in ihr Kabinett berief. Zwischen uns gab es nie eine freundschaftliche Verbindung und auch keine politische Kampfgemeinschaft. Aber über die Jahre war eine vertrauensvolle Zusammenarbeit gewachsen, die nun auch unter Stress verlässlich funktionierte. Ich galt in den Medien über viele Jahre als »Merkel-Kritiker«, auch wenn ich selbst mich nie so verstanden habe. Unterschiedliche Arten, Politik zu machen, und unterschiedliche Ansichten in Sachfragen, manchmal auf Parteitagen ausgetragen, bedeutet ja nicht zwangsläufig Kritik an der Person. In diesem Fall sogar im Gegenteil, meine persönliche Wertschätzung für Angela Merkel war und ist hoch.

Jedenfalls wurde ihre Entscheidung, mich bei der Regierungsbildung im März 2018 als Gesundheitsminister in ihr Kabinett zu holen, damals weithin so interpretiert: Lieber einen Kritiker einbinden und mit einer fordernden Aufgabe betreuen, als ihn mit wachsendem Unmut in der Partei weiter als Kommentator von der Seitenlinie zu haben. Wie dem auch sei: Ihr Angebot, im neuen Kabinett Bundesminister für Gesundheit zu werden, habe ich gerne angenommen. Ich bin in die Politik gegangen, um zu gestalten, um durch Entscheidungen einen Unterschied zu machen, im Kleinen wie vielleicht auch im Großen. Es gibt kaum ein politisches Amt in Deutschland, in dem das besser geht als in dem eines Bundesministers.

Ich erinnere mich gut, wie ich im Frühjahr 2020 nach Mitternacht von einem der damals häufigen längeren persönlichen Gespräche aus dem Kanzleramt nach Hause kam. Zu meinem Mann sagte ich mit einem verschmitzten Lächeln im Gesicht: »Wer hätte gedacht, dass Angela und ich uns mal so gut verstehen würden.«

Das war zu einer Zeit, in der wir uns oft abstimmen mussten und in der wir als Team wirklich gut zusammen funktioniert haben.

Freies Testen für alle Urlauber

Zurück an den Tegernsee: Der Grund des damaligen Kanzlerinnen-Anrufs im Funkloch waren die Themen Testkapazitäten und Urlaubsrückkehrer.

Zur Erinnerung: Im Sommer 2020 standen noch keine Schnelltests zur Verfügung, stattdessen musste jedes Mal ein PCR-Test durchgeführt werden. Wir konnten mit den begrenzten Ressourcen der Labore nicht verschwenderisch umgehen. Daher hatte ich das Motto ausgegeben: »Testen, testen, testen – aber gezielt!« Obwohl es uns in einem echten Kraftakt gelungen war, die Testkapazität aller Labore von März bis August 2020 auf über eine Million möglicher PCR-Tests pro Woche zu verzehnfachen, kamen wir in diesem Sommer dann doch an die Grenzen des Möglichen. Und das, obwohl die Inzidenz und damit die Rate positiver Testergebnisse über den ganzen Sommer sehr niedrig geblieben war.

Der Grund für die hohe Auslastung der Labore war eine folgenreiche Entscheidung, die ich am frühen Nachmittag des 24. Juli 2020 in einer Telefonkonferenz mit den Gesundheitsministerinnen und -ministern der sechzehn Bundesländer traf: Alle Reise- und Urlaubsrückkehrer aus dem Ausland sollten die Möglichkeit zu einem kostenlosen Corona-Test bekommen, die Kosten übernahm der Bund. Es wurde zudem vereinbart, dass die Länder Teststationen an den Flughäfen sowie an den Autobahnen und Bahnhöfen entlang der Urlaubsstrecken einrichten. Im grenznahen Bereich sollte es stichprobenartige Kontrollen von Rückkehrerinnen und Rückkehrern aus Risikogebieten geben.

Was sich so einfach liest, war logistisch eine Riesenaufgabe, die auf einige der Bundesländer zukam. Entsprechend turbulent war die dem Beschluss vorausgehende Diskussion, bei der mir der Blick aus dem Hotelzimmer auf die schöne bayerische Landschaft bei Bedarf die nötige innere Ruhe verlieh. Hintergrund der Entscheidung, die erst vergleichsweise spät in der sommerlichen Urlaubszeit getroffen wurde, war eine relativ stark steigende Zahl von Infektionen, vor allem im Zusammenhang mit Reisen auf den Balkan und in die Türkei. Viele reisten mit dem Auto dorthin, nicht selten ging es um familiäre Besuche in der ursprünglichen Heimat.

Da zu Beginn des Sommers die Infektionszahlen in ganz Europa niedrig waren und alle Länder die erste Welle des Frühjahrs hinter sich hatten, hatten wir schlicht nicht damit gerechnet, dass sich so bald schon wieder stärker steigende Inzidenzen in einigen der beliebten Urlaubsregionen zeigen würden. Nun jedoch machten aus dem Ausland nach Deutschland mitgebrachte Infektionen bis zu fünfzig Prozent aller in einer Woche gemeldeten Neuinfektionen aus. In der Folge unseres Testbeschlusses verdoppelte sich die Zahl der wöchentlich durchgeführten PCR-Testungen von etwa fünfhunderttausend auf eine Million. Die Zahl der Infektionen allerdings blieb bis Anfang September auf niedrigem Niveau. Dann begann die Kurve wieder zu steigen, langsam, aber stetig.

Amtsführung aus der Isolation

Im Oktober 2020 erwischte es mich, jenes Virus, das mich seit Monaten rund um die Uhr beschäftigte. Es ist etwas völlig anderes, zehn Monate lang über etwas zu reden und politisch damit umzugehen, als es auf einmal am eigenen Leibe zu erfahren. Jetzt würde ich selbst erleben, was ein positives Testergebnis bedeutet. Das machte mich erst einmal demütig.

Es war Mittwoch, der 21. Oktober 2020, als ich morgens beim Vortrag im Kabinett ein leichtes Kratzen im Hals spürte. Ansonsten fühlte ich mich aber fit. Als ich aus dem Kanzleramt zurück ins Ministerium kam, sprach ich zu Beginn einer direkt anschließenden internen Besprechung mit unserem Abteilungsleiter und Generalarzt Dr. Hans-Ulrich Holtherm über das ungewohnt hartnäckige Kratzen im Hals. Er bot mir an, direkt einen Antigenschnelltest zu machen. Wir gingen rüber in mein Büro, er führte den Test durch. Das Ergebnis war positiv.

Mir schossen binnen Sekunden Tausende Gedanken durch den Kopf: Ich habe doch immer aufgepasst – wo also konnte das passiert sein? Hoffentlich habe ich niemanden angesteckt! Oje, das heißt ja dann, alle Termine der nächsten Tage absagen, und der Kalender ist rappelvoll. Ich muss meinem Mann Bescheid sagen. Und der Kanzlerin. Wie heftig wird es wohl werden? Wie sagen wir es der Öffentlichkeit? Und, und, und. Um die anderen nicht zu gefährden, ging ich mit meinem Team in einer Telefonschalte durch, was nun zu tun wäre: zum bestätigenden PCR-Test sofort ins Bundeswehrkrankenhaus, dann direkt nach Hause. Parallel meinen Mann informieren, damit dieser als meine engste Kontaktperson auch sofort nach Hause fährt. Dann die Kanzlerin informieren.

Ausgerechnet ich, der Gesundheitsminister, war das erste Kabinettsmitglied Deutschlands, das sich infiziert hatte. Das würde mediale Aufmerksamkeit weltweit bekommen, diese Infektion war eine politische. Mein Team begann parallel zu mir, alle meine Kontakte der letzten Tage akribisch aufzulisten und zu informieren, damit sie sich häuslich isolierten und testen ließen. Auch mein engeres Team selbst ging zur Sicherheit in die vorgesehene Quarantäne. Da wir wussten, dass ganz Deutschland bei mir besonders genau hinschauen würde, verfuhren wir nach dem Motto: im Zweifel lieber einer zu viel in Quarantäne als einer zu wenig. Dem zuständigen Gesundheitsamt stellten wir die Liste der Kontaktpersonen sofort zur Verfügung. Das Presseteam bereitete eine Meldung vor, die veröffentlicht wurde, als ich in meiner Wohnung angekommen war.

Der PCR-Test bestätigte schließlich die Infektion, auch mein Mann wurde positiv getestet. Alle Kontaktpersonen außerhalb des Ministeriums, bis auf den damaligen Staatssekretär Martin Jäger, den ich zwei Tage vor meinem positiven Testergebnis zu einem Mittagessen getroffen hatte, hatten in den Folgetagen negative Testergebnisse. Wo und wie ich mich angesteckt hatte, kann ich mir bis heute nicht erklären.

Politisch-medialen Ärger gab es dann doch zweimal: Im ersten Fall ging es um ein Abendessen zu viert im Restaurant am vorherigen Sonntagabend. Die beiden Gäste, die mit mir und meinem Mann am Tisch gesessen hatten, sowie das Personal des Lokals hatten wir über unsere Infektion informiert, niemand von ihnen wurde daraufhin positiv getestet, die engeren Kontakte gingen in Quarantäne, das Gesundheitsamt wurde benachrichtigt. In einem Zeitungsartikel etwas später beschwerte sich eine ältere Dame, die am selben Abend ein paar Tische von uns entfernt gesessen hatte. Sie war scheinbar einige Tage nach dem Restaurantbesuch positiv getestet worden. Ob sich die Dame tatsächlich an diesem Abend im Restaurant angesteckt hatte, ließ sich nicht klären, persönlichen Kontakt zu mir gab es keinen. Ich hoffe jedenfalls, dass ihre Infektion einen milden Verlauf genommen hat.

Und dann schlug mit einiger zeitlicher Verzögerung, nämlich erst im Frühjahr 2021, eine zweite Begebenheit aus der Zeit vor der Infektion politisch voll ins Kontor. Ein Abendessen in Leipzig am 20. Oktober 2020, dem Vorabend des positiven Testergebnisses. Es handelte sich um ein Treffen in privatem Rahmen, bei dem rund ein Dutzend CDU-Unterstützer aus Wirtschaftskreisen zusammenkamen und bei dem ich für etwa eineinhalb Stunden anwesend war. Neben der politischen Diskussion miteinander ging es auch darum, für Spenden an die CDU zu werben, um die anstehenden Wahlkämpfe zu finanzieren. Dazu sollte man wissen: Das Parteiengesetz sieht vor, dass sich Parteien auch aus Spenden finanzieren, der Staat fördert Parteispenden ausdrücklich. Und als Vorsitzender eines CDU-Kreisverbands sowie als Präsidiumsmitglied der CDU Deutschlands gehört es zu meinen Aufgaben, bei Unterstützerinnen und Unterstützern unserer Politik um Spenden zu werben, um unsere politische Arbeit zu finanzieren. Es war ein Abendessen wie Hunderte andere, die jedes Jahr in Deutschland bei fast allen Parteien stattfinden. Es wurde nur deswegen so prominent, weil ich am nächsten Tag positiv getestet wurde. Alle zu dem Zeitpunkt geltenden Corona-Regeln wurden in Leipzig eingehalten, die Beteiligten wurden vorschriftsmäßig sofort über meine Infektion informiert, alle gingen in Quarantäne, niemand wurde im Nachgang positiv getestet.

Mehr als vier Monate nach dem Abendessen, im März 2021, machten Medien mit dem Vorwurf auf, wie ich als Minister morgens im Interview mit dem *Morgenmagazin* des ZDF noch auf die Abstandsregeln pochen könne, um dann am selben Abend bei einem Abendessen Spenden einzusammeln. Journalisten klapperten über Wochen in Leipzig Restaurants, Köche und Caterer ab, um herauszufinden, wer bei dem Abendessen dabei gewesen war. Jemand setzte das Gerücht in die Welt, die Spenden hätten 9999 Euro betragen, also genau einen Euro unter der meldepflichtigen Grenze gelegen. Das war falsch, aber ich habe es nicht korrigiert. Denn die genaue Höhe der Spende und damit die Frage ihrer Veröffentlichung bestimmt der Spender und niemand sonst, auch das ist gesetzlich geregelt.

Es hagelte Kritik, auch aus den Reihen unseres Koalitionspartners. Carsten Schneider, Erster Parlamentarischer Geschäftsführer der SPD-Bundestagsfraktion, stellte die Frage in den Raum, ob ich mit der Erfüllung meiner Aufgaben als Minister nicht ausgelastet wäre. Der Bundestagswahlkampf war, das merkte man deutlich, in vollem Gange. War es ein Fehler, nach Leipzig zu fahren? Ja! Wir hatten morgens im Team noch abgewogen, ob ich fahre oder nicht. Angesichts einer Sieben-Tage-Inzidenz von damals 17,5 vor Ort in Leipzig hatten wir entschieden, den bereits zweimal verschobenen Termin wahrzunehmen.

Ich hätte klüger sein müssen, mein Instinkt hat an dem Tag nicht gut funktioniert. Als Gesundheitsminister in so einer Lage hat man eine Vorbildfunktion. Die habe ich an diesem Abend nicht erfüllt. Und das hat mich zu Recht eingeholt.

Das Tückische ist, dass Fehler in der Krise den eh schon hohen Druck verstärken, die Konzentration senken und damit die Gefahr weiterer Fehler erhöhen. Es ist nicht leicht, in solchen Momenten einen kühlen Kopf zu bewahren. Und es ist mir natürlich nicht immer geglückt. Aber dass politischer Druck entsteht, weil etwas nicht gut läuft, weil etwas falsch entschieden wurde oder weil man etwas falsch eingeschätzt hat, das gehört dazu. Damit muss man als Politiker umgehen können.

Ich habe in der Zeit als Minister, schon vor der Pandemie, viel gelernt. Ich denke heute, dass sich ein Grundfehler durch die Politik im Allgemeinen zieht: zu glauben, dass man mit einem Übermaß an Kommunikation zu einem größeren Verständnis beitragen kann. Stattdessen setzt ein gegenteiliger Effekt ein. »When the shit hits the fan«, sagen die US-Amerikaner. Man muss manchmal merken, dass man selbst derjenige ist, der den »shit« die ganze Zeit in die Luft wirft und mit jeder Äußerung weiter aufwirbelt. Das richtige Maß an Kommunikation zu finden ist nicht leicht, und es war bei mir manchmal einfach zu viel. Das galt phasenweise auch während der Pandemie. Wenn jeder ein Interview wollte, vom *Morgenmagazin* über die *Tagesschau* und das *heute journal* bis zum *Nachtmagazin,* sagte ich: »Da gehe ich doch überall hin.« Ich dachte: Viel erklären hilft viel. Aber wenn man in einer solchen Krise im Erklärmodus ist, muss wirklich jeder Satz sitzen. Doch das schafft niemand. Klüger wäre es gewesen, reduzierter zu kommunizieren.

Die mediale Dauerpräsenz kippt ab einem bestimmten Punkt und führt zu einem gegenteiligen Effekt. Dann dringen auch die inhaltlichen Botschaften nicht mehr durch. »Die Leute können und wollen den Gesundheitsminister nicht mehr ständig sehen«, sagte mir mein Team irgendwann einmal sehr offen. Auch das musste ich in dieser Pandemie lernen.

Und so gab es Momente, vor allem in diesem Frühjahr 2021, in dem viele Dinge parallel auf mich einprasselten: die anhaltende Kritik, wenn es um Tests, Impfen, Impfstoff ging, dazu der starke Fokus auf mich als Person, inklusive journalistische Recherchen bis tief ins Privatleben. Und dann kam auch noch dieses Leipziger Abendessen mit den beschriebenen Begleitumständen in die Medien, Monate, nachdem es stattgefunden hatte.

Am Tag nach meinem positiven Testergebnis waren die Halsbeschwerden schon wieder verschwunden. Andere Symptome, wie Husten, Müdigkeit oder der Verlust des Geschmackssinns, tauchten nicht auf. Insofern war es ein harmloser Verlauf. Bei meinem Mann Daniel war es ähnlich, allerdings hatte er eine ganze Zeit lang mit Erschöpfung zu kämpfen und konnte nachts nur schlecht schlafen. Da es mir körperlich soweit gut ging, konnte ich von zu Hause arbeiten, und so leitete ich das Ministerium für zwölf Tage aus der häuslichen Isolation heraus.

Jeden Morgen kam ein Fahrer und stellte mir eine Kiste voller Akten vor die Tür, die er abends nach Bearbeitung wieder abholte. Tagsüber machte ich Video- und Telefonschalten, sogar den Vorsitz im EU-Ministerrat übte ich per Videokonferenz von zu Hause aus, gut ausgeleuchtet vor offizieller EU-Fotowand. Auch wenn wir selbst uns gesundheitlich ganz gut fühlten, musste ich oft an das Bild der Patienten mit den blauen Lippen denken, wie es mir mein Kollege in Rom geschildert hatte. Damals wohnten wir in einer Wohnung in Berlin-Schöneberg, wir ließen uns von unserer Apotheke unten im Haus ein Pulsoximeter bringen, mit dem wir mehrmals am Tag den Sauerstoffgehalt im Blut kontrollierten, als Frühindikator, falls der Krankheitsverlauf doch noch schlimmer werden sollte. Das Messen gab uns Sicherheit in einer Situation, in der wir sonst nicht viel tun konnten, außer unser Immunsystem zu stärken und auf uns zu achten. Als Männer Anfang vierzig hatten wir nicht die Sorge, wirklich ernsthaft zu erkranken. Aber sicher konnten wir uns natürlich nicht sein, gerade was mögliche Long-Covid-Folgen anging, über die man damals noch nicht viel wusste.

Ich war heilfroh, dass meine Eltern damals von einer Infektion verschont blieben. Als sie im April 2021 endlich geimpft wurden, mit dem Impfstoff von AstraZeneca, war das eine große Erleichterung.

Too little, too late

Rund um die Zeit meiner häuslichen Isolation im Herbst 2020 fanden zwei ebenso entscheidende wie denkwürdige Ministerpräsidentenkonferenzen statt. Auf der ersten, die in Präsenz und mit dem nötigen Abstand im großen Internationalen Konferenzsaal des Kanzleramtes am 14. Oktober 2020 stattfand, wurde trotz der sehr eindrücklichen Mahnungen der Kanzlerin zu zaghaft zu wenig entschieden. Der Engländer würde sagen: too little, too late.

Kanzleramtsminister Helge Braun und ich unterstützten die Kanzlerin. Doch ebenso wie die zu Beginn der Sitzung anwesenden Wissenschaftler, die ihre Modelle zur weiteren Entwicklung vorstellten, predigten wir gegen Windmühlen. Der

Vizekanzler und Finanzminister Olaf Scholz verhielt sich, wie häufig in dieser Runde, eher passiv-abwartend, eine klare Position war nicht zu vernehmen. Und so konnte sich eine Mehrheit der anwesenden Regierungschefinnen und Regierungschefs der Länder trotz der immer dynamischeren Infektionslage nur zu halbherzigen Maßnahmen durchringen. Selbst eine Sperrstunde in der Gastronomie wurde ausdrücklich nur als Empfehlung in den Beschluss aufgenommen, nicht als verbindliche Maßnahme. Viele erhofften sich nach einem sorgenfreien Sommer, dass wir dieses Mal ohne einen Lockdown durchkämen. Und die Hoffnung war ja verlockend, die Stimmung im Land war nicht eindeutig, zumindest noch nicht. Später haben Ministerpräsidenten wie Bodo Ramelow (Linke) und Michael Kretschmer (CDU) öffentlich erklärt, hier falsch gelegen zu haben. Das hatte Größe.

In Erinnerung geblieben ist diese MPK auch wegen der sehr uneinheitlichen Regelungen der Länder zum sogenannten Beherbergungsverbot. Es ging um die Frage, ob Reisende aus innerdeutschen Risikogebieten in einem anderen Bundesland übernachten oder auch nur einreisen dürfen. Gefühlt gab es sechzehn verschiedene Regelungen, und auch an diesem 14. Oktober gelang es nicht, eine bundesweit einheitliche Linie zu verabreden. Ich habe noch darauf hingewiesen, dass die Demoskopie klar zeige, dass genau dieses Wirrwarr zum Beherbergungsverbot die Akzeptanz für die Corona-Politik insgesamt beschädigte. Vergeblich.

In dieser zweiten Corona-Welle füllten sich wieder die Intensivbetten im ganzen Land. Noch aus der häuslichen Isolation heraus versuchte ich mit einigen Interviews am Laptop, etwa mit *RTL aktuell* oder dem *heute journal,* auf die dramatische Entwicklung hinzuweisen. Wenn wir sie nicht stoppten, würden absehbar über sechstausend Intensivbetten nur mit

Covid-19-Patienten belegt sein, eine enorme Belastung für die Pflegekräfte und die Ärztinnen und Ärzte. Diese Kurve müsste runter, ansonsten liefen wir in eine furchtbare Situation hinein.

Die Situation war uns, so deutlich muss man sein, *teil*-entglitten. Die Zahl der Intensivpatienten verdoppelte sich alle zehn Tage, die der Infizierten alle sieben Tage. Die Lage war sehr ernst. Und so kam es binnen vierzehn Tagen, am 28. Oktober 2020, schon zur nächsten Ministerpräsidentenkonferenz, dieses Mal als Videokonferenz, an der ich von zu Hause aus teilnehmen konnte. Nun wurde beschlossen, was längst hätte beschlossen werden müssen: Es wurden unter anderem Kontaktbeschränkungen eingeführt, Veranstaltungen untersagt, Freizeiteinrichtungen geschlossen. Schulen, Kindergärten und auch Friseure blieben zu diesem Zeitpunkt unter Hygieneauflagen geöffnet. Ziel war es, die Welle so zu brechen, dass wir zu Weihnachten das Schlimmste hinter uns hätten.

»Jetzt noch einmal alle aufeinander aufpassen, damit es ein schönes Weihnachtsfest wird«, so oder so ähnlich warb ich für die harten, aber notwendigen Maßnahmen. Wir wollten den Menschen ein erstrebenswertes Ziel, ein unbeschwertes Weihnachten geben, damit sie einmal mehr in schwerer Zeit mitmachten.

Leider konnten wir dieses Ziel nicht halten. Im Gegenteil, da die Zahlen, anstatt zu sinken, im Dezember sogar wieder stetig stiegen, mussten die Maßnahmen durch weitere Ministerpräsidentenrunden am 16. und 25. November 2020 sowie am 13. Dezember 2020 in drei weiteren Schritten verschärft werden. Im Dezember schließlich, mitten in der Adventszeit wurden der Einzelhandel und die Friseure geschlossen, und die noch geöffneten Schulen gingen in frühere Weihnachtsferien. Es sollte noch eine lange, harte Zeit bis zum März 2021 werden.

Der Vorwurf an die Politik lautete: »Ihr lauft immer wieder

sehenden Auges in die nächste Welle hinein. Habt ihr nichts dazugelernt?«

Nun, es gab Unterschiede zwischen den Wellen. Zum einen herrschten jeweils neue, andere Virusvarianten vor, zum Teil deutlich ansteckender als die Ursprungsvariante. Darauf mussten wir leider jeweils wieder durch stärker einschränkende Kontaktreduktionen reagieren. Und natürlich hatten wir von Welle zu Welle mehr und bessere Werkzeuge: Mehr Wissen, mehr Testkapazitäten, Antigenschnelltests, die Zulassung von Selbsttests, erste Covid-19-Medikamente, digitale Werkzeuge wie die Corona-Warn-App, deutlich früher ausgeweitete Grippeimpfungen im zweiten Pandemiewinter, ein deutlicher Ausbau der Genomsequenzierung zur Erkennung der Varianten – und natürlich die Impfungen.

Aber eines war jedes Mal deutlich zu sehen: Hatte die Ausbreitung des Virus einmal eine exponentielle Dynamik erreicht und verkürzte sich die Verdoppelungszeit der Infektionszahlen und in der Folge auch der Patientenzahlen immer weiter, dann war die Welle nur noch durch eine deutliche Reduktion der Kontakte zu brechen. Deshalb verstehe ich den Vorwurf, denn an der Stelle liegt der entscheidende Punkt: Zu oft kamen die kontaktreduzierenden Maßnahmen erst, nachdem das Wachstum schon exponentiell geworden war. Und dann mussten sie umso einschneidender ausfallen.

Das lässt sich aber erklären und daraus lernen: Etwa die nicht zu unterschätzende Psychologie der Massen, von der auch politische Entscheider sich anstecken lassen. Nach der ersten Welle herrschte, wie beschrieben, eine kollektive »Wir sind doch gut durchgekommen, jetzt schaffen wir den Rest auch noch«-Haltung. Von dieser allgemeinen Stimmung in der Bevölkerung ist die Politik nicht entkoppelt. Natürlich, wir tragen die Verantwortung, aber einfach zu sagen: »Die Stimmung ist zwar eine völlig andere, aber diese harten Maßnahmen sind trotzdem notwendig«, ist schwierig, denn Politik braucht, in der Krise zumal, Akzeptanz für das, was sie tut. In dieser Beziehung ist die Kanzlerin immer bemerkenswert klar gewesen. Doch zur politischen Realität gehört: Die vorsichtige Linie war in den Gremien in dieser Zeit nicht mehrheitsfähig, wie das Beispiel der Corona-MPK zeigt.

Habe ich mich energisch dagegen gestemmt? Nein. Ich habe manches Mal Entwicklungen früher gesehen, ich habe gemahnt, aber ich habe nicht bedingungslos für andere Entscheidungen gekämpft. Wir sehen das gleiche Muster immer aufs Neue: Wenn die Lage unter Kontrolle scheint und die Sonne strahlt, ist es schwer, die Herausforderungen des Winters zu sehen. Mahnungen und Warnungen verpuffen. Das ist eine Analyse, keine Rechtfertigung.

Ich bin mir allerdings nicht sicher, ob sich dieser Widerspruch überhaupt vollends auflösen lässt. Für nicht wenige Menschen war die vergleichsweise sorgenfreie Zeit im Sommer als Verschnaufpause wichtig.

V.

»Wir wollen, dass der Spuk vorbei ist!«

Wenn aus Spannungen Spaltungen werden – Ein Jahr zunehmender Polarisierungen

Ich bin jetzt seit zwanzig Jahren Mitglied im Deutschen Bundestag, habe das Direktmandat in meinem Wahlkreis sechsmal gewinnen können. Ich weiß, was Wahlkampf bedeutet. Dass in solchen Zeiten bisweilen mit harten Bandagen gekämpft wird, auch von meiner Seite. Das gehört dazu, das ist Teil des demokratischen Prozesses. In Bierzelten und auf Marktplätzen wird schon mal gebuht, gepfiffen, geschimpft. Aber was ich während der Pandemie erlebte, hatte eine andere Dimension. Ich fuhr oftmals mit einem mulmigen Gefühl zu meinen Auftritten, weil ich nie wusste, wie schlimm wird der Spießrutenlauf heute sein. Ich frage mich, was ist nur aus einem Teil unseres Landes geworden, dass wir so unversöhnlich und hart miteinander geworden sind?

Ein Tag im Sommer des Jahres 2020 ist mir dabei in besonderer Erinnerung geblieben. Der 24. August. Er hatte am Morgen mit der *Bild*-Schlagzeile »Kippt die Coronastimmung? Wo Regierungs-Alarmismus und Realität nicht zusammenpassen« begonnen. Angeblich käme »der Knallhart-Kurs« der Bundesregierung bei der Mehrheit der Bevölkerung nicht mehr an, behauptete die *Bild*-Zeitung.[46] Ich war damals empfänglich für diese Meldung, denn sie passte zu dem, was ich gerade auf der Straße erlebte.

Ich habe die Nachricht meinem Team geschickt und um eine Einschätzung gebeten. Zurück kamen die Umfragen der letzten Tage, die weiterhin eine sehr große Unterstützung der Maßnahmen und des politischen Handelns auswiesen. Dazu der Hinweis, dass die *Bild*-Meldung eine Umfrage zu Sorgen vor wirtschaftlichen Folgen über- oder uminterpretiere. Solche Abstimmungen mit dem Team, um den eigenen unmittelbaren Eindruck zu »spiegeln«, sind wichtig. Dass das Pfeifkonzert bei meinen öffentlichen Auftritten von einer Minderheit ausgeht, die mir sogar teilweise hinterherreiste, habe ich später realisiert. Es sollten noch viele Schlagzeilen vieler Medien folgen in den nächsten Monaten, die die Lage und die Stimmung zugespitzter formulierten, als sie war.

Bei aller Erfahrung musste ich in dieser Pandemie noch einmal in einer ganz neuen Dimension lernen, wie krass veröffentlichte Meinung, vor Ort von mir erlebte Meinung und demoskopisch gemessene Meinung auseinanderfallen können. Die Lehre daraus für mich ist, dass man als Politiker keines der drei Elemente absolut setzen darf. Man muss sie kombinieren und abwägen. Der Eindruck vor Ort mag oft nicht repräsentativ sein. Dennoch ist er wichtig, denn er zeigt reales Geschehen und macht es greifbar. Umfragen bilden verlässlich die Mehrheitsmeinung ab, aber sie sind steril. Und auch eine Minderheit, zumal eine radikale, kann einen großen Einfluss haben. So gesehen können numerische Verhältnisse allein trügerisch sein. Die veröffentlichte Meinung folgt häufig ihrer eigenen Logik, alle drei beeinflussen einander, und die Politik reagiert darauf und beeinflusst ihrerseits. Kurzum: Die Realität kann ein ganz schönes Kuddelmuddel sein. Will man ein möglichst klares Bild haben, geht das nur mit einem anstrengenden 360-Grad-Blick.

Mehrere Veranstaltungen im Kommunalwahlkampf in Nordrhein-Westfalen standen an diesem Tag in meinem Terminkalender, zuerst in Lohmar und Morsbach. Am frühen Nachmittag diskutierte ich dann in Lüdenscheid mit dem örtlichen Landratskandidaten Marco Voge (CDU) an der frischen Luft mit dreihundert Bürgerinnen und Bürgern, viele von ihnen Schausteller. Angesichts der schwierigen Lage, in der die Schaustellerfamilien wegen der Absage von Volksfesten und Großveranstaltungen waren, wurde es verständlicherweise auch mal kritisch, mit klarer Sprache. Aber wir konnten jeden Punkt ruhig miteinander besprechen.

Das sollte beim nächsten Termin spürbar anders sein. In Wuppertal war ein Besuch des CDU-Wahlkampfstandes auf dem Rathausvorplatz geplant. Gemeinsam mit Prof. Dr. Uwe Schneidewind, dem gemeinsamen OB-Kandidaten von CDU und Grünen, sollten Bürgergespräche und anschließend ein Pressegespräch ein paar Hundert Meter entfernt in der CDU-Geschäftsstelle stattfinden. Wir waren noch auf dem Weg nach Wuppertal, als wir die Meldung erhielten, es sei doch ein bisschen mehr los als vermutet. Wir wussten nicht genau, was uns erwartete. Aber kaum auf dem Platz angekommen, strömten plötzlich aus allen Ecken Menschen auf uns zu. Innerhalb kürzester Zeit waren wir von schätzungsweise hundertfünfzig bis zweihundert Demonstrantinnen und Demonstranten umringt. Querdenker, Corona-Leugner, Verschwörungstheoretiker, die sich vermutlich, wie so oft, über Telegram-Kanäle organisiert hatten. Sie brüllten: »Spahn muss weg, Spahn, du Mörder, Spahn, der Kindermörder!«

Die örtliche Polizei hatte mit einem so massiven und zugleich aggressiven Auftreten nicht gerechnet. Zur Absicherung eines Marktbesuchs eines Bundesministers an einem Nachmittag unter der Woche reichten normalerweise zwei, drei Polizistinnen und Polizisten.

Die Personenschützer des Bundeskriminalamtes (BKA), die mich seit März ständig begleiteten, gingen sofort in Position, um mich vor den immer näher rückenden Demonstrantinnen und Demonstranten abzuschirmen, Körper an Körper bauten sie eine Art Schutzschild um mich herum auf, mit den Gesichtern nach außen, während die Leute immer weiter schrien. Am Ende blieb uns nichts anderes übrig, als regelrecht die Flucht zu ergreifen in die Geschäftsstelle der lokalen CDU, gefolgt von einer »Kindermörder, Kindermörder!« skandierenden Meute.

Diese »Flucht« widerstrebte mir, schließlich suche ich ja eigentlich den Kontakt zu Menschen – und gerade zu denen, die eben nicht meine politischen Überzeugungen teilen. Genau aus diesem Grund macht man ja Wahlkampf – neben der Mobilisierung der eigenen Unterstützer. Mehrfach hatte ich auf dem Marktplatz den Versuch unternommen, mit den Protestierenden ins Gespräch zu kommen, mit zwei, drei jüngeren Frauen, deren Empörung ich zum Teil nachvollziehen konnte. Sie sind vielleicht Mütter, dachte ich, und gerade Familien mit Kindern hatten in den vergangenen Monaten viel erleiden müssen. Über all das hätte ich gerne mit den Demonstrantinnen und Demonstranten gesprochen. Aber mit den meisten ließ sich nicht diskutieren. Ihnen ging es gar nicht um einzelne Maßnahmen, sondern um das Grundsätzliche: »Wir wollen, dass der Spuk vorbei ist.«

Ja, das wollten wir alle, das wollte auch ich. Aber so einfach war es leider eben nicht. Das Gedränge wurde immer dichter. Zwischen den schreienden Menschen und mir hatten sich die BKA-Beamten aufgebaut, über deren Schultern ich jetzt rief: »Können wir mal reden?«

Und tatsächlich reagierten einige im ersten Moment auf mich, aber ein Gespräch ließ sich nicht führen. Um uns herum war zu viel Lärm, Trillerpfeifen, Krawall, Bespucken, und was ich zu hören bekam, waren Beschimpfungen, Pöbeleien, Verschwörungsfetzen. Am Ende dachte ich, das bringt jetzt alles nichts, lass uns hier verschwinden. Es war traurig. Diese Erfahrungen klingen bis heute in mir nach.

Man hat es mir in dem Moment nicht angemerkt, aber wenn ich mich heute in die Situation zurückversetze, muss ich sagen: Das war der Moment, in dem ich mich zum ersten Mal wirklich bedroht gefühlt habe. Die schiere Übermacht und Aggressivität der Protestierenden war beängstigend. Sie umringten uns mit einem Abstand von keinem halben Meter, abgehalten nur von den wenigen Personenschützern direkt um mich herum.

So eine Szene hat es dann nie wieder gegeben, die Schutzmaßnahmen wurden nach diesem Tag erhöht. Von nun an war stets eine ausreichende Zahl von Polizistinnen und Polizisten in Bereitschaft, wo immer ich öffentlich auftrat. Die Chance zum direkten Bürgerkontakt wurde dadurch leider gesenkt.

In Wuppertal mussten wir die Geschäftsstelle aus Sicherheitsgründen schließlich durch den Hinterausgang verlassen. Noch im Wegfahren legten sich Protestierende vor unserem Autokorso auf die Straße, die von den Ordnungskräften weggetragen werden mussten.

Die nächste Station an diesem Montag war Dortmund, wo ich mit einem Auftritt den dortigen OB-Kandidaten der CDU, Andreas Hollstein, unterstützen wollte. Das war keine öffentliche Veranstaltung, sondern die örtliche CDU hatte rund hundert Gäste aus dem Gesundheitswesen der Stadt in das Gebäude der Kassenärztlichen Vereinigung Westfalen-Lippe (KVWL) eingeladen. Auf der Autofahrt dorthin musste ich die Erlebnisse von Wuppertal erst mal verdauen. Ich hielt dann meine geplante Rede und beantwortete Fragen der Zuhörerinnen und Zuhörer, wir führten eine durchaus kritische und dennoch konstruktive Diskussion.

Draußen war die Lage ähnlich wie zuvor in Wuppertal: eine deutlich kleinere, aber ebenso wütende Gruppe von Menschen. Zum Teil erkannte ich einige Gesichter wieder, es war der harte Kern der Corona-Leugner, der mir quer durch Nordrhein-Westfalen hinterherreiste. Das fand ich dann doch erstaunlich: So verworren und konfus die Corona-Leugner mir in ihren Argumentationen erschienen, ihr Protest war gut organisiert und orchestriert.

Als ich das Gebäude der KVWL verließ, flankiert von den Personenschützern, lief ich schnellen Schrittes zurück zu meinem Dienstwagen. Da kam es zu folgender Situation: Einer der Personenschützer hatte vorsorglich schon die hintere Wagentür für mich geöffnet, damit ich schnell einsteigen und wir abfahren konnten. In der Sekunde sprang ein Mann heran, stellte sich in die geöffnete Tür und versperrte mir den Weg. Es war ein Mann in den Zwanzigern, etwas füllig, mit Brille, sein Gesicht kam mir bekannt vor, er war schon bei anderen Veranstaltungen aufgetaucht. Nun stand er dort in der Tür, holte einen Stapel vollbeschriebener Notizblätter hervor und begann, davon abzulesen. Ein Pamphlet gegen Corona-Maßnahmen, dachte ich, aber was genau er vortrug, war kaum zu verstehen. Er ignorierte alle Aufforderungen der Sicherheitsleute, wegzugehen, und las stoisch weiter von seinen Zetteln ab. Nach einem Moment, der mir vermutlich länger vorkam, als er war, griffen die Beamten ein und trugen ihn weg.

So harmlos er aussah, geheuer war mir diese Situation nicht. Ich stand nur etwa einen Meter von ihm entfernt. Was hätte passieren können, wenn er ein Messer dabeigehabt hätte?, ging es mir auf der Rückfahrt durch den Kopf. Aber ich verdrängte den Gedanken schnell wieder: »Es bringt ja nichts«, dachte ich, »dann wirst du verrückt. Wenn du dieses Karussell im Kopf beginnen lässt, kannst du bald gar keinen Kontakt mehr mit irgendjemandem haben.«

Das alles geschah an besagtem 24. August 2020, den ich hier exemplarisch für die vielen anderen Tage schildere, die ähnliche Erfahrungen brachten. Die emotional aufgeladenen Wahlkampftermine in Nordrhein-Westfalen gingen noch zwei Wochen weiter, und ein Jahr später, im August und September 2021, folgten über hundert Wahlkampfveranstaltungen quer durch Deutschland im Bundestagswahlkampf. Durch die Impfdebatte verhärteten sich die Fronten noch weiter. Öffentliche Auftritte waren körperlich anstrengend, an manchen Tagen hielt ich sechs oder sieben Reden und immer gegen ein Trillerpfeifenkonzert, dessen Urheber manchmal nur fünfzig Meter entfernt standen.

Um das Gefährdungspotenzial zu verringern, verlegte man später die meisten Veranstaltungen in Innenräume, soweit es nach Corona-Regeln möglich war. Eine Veranstaltung in Münster im August 2020 hätte ursprünglich in einem Biergarten stattfinden sollen. Über ihre Social-Media-Kanäle hatten die Corona-Leugner besprochen, den Biergarten »abzufackeln«. Daraufhin wurde die Veranstaltung kurzfristig verlegt.

Ich erinnere mich an eine Szene Ende August 2020 im rheinländischen Bergisch Gladbach. Da standen auch junge Eltern auf der Demo, dreißig- bis fünfunddreißigjährige Männer und Frauen, manche hatten sogar ihre Kinder dabei. Als ich an ihnen vorbei zu meinem Auto ging, fingen auch sie an zu schreien: »Kindermörder, Kindermörder!« Sie waren wütend, weil ihre Kinder in der Schule Masken tragen mussten. Nordrhein-Westfalen hatte damals, nach dem Ende der Sommerferien, als erstes Bundesland in Deutschland eine Maskenpflicht für Schülerinnen und Schüler eingeführt.

»Lassen Sie uns doch reden«, rief ich den Eltern zu, »schreien hilft ja nicht.«

»Ich schreie, wann ich will«, war die Antwort.

Ich machte eine Handbewegung, um zu signalisieren, dass ich mit ihnen reden wollte. Die Protestierenden aber dachten wohl: Jetzt macht er den Schweigefuchs. Oder: Jetzt will er uns den Mund verbieten.

»Hau ab«, schrien sie.

Und ich sagte: »Ich hör zu, ich bin jetzt hier, wollen wir mal reden?«

Ich weiß, dass ich die Sicherheitsleute jedes Mal aufs Neue zur Verzweiflung brachte, wenn ich zu den Demonstrantinnen und Demonstranten rüberging. Aber ich versuchte zu verstehen, warum die Menschen so durchdrehten. Ich wollte wirklich hören, was sie so aufbrachte. Aber ich konnte nicht zu ihnen durchdringen.

Ich habe mich manches Mal gefragt, ob es vernünftiger wäre, den Wahlkampf zu verkürzen, also weniger Auftritte zu absolvieren. Denn der Aufwand – von den Vorkommandos des BKA über die Hundertschaften der Polizei bis zu den Reiterstaffeln und Spürhunden –, der zur Sicherung der meisten Veranstaltungen und für die Sicherheit der dort Anwesenden betrieben werden musste, war enorm. Dagegen stand aber ein Argument, das für mich den Ausschlag gab, weiterzumachen wie geplant: Es konnte und durfte nicht sein, dass die Krawallmacher, Schreihälse und Corona-Leugner darüber entscheiden, ob und in welcher Form der demokratische Wahlkampf in Deutschland stattfinden kann.

Ich war nicht der Einzige, der in dieser Zeit Hass und Gegenwind abbekam. Immer wieder, bis heute, muss ich an all die Bundestagskolleginnen und -kollegen und die zahllosen Engagierten in der Lokalpolitik, in meiner eigenen, aber auch in anderen Parteien denken, die damit umgehen müssen und trotzdem nicht aufgeben. In unserer Zeit ein politisches Amt zu haben, egal ob im Bund, im Land oder im Gemeinderat, und damit für seine Mitmenschen Verantwortung zu übernehmen und die Zukunft mitzugestalten, ist ein ständiger Kraftakt – und es ist manchmal sogar gefährlich. Jede politisch engagierte Person, sei es eine Bürgermeisterin, ein Landrat oder ein Bundesminister, ist auch nur ein Bürger, die oder der sich entschlossen hat, Verantwortung für das Gemeinwohl zu übernehmen. Wir, ich, wurden oft nicht mehr als Person wahrgenommen, sondern als Projektionsfläche für die Ablehnung einer bestimmten Politik.

Diese Entmenschlichung, diese Unversöhnlichkeit, diese Härte macht mich nachdenklich, und sie tut unserem Land und unserer Zeit nicht gut. Und sie hindert viele Menschen daran, sich politisch zu engagieren. Wie viele wertvolle Talente und Ideen uns dadurch als Gesellschaft wohl verloren gehen?

Unter dem Eindruck dieser Ereignisse twitterte ich am 31. August 2020: »Miteinander diskutieren, das ist Demokratie. Brüllen und beleidigen ist es nicht …«[47] Es wurde zu einem meiner erfolgreichsten Tweets. Und es zeigte mir: Ich hatte den richtigen Ton getroffen, viele im Land sehen es genauso. Ein ermutigendes Gefühl.

Die Maske war zu dem Zeitpunkt längst zum Symbol und Streitobjekt gleichermaßen geworden. Für die einen – und hier reden wir von der großen Mehrheit der Deutschen – ein manchmal lästiger, aber notwendiger gegenseitiger Schutz vor Infektion, für die anderen – diejenigen, die mich als Mörder oder Autokrat beschimpften – war sie ein Symbol für Unterdrückung und Freiheitsberaubung. Nicht nur auf Elternabenden an Schulen und Kindergärten wurde über diese Frage ein erbitterter Streit geführt. Und ja, auch mich nervt das Maskentragen manchmal. Aber es war und ist immer noch das einfachste Mittel, um sich und andere zu schützen – und von allen denkbaren Maßnahmen bleibt diese die am wenigsten einschneidende.

»Spahns Ermächtigungsgesetz«

Erste Anzeichen der Entfremdung einiger Bürgerinnen und Bürger von ihrem Staat zeigten sich bereits sehr früh in der Pandemie. Mir sind sinnbildlich zwei Straßenszenen in Erinnerung. Die erste ereignete sich am 22. Februar 2020, ich hatte mich an diesem Samstagmittag auf dem Weg ins Ministerium mit einem Journalisten in einem Berliner Restaurant zu einem kurzen Mittagessen verabredet. Wir wollten uns austauschen, ein sogenanntes Hintergrundgespräch, das man als Politiker gelegentlich führt, um Journalistinnen und Journalisten Hinter- und Beweggründe umfassender darzulegen, als es die alltägliche Medienhektik in der Regel erlaubt. Nach einer knappen Stunde endete das Treffen. Wir waren gerade dabei, uns auf der Straße zu verabschieden, als uns aus dem Lokal ein fremder Mann nachstürmte und anfing, mich zu beschimpfen. Wie ich es wagen könne, hier zu sitzen und Kaffee zu trinken, während das Virus wüte, ich solle gefälligst arbeiten, anstatt hier rumzusitzen.

In diesem Ton ging es immer weiter. Der Mann, er hatte einen österreichischen Akzent, steigerte sich in eine Wutrede hinein und wurde immer lauter. Ein Gespräch war nicht möglich. Bevor das jetzt hier entgleitet, dachte ich, sollte ich verschwinden. Ich winkte ein Taxi heran, sprang hinein und bat den Fahrer, mich ins Ministerium zu fahren. Das sollte es aber noch nicht gewesen sein. Der Mann war zwischenzeitlich in seinen Porsche gestiegen und verfolgte uns durch die Berliner Innenstadt. Er fuhr mal links und mal rechts neben dem Taxi her und starrte hasserfüllt zu mir rüber. Der Taxifahrer beobachtete das alles. »Ich kenne Sie doch«, sagte er.

Und ich: »Sehen Sie den Wagen neben uns? Der verfolgt uns schon die ganze Zeit.«

Ich solle mir keine Sorge machen, meinte der Fahrer, mit so Typen kenne er sich aus. »Ich weiß, wie man Verfolger abhängt.«

Und dann gab er Gas und hängte den Porschefahrer kurz vor der Berliner Siegessäule ab. Ich hatte schon viel erlebt, aber das war eine neue, befremdliche Erfahrung.

Eine weitere Straßenszene in Berlin trug sich am 18. November 2020 zu. Bundestag und Bundesrat entschieden an diesem Tag über das 3. Gesetz zum Schutz der Bevölkerung bei einer Epidemischen Lage von nationaler Tragweite, mit dem unter anderem das Infektionsschutzgesetz überarbeitet wurde. Mit dem Gesetz wurden erstmals detailliert die Voraussetzungen und der Umfang der einschränkenden Maßnahmen geregelt, die die Länder im Falle der Feststellung einer Epidemischen Lage von nationaler Tragweite erlassen konnten. Am Vormittag hielt ich dazu eine Rede im Bundestag, wo das Gesetz mehrheitlich verabschiedet wurde. Anschließend fuhr ich zum Bundesrat, der in einer Sondersitzung seine Zustimmung gab. Danach wurde das Gesetz durch den Bundespräsidenten unterzeichnet. Dass ein Gesetz alle drei Verfassungsorgane bis zu seiner Verkündung an nur einem Tag durchläuft, kommt nicht besonders häufig vor und zeigt seine besondere Bedeutung.

Gegen das Gesetz formierte sich damals heftiger Widerstand. Die Fahrt vom Reichstagsgebäude zum Sitz des Bundesrats in der Leipziger Straße ist unter normalen Umständen eine Angelegenheit von weniger als zehn Minuten. An diesem Mittwoch sah die Welt aber anders aus, und aus der kurzen Strecke wurde die unangenehmste Autofahrt durch Berlin, die ich je erlebt hatte. Überall auf den Straßen rund um den Reichstag Massen an Menschen, Zehntausende Demonstranten strömten aus allen Himmelsrichtungen herbei, begleitet von einem massiven Polizeiaufgebot. Hubschrauber kreisten, Wasserwerfer fuhren auf. Die Stimmung kochte hoch. Nur über Umleitungen und dank Straßensperrungen erreichten wir das Gebäude des Bundesrats. Unterwegs sah ich Plakate der Demonstranten, auf denen zu lesen war: »Spahns Ermächtigungsgesetz«.

Es war sehr befremdlich, all diese wütenden Menschen auf den Straßen zu sehen und zu wissen, sie demonstrieren in dem Glauben, die Demokratie würde abgeschafft. Dass bei den Protesten die Regenbogenflagge neben der Reichskriegsfahne wehte, irritierte mich auch sehr. Den historisch vorbelasteten Begriff des Ermächtigungsgesetzes, also jenes Gesetzes, mit dem Hitler 1933 faktisch die demokratische Gewaltenteilung endgültig beendete und zum Alleinherrscher wurde, im Zusammenhang mit einem verfassungsgemäß verabschiedeten Bundesgesetz zu verwenden zeigte, wo die Debatte in Teilen der Bevölkerung mittlerweile angekommen war. Das bereitete mir große Sorgen.

Die Flut an Anrufen und E-Mails, die tagtäglich bei meinen Mitarbeiterinnen und Mitarbeitern im Bundestagsbüro und im Ministerium ankam, war immens. In der Corona-Hochphase erhielt ich knapp tausend direkt an mich gerichtete E-Mails am Tag, ein großer Teil davon voll mit Beschimpfungen und Hetze. Fast jede Woche gab es darunter konkrete Drohungen gegen meine Mitarbeiter und mich, die mein Team an die Sicherheitsbehörden weiterleitete. Hinzu kamen Unmengen an

Briefen. Das, was wir beim Öffnen der Post zu sehen bekamen, war häufig unter der Gürtellinie – oder schwulenfeindliche und verfassungswidrige Hetze. Tauchten Briefe mit auffälligem Inhalt auf, wurde die Polizei informiert. Mal steckten Kabel oder Spritzen im Umschlag, mal rieselte Pulver heraus. Manche dieser Briefsendungen wurden von einer Spezialeinheit unter höchsten Sicherheitsvorkehrungen untersucht. Ich bin meinen Büroteams im Bundestag und im Ministerium sehr dankbar, dass sie das alles ausgehalten haben und dabei nie ihren Optimismus im Umgang mit Bürgerpost verloren haben.

Gleichzeitig ist es wichtig, immer wieder darauf hinzuweisen, dass es eine Minderheit war, die unsere Politik ablehnte. Darauf wies ich – nach meiner wegen der Demonstrationen verspäteten Ankunft – in meiner Rede im Bundesrat hin: »Auch wenn sie laut und aggressiv sind, ist es wichtig, sich immer zu vergegenwärtigen: Das ist nicht die Mehrheit. Die große Mehrheit der Bürgerinnen und Bürger trägt unsere Maßnahmen nicht nur mit, sie lebt sie jeden Tag. Denn in Wahrheit könnten wir mit keinem Zwang das erreichen, was in einer solchen Pandemie notwendig ist, nämlich dass die Bürgerinnen und Bürger aufeinander achtgeben *wollen*, sich schützen *wollen*, Maske tragen nicht nur für sich, sondern vor allem für die Gesundheit anderer.«

Die zunehmende Polarisierung war ein Grund dafür, warum ich mich an diesem 18. November 2020, noch bevor ein Covid-19-Impfstoff verfügbar war, im Bundestag festlegte: »Ich gebe Ihnen mein Wort: Es wird in dieser Pandemie keine Impfpflicht geben.«[48]

Niemand muss mich über den Nutzen von Impfungen aufklären, ich hatte kurz vor Pandemiebeginn die erste verpflichtende Impfung in Deutschland seit 1874 durchgesetzt: die Masernimpfung als Voraussetzung für den Besuch von Kindergärten, Schulen und Gemeinschaftseinrichtungen. Aber angesichts der bereits zum damaligen Zeitpunkt sichtbaren Spannungen in der Gesellschaft war ich überzeugt, dass die schon diskutierte Einführung einer verpflichtenden Impfung in dieser Pandemie die Polarisierung weiter verstärken und aus Spannungen Spaltungen werden lassen würde. Denn rund um das Thema Impfungen gab es bereits vor der Pandemie allerlei Verschwörungstheorien und -mythen. Ich habe meine Position in dieser Frage bis heute nicht verändert und bin weiterhin der Überzeugung, es wäre für den Zusammenhalt besser, offensiv auf Überzeugung und Freiwilligkeit zu setzen statt auf Zwang.

Wenn sich die Gesellschaft spaltet

Über die Rolle der sozialen Medien in der Pandemie und wie diese die Polarisierung verstärkt haben, werden Experten und Wissenschaftler noch ganze Bücher füllen. Ich habe zeitweise die Twitter-App von meinem Handy gelöscht, weil ich keine Lust mehr hatte, mir die Laune von unflätigen Kommentaren und mehreren parallel laufenden Shitstorms verderben zu lassen. Sobald ich ins Auto oder in den Fahrstuhl stieg, hatte ich immer gleich nachgeschaut, was bei Twitter los ist. Wenn man sich aber von den verkürzten, emotionalen Debatten auf Twitter absorbieren lässt, schadet das auch der eigenen Urteilskraft. Zumal ich über die Zeit die Erfahrung gemacht habe, dass das, was bei Twitter scheinbar ein Riesenaufreger ist, außerhalb dieser Blase, im »echten Leben«, kaum jemanden erreicht oder beschäftigt. Und in der Sache selbst ist es häufig keinesfalls entscheidend.

Es gab wahrscheinlich selten eine Krise und noch nie eine Krankheit, über die medial so viel und intensiv berichtet und aufgeklärt wurde. Wer sich informieren wollte über die ganze Breite möglicher Einschätzungen und Bewertungen, konnte das jederzeit tun. Gleichzeitig gab und gibt es eine kleine, aber laute Minderheit, die sich in ihren eigenen »Informationsblasen« eingerichtet hat, nur hören will, woran sie eh schon glaubt, und die wir mit unserer Kommunikation und unseren Informationen von offizieller Seite nicht mehr erreichen.

Der Riss durch die Gesellschaft ging und geht teils auch durch die Familien. Ich habe es zum Glück nicht selbst erlebt, aber ich weiß von Familien, in denen ab einem gewissen Zeitpunkt über die Pandemie gar nicht mehr gesprochen werden konnte, weil jedes Gespräch darüber zu erbittertem Streit führte. Ein Hausarzt berichtete mir von einem Ehepaar, bei dem der eine nicht wissen durfte, dass die andere sich heimlich gegen Covid hatte impfen lassen. Für den Impfgegner in der Ehe wäre das ein Scheidungsgrund gewesen.

Wir haben zu oft Mauern aus Glaubenssätzen und unverrückbaren individuellen Wahrheiten zwischen uns errichtet. Wir sollten sie öfter mal niederreißen und schauen, was dahintersteckt. Was für eine Debattenkultur brauchen wir in einer pluralen offenen Gesellschaft? Eine gute Debatte sollte durchaus kontrovers, aber fair im Umgang sein. Sie sollte die Unterschiede deutlich werden lassen und zugleich abwägend Maß und Mitte suchen. Eine gute Debatte sollte unterschiedliche Meinungen aushalten und dabei offen sein für die Suche nach einem Kompromiss. Die in der Debatte vorgetragenen Positionen sollten von Überzeugung getragen sein, aber nicht von unerschütterlichem Glauben beseelt. Und am Ende einer guten Debatte sollte eine Entscheidung stehen.

Dabei ist es wichtig, immer wieder deutlich zu machen, dass demokratische Politik keine Wahrheiten verkündet, sondern Interessen und Alternativen abwägt und dann entscheidet. Das

Wort »alternativlos« habe ich aus meinem Wortschatz gestrichen, denn nichts im Leben ist alternativlos. Die Frage lautet immer: Was ist die *bessere* unter verschiedenen Alternativen?

In Kauf zu nehmen und es auszuhalten, dass die Dinge manchmal ambivalent statt eindeutig sind, ist vielleicht meiner katholischen Prägung geschuldet. Zum Katholischsein gehört das »et – et«, ein Sowohl-als-auch. Die Einsicht, dass es eben nicht immer nur Schwarz oder Weiß gibt, sondern unauflösbare Widersprüche und vielfältige Schattierungen zum menschlichen Wesen gehören. So sind wir Menschen: Stets nach Perfektion strebend und doch sehr fehlbar zugleich. Ein solches Grundverständnis kann die Debattenkultur fördern.

Bei öffentlichen Veranstaltungen habe ich oft erlebt, dass mich jemand kritisiert und sich im gleichen Satz dafür entschuldigt, dass er das tut: »Ich weiß nicht, ob ich das hier sagen darf, aber …«

»Sie dürfen nicht nur«, antworte ich dann, »ich finde, Sie sollten sagen, was Sie denken, damit wir hier über das sprechen, was Sie und wahrscheinlich auch andere beschäftigt.«

Fast die Hälfte der Deutschen hat im Juni 2021 in einer Allensbach-Umfrage angegeben, sie traue sich selbst im Familien- und Freundeskreis nicht mehr, die Dinge so auszusprechen, wie sie sie sieht. Das ist für eine offene plurale Demokratie ein erschreckender Befund. Auch wenn wenig dafür spricht, dass die Meinungsfreiheit in unserem Land tatsächlich bedroht ist, muss uns allein die Tatsache, dass viele Menschen eine Bedrohung ihrer Meinungsfreiheit verspüren, zu denken geben. Es ist die Verantwortung der Bürgergesellschaft insgesamt sowie aller Bürgerinnen und Bürger, das Recht zur freien Meinung und Rede auszuüben. »Sagen, was ist«, muss der Leitsatz unserer Debatten sein. Gerade in Krisenzeiten. Das heißt: Wer sein Recht zur Meinung und Rede ausübt, muss immer mit Gegenmeinung und Gegenrede rechnen, die nicht weniger Anspruch darauf hat, zu »sagen, was ist«.

Demokratisches Miteinander lebt von diesem offenen Raum, in dem wir frei sagen können, was wir denken, fühlen, glauben, beobachten. Ich habe das in Veranstaltungen zum Prinzip gemacht. Viele trauen mir das nicht zu, weil sie mich für einen groß gewachsenen westfälischen Sturkopf halten. Aber ich denke, ein gutes Gespür dafür zu haben, was für eine Dynamik innerhalb einer Gruppe von Menschen herrscht. Wer wie ich in jungen Jahren merkt, dass er als schwuler Mann anders ist als die anderen, entwickelt einen feinfühligen Sensor für das, was um ihn herum passiert. Ich bin unbewusst seit Jugendjahren darauf trainiert, zu checken, wer es gut mit mir meinen könnte und wer nicht. Und so spüre ich meistens während einer Diskussion, bei wem es im Publikum innerlich brodelt. Manchmal spreche ich die betreffende Person direkt an: »Wie sehen Sie das denn?« Weil ich möchte, dass alles auf den Tisch kommt.

Dabei gibt es einen Unterschied zwischen Toleranz und Respekt für andere Meinungen. Das geht häufig durcheinander. Ich toleriere, dass in unserer freien Gesellschaft jemand Corona leugnet oder Putin verehrt. Aber ich respektiere es nicht und muss es schon gar nicht unterstützen. Diesen Unterschied zwischen Toleranz, Respekt und offener Unterstützung sollten wir wieder bewusster praktizieren – als Gesellschaft, in der Politik und in unseren Familien.

Wenn allerdings Tatsachen in Glaubensfragen umgedeutet werden, ist jede weitere Diskussion schwer. Ich habe oft den Satz von Kritikern gehört: »Ich glaube Ihnen nicht, Herr Spahn!« Meistens wurde der Satz mehr gebrüllt als gesprochen.

»Ihren Glauben kann ich nicht erschüttern, darüber brauchen wir nicht zu diskutieren«, war meine Antwort.

Über die Frage, was folgt aus den Fakten, darüber kann und

muss man sich auseinandersetzen. Das sind zwei Paar Schuhe: hier die tatsächliche Erkenntnis, dort die politische Handlungsentscheidung. Diese Differenzierung, denke ich, funktioniert immer weniger, nicht nur beim Thema Corona. Allzu häufig wird sie geradezu mutwillig niedergerissen. Das habe nicht nur ich erlebt, sondern zum Beispiel auch viele Wissenschaftlerinnen und Wissenschaftler.

Wenn alles zur Glaubensfrage wird, keine Fakten mehr gelten, hat die Gesellschaft kein Fundament. Deshalb müssen wir als Demokraten für die Anerkennung von Fakten als Ausgangspunkt jeder politischen Debatte besonders kämpfen, mehr als für unseren Glauben.

Never complain, never explain

Wenn ich gefragt werde, ob ich im Umgang mit der Öffentlichkeit vorsichtiger geworden bin oder ob mir die Berichterstattung irgendwann egal war, muss ich sagen: Beides ist richtig. Am Ende habe ich es genommen, wie es war, und konnte nur versuchen, die Kritik durch hartes Arbeiten und gute Ergebnisse wettzumachen. Als Politiker habe ich gelernt, Ärger runterzuschlucken und mich für den Gegenwind dick anzuziehen. Gelegentlich musste ich an ein Zitat des früheren Außenministers Joschka Fischer (Grüne) denken: »Die These, es macht mir nichts aus, die nehme ich keinem ab. Wie hart einer ist im Nehmen, heißt ja nicht, dass es nicht wehtut.«[49]

»Never complain, never explain«, dieses stoische Motto des früheren britischen Premierministers Benjamin Disraeli tauschten die Kanzlerin und ich angesichts mancher heißgelaufenen medialen Debatte gelegentlich aus. So habe ich gelernt, Angriffe nicht persönlich zu nehmen und die medialen

Wellen über mich hinwegrollen zu lassen. Nicht immer gelten Angriffe einem selbst als Person, sondern dem Amt, das man innehat. Das ist Erleichterung und Verantwortung zugleich, schließlich muss man als Amtsträger die Folgen für das Amt genauso im Blick haben – am Ende steht immer das Amt über der eigenen Person.

Meine Mutter fragte mich im Frühjahr 2021, wie ich mit der ganzen Situation und dem Druck umgehe. Ich antwortete ihr, sie solle sich keine Sorgen machen, ich würde das alles gut wegstecken. Und dann sagte ich: »Ich verliere nicht schnell den Halt und halte ziemlich viel aus, ohne dass es mich umhaut. Und daran habt ihr, daran hat die Art, wie ihr uns großgezogen habt, einen Riesenanteil. Das weiß ich, und dafür bin ich sehr dankbar.« Ich musste wohl erst über vierzig Jahre alt werden, um das zu erkennen – und um es auszusprechen. Denn der Westfale in mir wird (zu) selten so emotional.

Diese hohe Grundresilienz hat mir oft über schwere Tage geholfen. Und davon gab es in den Zeiten der Pandemie viele. Egal, wie es hinter der Fassade aussah, bei öffentlichen Auftritten blieb ich meist ruhig, gelassen, besonnen und ließ mir meine Gefühlslage nicht anmerken. Das wäre weder angemessen noch professionell gewesen. Für mich waren die zwei Jahre der Krise eine große Bewährungsprobe. Ob ich sie bestanden habe, darüber mögen andere richten. Einerseits die heftigen Debatten, die permanente Öffentlichkeit, die Angriffe und Vorwürfe, die mediale Begleitung. Andererseits die Chance, in einer so wichtigen Phase der deutschen Geschichte mitzugestalten, Entscheidungen zu treffen, die weitreichende Folgen haben und einen positiven Unterschied für viele Menschen machten. Ich denke, das alles hätte ich ohne diese Resilienz nicht so hinbekommen.

Als ich kürzlich bei meinen Eltern zu Besuch war, fiel mir

der Klassiker *Sorge dich nicht – lebe!* von Dale Carnegie in die Hände, und ich fing an, darin zu lesen. Der Untertitel lautet »Die Kunst, zu einem von Ängsten und Aufregungen befreiten Leben zu finden«, die Lebenstipps und Weisheiten in dem Buch sind im Grunde simpel, aber sehr wahr. »Ärgere dich nicht über Dinge, die man nicht ändern kann«, ist einer dieser Sätze von Carnegie. Stimmt, kann ich nur sagen.

Natürlich arbeiten manche Fragen immer mal wieder in mir: Was hätte ich besser machen können? Was wäre gewesen, hätten wir Masken zwei Wochen früher beschafft oder die Schulen nicht geschlossen? Wenn wir die zweite Welle früher gebrochen hätten? Was wäre, wenn ich nicht nach Leipzig gefahren wäre oder die Bürgertests zurückhaltender angekündigt hätte? Wenn ich mich aus dem Wettbewerb zwischen Armin Laschet und Friedrich Merz um den Parteivorsitz herausgehalten hätte? Die Liste ließe sich fortsetzen. Doch dann komme ich an den Punkt, an dem ich denke: »Hör auf, hilft alles nichts, macht dir nur schlechte Laune.«

Zu Hause eine beständige Basis zu haben, auf die man sich verlassen kann, gab mir Kraft, gerade in den Phasen, in denen es persönlich schwierig war. Bei der Bundestagswahl 2021 habe ich erneut das Direktmandat meines Wahlkreises gewonnen. Dass trotz aller Kritik die Menschen daheim zu mir standen und stehen, ist keine Selbstverständlichkeit. Das ist ein Anker, der hält, egal wie heftig der politische Sturm auch weht. Denn es ist wie immer im Leben: Wenn zu Hause die Dinge nicht in Ordnung sind, kannst du nicht frei in die weite Welt hinausgehen. Du brauchst deine Basis, dein Fundament, deine Heimat. Dazu gehören Menschen, die an dich glauben, dich nehmen, wie du bist, und dir eine Chance geben. Mit dieser Gewissheit bin ich in unserem kleinen katholischen Dorf im Münsterland aufgewachsen, wo Kirche, Kindergarten, Grundschule, Gaststätte und Sportplatz, ja, wo im Grunde alles, was das gesellschaftliche Leben ausmacht, in maximal zehn Minuten zu Fuß erreichbar war. Auch das ist eine Form von Freiheit.

Ein falsches Signal

Heimat, ein Ort der persönlichen Ruhe und Freiheit: Das sollte für meinen Mann und mich auch unser neues gemeinsames Zuhause werden. Eigentlich. Denn wir hatten die Lage falsch eingeschätzt. Als wir im Sommer 2020, in der Hochphase der Pandemie, ein Haus in Berlin kauften, war das – ich kann es nicht anders sagen – ein wirklich schlechter Zeitpunkt und so gesehen ein Fehler.

Wie es dazu gekommen war? Als Spitzenpolitiker hat man kaum noch so etwas wie Privatheit. Es ist in Ordnung, wenn man überall erkannt, fotografiert und be- oder verurteilt wird. Niemand hat mich gezwungen, in die Politik zu gehen. Wir suchen die Öffentlichkeit und wollen von den Wählerinnen und Wählern gesehen, gehört, wahrgenommen und schließlich gewählt werden. Umso wichtiger sind dann aber die eigenen vier Wände. Der einzige Rückzugsort, an dem man tun und lassen kann, was man möchte. Ohne ständig daran denken zu müssen, gleich könnte jemand sein Handy zücken und dich in einer unvorteilhaften Situation filmen.

Als Spitzenpolitiker in der Öffentlichkeit zu stehen, erfordert Disziplin und Selbstbeherrschung. Das kann für andere manchmal wie eine Panzerung wirken. Und in gewisser Weise ist es das auch, ein Schutzpanzer. Meine wichtigste Regel war: Sobald die Haus- oder Autotür aufgeht, musst du eine Grundspannung haben. Kein komischer Gesichtsausdruck, keine komischen Bewegungen, auf Provokation und Kritik freundlich reagieren, auf Lob bescheiden. Im politischen Betrieb können die kleinen Dinge medial eine enorme Wirkung entfalten. In Zeiten von Social Media ist das noch mal härter geworden.

Zu welchem Zeitpunkt des Tages ist man am verwundbarsten? Wenn man seine Wohnung verlässt oder abends zu ihr zurückkehrt. Denn das macht man jeden Morgen, wenn man zur Arbeit fährt, jeden Abend, wenn man heimkehrt. Das immer gleiche banale Ritual. Wenn mich also jemand ganz sicher »erwischen« wollte, mit welcher Absicht auch immer, musste er nur vor meiner Haustür in einer dicht bebauten Seitenstraße warten. Dass ich ab dem 21. März 2020 rund um die Uhr von Personenschützern des BKA begleitet wurde, veränderte meinen Alltag und den meines Mannes grundlegend. Den Wunsch nach eigenen vier Wänden hatten wir schon seit einiger Zeit, jetzt wurde er konkret und dringlicher. Wir wollten an die frische Luft gehen können, ohne sofort auf dem öffentlichen Bürgersteig zu stehen, ohne sofort nach links und rechts sehen zu müssen. Hieß also: ein Haus mit Garten anstatt einer Wohnung in der dichten Stadt.

Wir fanden dann mit viel Glück das denkmalgeschützte, hundert Jahre alte, von außen eher unscheinbare Haus, das später wegen des vergleichsweise hohen Werts der Immobilie als »Villa« in die Schlagzeilen kam. Trotz allem bereue ich diesen Kauf nicht, als ausgebildeter Bankkaufmann sowieso nicht. Ich werde mich nicht dafür entschuldigen, dass wir dieses gemeinsame Zuhause haben. Es ist ein Ort, an dem wir uns wohl und sicher fühlen, an dem wir gemeinsam zur Ruhe kommen können und neue Kräfte sammeln. Gleichwohl war der Zeitpunkt politisch unklug, unsensibel. Bei vielen Leserinnen und Lesern trafen die absehbaren Schlagzeilen weder auf Wohlwollen noch Verständnis. Und dann folgte eine weitere Fehleinschätzung auf dem Fuß.

Wir hätten gegen die Berichterstattung über den Hauskauf nicht juristisch vorgehen sollen. Erstens gibt es bei Medien einen starken Abwehrreflex, wenn Politiker einen Anwalt bemühen. Verständlicherweise: Medien verteidigen ihre Freiheit zu berichten. Und als Politiker ist die Grenze zur Privatheit verschwommen, weil vieles an der Berichterstattung im öffentlichen Interesse ist oder damit zumindest begründet werden kann. Zweitens habe ich damit erst einen Anlass geschaffen, zu berichten. Man nennt das in der Branche den Streisand-Effekt. Die US-amerikanische Schauspielerin und Sängerin Barbra Streisand wollte gerichtlich verhindern, dass ein Foto ihres Hauses veröffentlicht wird – mit der Folge, dass Foto und Haus dadurch erst recht eine breite öffentliche Aufmerksamkeit erhielten. Ich habe denselben Fehler gemacht. Und das ärgert mich besonders, weil ich es eigentlich besser wusste. Eigentlich.

Rückblende 2015

Crashkurs in der Krise

Knapp drei Jahre, von Anfang Juli 2015 bis Mitte März 2018, war ich Parlamentarischer Staatssekretär beim Bundesminister der Finanzen. Das war damals Wolfgang Schäuble. Während dieser Phase bekam ich zum ersten Mal eine Krise von enormer politischer, wirtschaftlicher und internationaler Tragweite aus Regierungssicht mit: die damals noch schwelende Eurokrise und den Schlussakt um das bisher letzte Hilfspaket für Griechenland.

Als die Kanzlerin und Wolfgang Schäuble mich ins Finanzministerium beriefen, vertrat ich bereits seit dreizehn Jahren meinen Wahlkreis im Bundestag. Für die politische Welt war ich noch jung und zugleich irgendwie schon ein alter Hase. Ich hatte mir in der Gesundheitspolitik einen Namen gemacht. Parlamentarischer Staatssekretär, das war damals eigentlich nicht mein Karriereziel. Warum? Es gibt einen etwas zynischen Witz in Berlin, der in etwa so geht: »Eine Mutter hatte zwei Söhne, einer fuhr zur See, einer wurde Parlamentarischer Staatssekretär. Von beiden hat man nie wieder etwas gehört.«

Keine Frage, die Arbeit der Parlamentarischen Staatssekretäre ist wichtig, vor allem zur Vertretung des Ministers im parlamentarisch-öffentlichen Raum und als verlässliches Bindeglied des jeweiligen Ministeriums mit dem Parlament. Nur ist die öffentliche Wirksamkeit eine eingeschränkte, entscheidend ist, wie viel Spielraum der Minister einem lässt. Denn das letzte Wort hat naturgemäß immer der Chef oder die Chefin im Haus.

Bei Wolfgang Schäuble war ich mir allerdings sicher, er würde mir meinen Gestaltungsraum lassen, und ich würde viel lernen. Für Finanz- und Wirtschaftsthemen habe ich mich seit meiner Ausbildung zum Bankkaufmann immer sehr interessiert. In der Gesundheitspolitik war ich seit über einem Jahrzehnt fest verankert, und die neue Aufgabe gab mir die Chance, mich breiter aufzustellen. Im Bundesministerium der Finanzen konnte ich die Themen bearbeiten, die mir ein Anliegen waren. Das Ministerium ist riesig, ich lernte, wie eine Verwaltung dieser Größe funktioniert, wie alles ineinandergreift, bekam tiefere Einblicke, was Regieren bedeutet und was der Regierungsapparat mit den Menschen anstellt.

Im Finanzministerium arbeitete ich mit Wolfgang Schäuble an Themen wie dem ausgeglichenen Bundeshaushalt und der Einhaltung der Schuldenbremse, der Stabilität der Euro-zone oder der Förderung von digitalen Start-ups in der Finanzwirtschaft, sogenannten FinTechs. Eine meiner ersten Aufgaben, wenige Tage nach Amtsantritt, bestand darin, im Bundestag die nötige Mehrheit für das letzte große Paket zur Unterstützung des hochverschuldeten Griechenland in der Euro- und Schuldenkrise zu organisieren. Das war damals in der CDU/CSU alles andere als ein Selbstläufer. Mein Anspruch war, alle Fragen zu meinem Fachbereich auch selbst und aus eigenem Wissen beantworten zu können. Das Finanzminis-terium ist ein fachlich exzellentes Haus, und so lernte ich im Crashkurs von den Beamtinnen und Beamten alles, was ich brauchte, um in den Debatten zu bestehen. Insofern waren diese Jahre, inklusive der erwähnten Krise gleich zu Beginn, eine richtig harte Schule. Wobei ich meine Rolle hier nicht überhöhen möchte, ich war eine Randfigur, der Krisen-manager war Wolfgang Schäuble. Was ich von ihm gelernt habe, ist vor allem eines: Man muss in der Politik, bei aller Wichtigkeit von Details und Kleingedrucktem, die großen Linien stets im Blick behalten. Aus dem Alltags-Klein-Klein immer wieder einen Schritt zurücktreten und schauen, was auf mittlere und längere Sicht wirklich bedeutsam ist für das Land und seine Bürgerinnen und Bürger.

In dieser Beziehung hat Wolfgang Schäuble meinen Blick wirklich geschärft. Ich bewundere seine Fähigkeit, aus dem Vergangenen die Linien ins Heute zu ziehen und in schwieri-gen Situationen die Ruhe zu bewahren, auch wenn von allen Seiten Forderungen und Kritik auf einen hereinprasseln. Wenn ich damals mit einer als provokant wahrgenommenen Aussage zur Rente oder zur Steuerpolitik wieder mal Schlag-zeilen hervorgerufen hatte, dauerte es nicht lange, und der Chef rief an. Jetzt gibt's Ärger, ahnte ich. Aber dann besprach

Schäuble ein ganz anderes Thema mit mir, und ich dachte schon, war doch nicht so schlimm, da kommt ja gar nichts. Aber dann, kurz bevor wir uns verabschiedeten, sagte er fast nebenbei: »Und übrigens, Herr Spahn, das war jetzt vielleicht nicht ganz so gut.«

Mehr nicht. Und er wusste genau, dass ich wusste, was er mir sagen wollte. Er gab mir Raum, um zu wachsen, und zeigte zugleich die Grenzen auf.

Diese gesunde Balance findet man nicht oft in der Politik. Ein bisschen mehr davon würde uns allen ganz guttun. Dass wir einander mehr zutrauen und vertrauen!

VI.

Souverän werden ist das Gebot

Schlussfolgerungen für das kommende Jahrzehnt

Vielleicht hatten wir in Politik und Gesellschaft nach dem Fall der Mauer und mit dem Ende des Kalten Krieges zu häufig das Gefühl, es läuft schon alles irgendwie. Und es ging ja auch in den letzten zwanzig Jahren scheinbar stetig aufwärts: mehr Wachstum, mehr Wohlstand, weniger Arbeitslosigkeit, zudem Sicherheit, Frieden und Stabilität in unserer europäischen Nachbarschaft. Selbst die Finanzkrise, die Eurokrise und die Migrationskrise haben das Selbstbild der meisten Deutschen nur kurzzeitig erschüttern können.

Wir verkauften unsere Maschinen »Made in Germany« in die Welt. Von unseren Exporten, die oft nach China gehen, lebten wir gut. Billiges Öl und Gas für unsere Industrie lieferte Russland. Die USA garantierten für unsere Sicherheit, während wir die Bundeswehr eher stiefmütterlich behandelten. Dieses so viele Jahre erfolgreiche deutsche Geschäftsmodell funktioniert nicht mehr. Lieb gewonnene Gewissheiten haben sich aufgelöst. Noch vor Kurzem war für die meisten undenkbar, dass ein neues Virus wüten, unsere Kliniken zur Überlastung bringen und das ganze Land in einen Lockdown zwingen könnte. Ebenso undenkbar war, dass vor unserer europäischen Haustür ein barbarischer Angriffskrieg geführt würde, Strom und

Gas zu einem raren, kostbaren Gut machen und die Inflation in Rekordhöhen treiben würde. Umso größer ist die Erschütterung, unter der unser Land nun schon mehr als zwei Jahre, seit dem Beginn der Pandemie, leidet. Es ist an der Zeit, die richtigen Schlüsse für das beginnende Jahrzehnt daraus zu ziehen.

Abhängigkeit kann wehtun – Panik in den Apotheken

»Und was ist, wenn ich demnächst meine Medikamente nicht mehr bekomme? Wie soll das gehen?! Ich will *sofort* eine Jahresration ...«

Ich erinnere mich gut an die ersten Monate 2020, als viele Patientinnen und Patienten mit chronischen Erkrankungen panikerfüllt die Apotheken stürmten, weil sie Sorge hatten, ihre lebenswichtigen Medikamente könnten von heute auf morgen nicht mehr verfügbar sein. Auch vor der Apotheke in dem Haus, in dem wir wohnten, standen im März 2020 oftmals schon frühmorgens Menschen an, die verunsichert Rat und Unterstützung suchten. Mit dem harten Lockdown in China waren der weltweite Warenverkehr gestört und Lieferketten unterbrochen. Das hatte massive Auswirkungen auf die Versorgungssicherheit bei uns. Wenn in China Lockdown ist, können in der Apotheke in Schöneberg die Medikamente knapp werden. Das war eine neue, bittere Erfahrung für Deutschland.

Dass Menschen, die chronisch erkrankt waren, etwa an Krebs, HIV oder Diabetes, beim Lesen solcher Meldungen Angst bekamen, konnte ich gut nachvollziehen. Und auch, dass viele von ihnen daraufhin versuchten, sich sofort einen größeren Vorrat ihrer lebensnotwendigen Medikamente zu besorgen. Wenn sie diese in ihrer Apotheke nicht bekamen, reagierten sie mit Wut, Frust, Ärger oder Verzweiflung. Apotheker und Ärzte aus der ganzen Republik beschrieben mir solche Situationen.

Wir begannen im Ministerium, uns in verschiedenen Szenarien mit der Frage zu beschäftigen: Was machen wir, wenn Medikamente in Deutschland knapp werden und wir rationieren und zuteilen müssen? Was sind die Kriterien, was die Rechtsgrundlage? Woher bekommen wir Ersatz? Und vor allem: Was würde eine solche Erfahrung mit den Patientinnen und Patienten und mit dem gesamten Land machen? An eine solche Möglichkeit hatte bisher schlicht niemand gedacht. Nichts war für eine derartige Situation vorbereitet. Wir mussten in dieser Pandemie schmerzhaft erleben, wie abhängig wir in Deutschland und Europa von China waren.

Wirkstoffe für Arzneimittel, medizinische Schutzmasken, Desinfektionsmittel, Beatmungsgeräte – alles wurde zu irgendeinem Zeitpunkt in dieser Pandemie knapp und teuer. Und das meist »nur« deshalb, weil einer der Hauptproduzenten, die Volksrepublik China, im Lockdown war, während gleichzeitig die ganze Welt diese Produkte massenhaft nachfragte. Hier trafen ein Schock auf der Angebotsseite und eine plötzliche Steigerung auf der Nachfrageseite aufeinander.

Vor allem die Abhängigkeit von asiatischen Herstellern bei der Produktion von Medikamenten und ihren Wirkstoffen ist immens:

tagesschau.de, 07.06.2020: »*Während im Jahr 2000 noch 59 Prozent der Wirkstoffe in Europa produziert wurden und 31 Prozent in Asien, hat sich das Verhältnis mittlerweile umgekehrt: 2020 kamen 63 Prozent der Wirkstoffe aus Asien. Und dort gibt es lokal weitere Konzentrationsprozesse: In Indien werden diese Wirkstoffe vor allem in*

vier Bundesstaaten, in China vornehmlich in fünf Provin-
zen produziert – auch das macht Lieferketten anfällig für
Störungen.«[50]

Auf die Frage, wie und warum es überhaupt so weit kommen
konnte, gibt es zwei wichtige Antworten. Die erste ist simpel:
Wir wollten Geld sparen. Über Jahre und Jahrzehnte wurde in
Deutschland mit zunehmender Empörung die Frage gestellt,
warum die Preise für Medikamente bei uns so viel höher waren
als in vielen anderen Ländern, oftmals sogar höher als in unseren direkten Nachbarländern. Wer in einem TV-Talk oder
in einer Bürgerversammlung gegen die hohen Pharmapreise
in Deutschland wetterte, konnte sich des Applauses sicher
sein. Besondere Aufmerksamkeit erhielten in diesen Debatten zum einen die hohen Preise für sogenannte Generika. Das
sind Arzneimittel, die nach Patentablauf eines Markenpro-
dukts als Nachahmer auf dem Markt erscheinen. Hier herrschten in Deutschland trotz des Wettbewerbs mehrerer Anbieter
früher sehr hohe Preise. Zum anderen ging es um sogenannte
»Me too«-Arzneimittel. Bei diesen werden, vereinfacht gesagt,
zwar ein, zwei Moleküle verändert, ansonsten aber ist das neue
Medikament nicht besser als das bereits auf dem Markt verfügbare. Trotzdem erhielten diese Präparate wegen der geänderten
Moleküle erneuten Patentschutz, was dem Hersteller ermög-
lichte, höhere Preise zu verlangen.

Beide Probleme wurden zu Beginn der Zehnerjahre durch
neue gesetzliche Regelungen adressiert. Bei den Generika
zum Beispiel wurden Ausschreibungen eingeführt, bei denen
die Krankenkassen mit demjenigen Hersteller einen Vertrag
schließen, der das günstigste Angebot macht. Damals hoffte
man auf Preissenkungen von zwanzig, vielleicht dreißig Prozent. Im Kampf um Marktanteile gaben einige Hersteller aller-

dings Preisnachlässe von neunzig Prozent und mehr. Die Krankenkassen konnten ihr Glück kaum fassen. Jedes Jahr werden seitdem nach Schätzungen der Kassen bis zu fünf Milliarden Euro gespart.

Doch das Ganze hat eine Kehrseite: Wenn wir in Deutschland bei bestimmten Arzneimitteln nur noch bereit sind, Centpreise für eine ganze Packung zu zahlen, dann werden diese Produkte früher oder später in China und nicht mehr in Ulm oder Hamburg produziert.

Der zweite Grund für die Verlagerung der Wirkstoffproduktion in das asiatische Ausland sind höhere europäische Auflagen bei Umwelt, Chemikaliensicherheit oder Arbeitsbedingungen. Gerade wenn die Margen kleiner werden, bilden niedrigere Auflagen und damit Kosten leider einen entscheidenden Vorteil bei der Standortwahl.

Die Verlagerung von Produktionsstätten für Wirkstoffe und Arzneimittel an günstigere Standorte entspricht an sich dem Idealbild einer arbeitsteiligen, globalen Wirtschaftsordnung. Schließlich ergeben sich daraus in der Regel Chancen zum wirtschaftlichen Aufstieg im Land des neuen Standorts, gleichzeitig sinken für alle die Preise, und frei werdende Kapazitäten im Land des ehemaligen Standorts können für Innovationen eingesetzt werden. So entsteht, zumindest in der Theorie, ein Kreislauf des Fortschritts – mit Vorteilen für alle. Doch in der Pandemie führte ebendiese Arbeitsteilung in Verbindung mit der Störung der eingeübten Lieferketten zu einem großen und sehr konkreten Problem: Können wir im Fall der Fälle chronisch erkrankte Patientinnen und Patienten in Deutschland mit den lebensnotwendigen Medikamenten versorgen oder nicht?

Souverän werden – Wie wir uns aus Abhängigkeiten lösen

Das führt zur zentralen Lehre aus der Zeit der Pandemie: Wir müssen in Deutschland und Europa souveräner werden. Der russische Angriffskrieg auf die Ukraine und die dadurch ausgelöste Energiekrise sind eine brutale Bestätigung dieser Notwendigkeit. Wir sollten nicht so abhängig sein von einzelnen Staaten, schon gar nicht von autokratischen Regimen.

Das ist leichter gesagt als getan. Und es wird uns nicht von heute auf morgen gelingen. Denn das ist ein schwieriger Spagat: Souverän zu sein heißt nicht, autark sein zu wollen. Die Idee einer deutschen Autarkie – das hat bestenfalls etwas von einem verträumten Bullerbü, im schlechtesten Fall steckt darin nationaler Übermut. Das Motto »Wir produzieren wie beim regionalen Bio-Bauernhof wieder alles in der Heimat« mag sich gut anhören, ist aber für eine vernetzte, hochkomplexe moderne Industriegesellschaft wie unsere undenkbar. Zumal wir keine Insel sind, sondern mitten in Europa liegen. Abschottung wäre für uns als Exportnation ein ziemliches Eigentor. Kaum ein anderes Land auf der Welt ist für seinen Wohlstand so sehr darauf angewiesen, Waren und Dienstleistungen in die Welt zu liefern.

Als Gesundheitsminister habe ich oft gesagt: »Ob wir uns Rente und Pflege in unserem älter werdenden Land in zehn Jahren noch werden leisten können, hängt entscheidend davon ab, ob wir dann immer noch erfolgreich Autos und Maschinen in die Welt verkaufen. Allein davon, dass wir uns in Deutschland unsere hier produzierten Autos gegenseitig verkaufen, wird der nötige Wohlstand jedenfalls nicht entstehen.«

Zugleich profitiert unser Land enorm vom Import günstiger Produkte aus anderen Ländern. Die arbeitsteilige Welt hat in Deutschland viele Waren und Technologien für die breite Masse der Bevölkerung bezahlbar und erschwinglich gemacht. Politisch ist die wechselseitige Bereitschaft zum freien, offenen Handel eine Voraussetzung für die Vereinbarung von Handelsregeln. Als Exportnation wäre es also ein Fehler, unsererseits die Globalisierung und die weltweite Arbeitsteilung grundsätzlich infrage zu stellen. Den Ast, auf dem wir sitzen, sollten wir nicht absägen.

Um souveräner zu werden, müssen wir vielmehr das richtige Maß an Globalisierung neu definieren. Was *wollen* und was *müssen* wir selbst produzieren können – und in welchen Bereichen setzen wir voll auf Arbeitsteilung sowie auf freien Handel und den freien Markt? Welches Maß an Abhängigkeiten können wir uns zumuten? Souverän sein in diesem Sinne heißt, als Staat selbstbestimmt und unabhängig von den Entscheidungen anderer Staaten agieren zu können. Wir müssen Abhängigkeiten jederzeit ohne schmerzhafte Verluste auflösen können.

Massen- oder Centprodukte werden wir als Hochlohnland im Zweifel nie günstiger und besser herstellen können als andere Länder. Entscheidend ist, dass wir uns bei Schlüsseltechnologien, kritischer Infrastruktur und dafür erforderlichen Rohstoffen aus bestehenden Abhängigkeiten lösen. Als Faustregel können wir ein Drittel zugrunde legen: Beträgt in einem sensiblen Bereich die Abhängigkeit von einem einzelnen Lieferanten oder Staat mehr als ein Drittel unseres Gesamtimports, müssen wir diese Abhängigkeit analysieren und gegebenenfalls reduzieren. Besteht die Abhängigkeit zu einem EU-Partner oder einer befreundeten Demokratie, ist sie weniger kritisch als im Fall von autokratischen Regimen oder instabilen Weltregionen. Und natürlich macht es einen Unterschied, ob wir eine bestehende Abhängigkeit durch den Aufbau eigener Kapazitäten kurzfristig verringern könnten oder nicht.

Ein aktuell häufig diskutiertes Beispiel im Bereich der Schlüsseltechnologien ist die Halbleiterproduktion. Ohne diese kleinen Chips stünde unsere hochtechnisierte Welt still. Fast zwei Drittel der Halbleiter werden im fernöstlichen Inselstaat Taiwan produziert.[51] Sollte der langjährige Konflikt zwischen China und Taiwan eskalieren, wäre ein Halbleitermangel absehbar. Für die Region und die Welt wäre dies eine Katastrophe, für die deutsche und europäische Industrie zudem ein wirtschaftliches Desaster. Schon in der Pandemie standen die Bänder mancher Autobauer in Deutschland wegen verzögerter Halbleiterlieferungen still, die Beschäftigten gingen in Kurzarbeit. Das war nur ein Vorgeschmack auf das, was kommen könnte. Daher hat es höchste Priorität, Halbleiterindustrie in Europa anzusiedeln und zu stärken.

Die Entscheidung des US-Konzerns Intel vom März 2022, für siebzehn Milliarden Euro ein neues Werk in Magdeburg zu bauen und insgesamt in der EU in der nächsten Zeit dreiunddreißig Milliarden Euro zu investieren, ist ein wichtiger Schritt in diese Richtung, gefördert mit knapp sieben Milliarden Euro durch den Bund und die EU.[52] Wir müssen nicht alle in Europa benötigten Halbleiter selber produzieren. Aber unsere Abhängigkeit sollten wir auf rund ein Drittel reduzieren.

Oder nehmen wir die Entwicklung von Impfstoffen und Biotechnologie. Man stelle sich eine Welt vor, in der nur Russland oder China einen Covid-19-Impfstoff entwickelt hätten, und wir hätten bei diesen autokratischen Regimen um Impfstoff betteln müssen. Der erste zugelassene Covid-19-Impfstoff der Welt wurde zum Glück in Deutschland entwickelt, bald folgten weitere aus den USA und dem Vereinigten Königreich. Bisher haben sich diese Impfstoffe als wirksamer erwiesen als die aus

Russland oder China. Wir können sehr dankbar sein für die Forschungsleistung der BioNTech-Gründer Özlem Türeci und Uğur Şahin sowie die ihrer Teams und Unterstützer.

Dieser Erfolg kam nicht über Nacht. Die erstmalig für einen Impfstoff angewandte mRNA-Technologie wurde über viele Jahre erforscht, eigentlich mit dem Ziel, Krebsmedikamente zu entwickeln. Özlem Türeci und Uğur Şahin haben diesen Weg eindrucksvoll in ihrem Buch *Projekt Lightspeed* beschrieben. Der Bund hat diese Forschung über die Jahre immer wieder unterstützt. Zur Förderung der Covid-19-Impfstoffentwicklung hat die Bundesregierung 2020 drei deutsche Unternehmen, darunter BioNTech und CureVac, insgesamt siebenhundertfünfzig Millionen Euro zur Verfügung gestellt. Noch wichtiger für den Erfolg von BioNTech war aber die Bereitschaft privater Investoren, über viele Jahre an die Forscher und ihre Idee zu glauben, ins finanzielle Risiko zu gehen und viel Geld zu investieren.

Dieses Beispiel aus der Pandemie zeigt, wie überlebenswichtig es ist, bestimmte Technologien in Deutschland und der Europäischen Union zu fördern. Biotechnologien gehören definitiv zu den Bereichen, in denen Europa souverän sein muss.

Wenn wir Schlüsseltechnologien in Europa stärken und ausbauen wollen, muss sich also der Staat stärker engagieren. Wir alle müssen uns neu orientieren. Auch ich musste in der Pandemie lernen und umdenken: Von einer »In der Marktwirtschaft regelt der Markt das alles schon«-Haltung hin zu: »In bestimmten, zu definierenden Bereichen brauchen wir in einer Welt gegenseitiger Abhängigkeiten eine stärkere staatliche Strategie und Steuerung.«

Das zu akzeptieren war für mich als überzeugten sozialen Marktwirtschaftler nicht immer einfach. Denn es ist meine Überzeugung, dass Innovationen vor allem aus freier unternehmerischer und forschender Entfaltung, aus individueller Kreativität und aus einem gewissen schöpferischen Chaos heraus entstehen. Im Zentrum stehen engagierte Unternehmerinnen und Unternehmer und innovative Forscherinnen und Forscher. Deren Kreativität kann und sollte der Staat nie zu ersetzen versuchen. Im Gegenteil: Der Staat muss sie fördern, anreizen, ihnen freien Raum geben. Doch auch der Staat kommt irgendwann an die Grenzen seiner personellen und finanziellen Leistungsfähigkeit. Daraus folgt: Debatten nach der Formel »Staat versus Markt«, in denen also Staat und Unternehmen gegeneinander ausgespielt werden sollen, führen in die Irre. Staat und Markt wirken zum Wohl der Volkswirtschaft zusammen. Und so wird sich der Staat in den Zwanzigerjahren des 21. Jahrhunderts als Teil einer Gesamtstrategie von Wirtschaft und Staat stärker einbringen müssen. Das ist soziale Marktwirtschaft – weitergedacht in einer globalisierten, nicht perfekten Welt.

Ohne eine solche gemeinsame Strategie von Staat und Wirtschaft werden wir im Wettbewerb mit chinesischen Staatsmonopolisten und US-amerikanischen Konzernmonopolisten in den zukünftigen Schlüsselindustrien nicht weltligafähig werden. Anders wird zum Beispiel keine wettbewerbsfähige Halbleiterindustrie in Europa entstehen. Das Gleiche gilt für Biotechnologie, Bioforschung, die Rüstungsindustrie oder die Batteriezelltechnologie, selbst für bestimmte Energietechnologien. Ein Großteil der Windkraftanlagen und Solarpanels wird mittlerweile in China produziert. Auch wichtige Komponenten für den Ausbau der Energieversorgungsnetze stammen häufig von chinesischen Anbietern. Beim Ausbau der Erneuerbaren Energien dürfen wir nicht in neue Abhängigkeiten geraten. Schließlich ist der erfolgreiche Ausbau der Erneuerbaren Energien in den kommenden Jahrzehnten nicht nur eine Frage der

Klimaneutralität, sondern auch der Energiesouveränität. Staat und Wirtschaft müssen gemeinsame Strategien und Instrumente entwickeln und ausbauen – so etwa Investitionsprüfungen, mit denen ausländische Investitionen in deutsche Unternehmen der kritischen Infrastruktur beleuchtet und untersagt werden können.

Zur Entwicklung entsprechender Instrumente gehört, dass Europa sein Kartellrecht ändern muss. Hier haben wir uns in der Vergangenheit zu oft selbst ein Bein gestellt. Zum Beispiel wollten die deutsche Siemens AG und der französische Alstom-Konzern im Sektor Zugbau fusionieren, dies wurde jedoch von der EU-Kommission untersagt. Um in der Weltliga mitspielen zu können, in einem umkämpften Markt mit Mitbewerbern insbesondere aus China, wäre diese Fusion jedoch ein Muss gewesen! Die Volksrepublik China protegiert ihre Unternehmen auf dem Weltmarkt mit allen politischen Mitteln. Wenn wir da mithalten wollen, ohne den chinesischen Weg zu gehen, werden wir in strategischen Feldern Fusionen ermöglichen müssen. Das Kartellrecht darf nicht nur den europäischen Binnenmarkt im Blick haben, sondern muss Fragen europäischer Souveränität berücksichtigen.

Im Bereich der Telekommunikation oder der Luftfahrt könnten innereuropäische Fusionen Unternehmen entstehen lassen, die mit ihren Konkurrenten in den USA und China mithalten. Bei der Rettung der Lufthansa in der Pandemie ging es doch vor allem um die Frage: Wollen wir nach der Krise unsere Flugreisen nur noch bei der US-Linie United, bei Air China oder bei Emirates buchen können? Oder wollen wir eine Fluggesellschaft in Deutschland und der EU, die auf Weltniveau agiert? Wir haben uns richtigerweise für Letzteres entschieden.

Auch beim Vergabe- oder Beihilferecht müssen wir in Europa stärker strategisch denken. Wir dürfen die internationale

Wettbewerbsfähigkeit und nationale Sicherheit unserer demokratischen Volkswirtschaften nicht auf dem Altar der ordnungspolitischen Vollkommenheit opfern.

Zu oft ist der Staat bei der Umsetzung strategischer Projekte in seinen selbst gemachten Regeln gefangen. Mit dem sogenannten IPCEI (Important Project of Common European Interest) hat die EU ein Instrument geschaffen, das in die richtige Richtung weist. Mit diesen strategischen Förderprojekten der EU sind gezielte und großvolumige finanzielle Unterstützungen durch die EU und die Mitgliedstaaten möglich. In den Bereichen Mikroelektronik, Batteriezellen und neuerdings Wasserstoff gibt es bereits solche Projekte, für die pharmazeutische Industrie liegt als Lehre aus der Pandemie ein entsprechender deutsch-französischer Vorschlag vor.

Auch beim Export sind wir zu abhängig: Geht China in den Lockdown, stehen in Wolfsburg die Bänder still, und Volkswagen meldet Kurzarbeit an. Es liegt deshalb im Interesse unserer Unternehmen, ihre ausländischen Geschäftsbeziehungen breiter aufzustellen. Ich habe das Gefühl, dass das Bewusstsein vieler deutscher Unternehmen für diese Herausforderung bereits wächst und sie sich entsprechend neu ausrichten. Der Staat kann dabei zusätzliche Anreize liefern. Wegen der Bedeutung des Exports für die deutsche Wirtschaftsstärke können Exporteure ihre Auslieferungen mit staatlichen Investitionsgarantien, sogenannten Hermes-Bürgschaften, absichern lassen. Ich halte es für richtig, dass der Staat künftig weniger solcher Garantien für den Export in Staaten erteilt, von denen der deutsche Export bereits besonders abhängig ist. Stattdessen sollte das Instrument genutzt werden, um Exporte in neue Märkte anzureizen.

Ein wesentliches Ziel sollte sein, verstärkt mit anderen Demokratien zu handeln. Dafür benötigen wir neue Handelsverträge, allen voran mit den Vereinigten Staaten und dem Vereinigten Königreich, mit Neuseeland und Australien, Chile und Mexiko, aber auch mit Südafrika, Indien, Brasilien und Indonesien, Vietnam, den Philippinen oder Malaysia. Viele dieser Staaten sind für uns Wertepartner, andere sind vor allem strategische Partner. Es wird weder ohne die einen noch ohne die anderen gehen. Die Skepsis gegenüber Handelsabkommen sollten wir ablegen. Wer Gas in Katar kaufen kann, der kann und sollte auch freien Handel mit den USA, Kanada oder Neuseeland betreiben.

Das unmittelbare Ziel ist jeweils, durch Diversifizierung unserer Handelspartner das Risiko von Abhängigkeiten zu reduzieren und zusätzliche Wachstumspotenziale zu erschließen. Mittelbares Ziel ist zudem, wo erforderlich, über die jeweiligen Partner geopolitischen Einfluss zugunsten von Stabilität und Ordnung geltend machen zu können. Kluge Handelspolitik dient so der nationalen Sicherheit *und* der ökonomischen Sicherheit. Kurzum: Es geht um Sicherheit durch Handel.

Wir müssen uns von dem Gedanken verabschieden, dass die Handelspolitik *das* Instrument ist, mit dem wir auch alle anderen politische Ziele verwirklichen können. Wir können nicht alle Probleme der Welt in Handelsverträgen lösen und sie mit sozialen und ökologischen Themen überfrachten. Für diese wichtigen politischen Ziele, wie etwa Klimaschutz, faire Löhne oder den Schutz der Arten, gibt es eigene Prozesse und Abkommen. Stattdessen sollte man sich vor allem auf klassische handelspolitische Ziele konzentrieren, auf Themen wie Zoll, auf tarifäre und nichttarifäre Handelshemmnisse, auf die Anpassung von Produktionsvorgaben oder die gegenseitige Anerkennung von Bildungsabschlüssen. Das wird die Bereitschaft erfordern, bei den Handelsverträgen flexibler und pragmatischer zu werden.

Noch Ende der Neunzigerjahre betitelte das Wirtschaftsmagazin *The Economist* Deutschland als »kranken Mann« Europas, auch weil unser Land den Wandel von einer Industrie- zu einer reinen Dienstleistungsgesellschaft verschlafen hätte. In der Pandemie hat sich bewiesen, dass gerade hierin eine Stärke der deutschen Volkswirtschaft liegt. Ein einfaches Beispiel aus dieser Zeit ist die Knappheit an Desinfektionsmitteln im Frühjahr 2020. Ein Allerweltsprodukt, plötzlich begehrt wie nie zuvor. Zeitweise wurde es sogar aus Krankenhäusern und Praxen gestohlen. Wir organisierten damals im Ministerium zahlreiche Videoschalten mit Vertretern der chemischen Industrie und der Apotheker, um schnell eine Lösung zu finden. Die chemische Industrie gab uns die Zusage, einen Teil ihrer Produktion umzustellen und die Herstellung von Desinfektionsmitteln wieder aufzunehmen. Ein Land, das eine solche Industrie gar nicht hat, hat da deutlich schlechtere Karten. Seitens der Bundesregierung schafften wir zügig die notwendigen rechtlichen Rahmenbedingungen durch Verordnungen im Umwelt- und Gesundheitsministerium. Es musste zum Beispiel zugelassen werden, dass auch aus Industriealkohol überhaupt Desinfektionsmittel hergestellt werden durften. Desinfektionsmittel waren daher nur sehr kurze Zeit knapp. Gerade wenn es darauf ankommt, können wir mit unserer Industrie einen Unterschied machen. Das war eine wichtige Lehre.

Dieses strategische Zusammenwirken von Staat und Markt wird es in den Zwanzigerjahren verstärkt brauchen. Nur wenn wir wie beschrieben die Rahmenbedingungen ändern, können europäische Weltliga-Spieler entstehen, die in den Schlüsselindustrien mit Staatsmonopolisten aus China und kapitalistischen Monopolisten wie Facebook, Google, Apple, Amazon aus den USA konkurrieren können. Noch haben das vereinte

Europa und Deutschland als Europas Motor die Chance, sich im Weltmarkt zu behaupten. Dafür müssen wir jetzt aber an Tempo und Ambition zulegen.

Wandel durch Handel?

Kommt das Ziel, souverän, also weniger abhängig zu sein, dem Eingeständnis gleich, dass die Strategie vom »Wandel durch Handel« gescheitert ist? Mit gewissen Einschränkungen: ja. Zunächst hat »Wandel durch Handel« seit jeher einen ohnehin schwer erfüllbaren, mithin überhöhten Anspruch formuliert. Beim früheren Bundeskanzler Helmut Schmidt (SPD) etwa klang das noch zurückhaltender: »Wer Handel miteinander treibt, schießt nicht aufeinander.«

Dass sich »Wandel durch Handel« nicht ausreichend verwirklicht, haben wir oft zu spät bemerkt – oder bemerken wollen. Chinas autokratische Entwicklung unter Präsident Xi Jinping ist das wichtigste Beispiel dafür. Manche Entwicklungen haben wir zwar wahrgenommen, aber zu wenig verstanden, jedenfalls nicht in ihrer vollen Wucht. Das gilt besonders mit Blick auf Putins Russland. Immer noch versuchen viele, die rationalen Beweggründe hinter Putins völkerrechtswidrigem Angriff auf die Ukraine zu verstehen. Dabei leitet uns schon die Frage nach einer nach unseren Maßstäben definierten Ratio in eine falsche Richtung: Wir unterschätzen damit systematisch den Einfluss von Ideologie in der internationalen Politik. Unser politisches Denken war zu häufig auf den kurzfristigen Vorteil aus, stets getragen von dem, was wir für rational hielten. Unsere eigene vermeintliche Rationalität haben wir dann auch auf die Handelspartner, unser Gegenüber gespiegelt. Dabei hätte uns beispielsweise Putins Aufsatz »Über die historische Einheit der Russen und der Ukrainer« aus dem Juni 2021 ein echter Warnruf sein müssen.

Und dennoch: Richtig verstanden bleibt »Wandel durch Handel« ein wichtiger Gedanke. Er hat Hunderte Millionen Menschen auf der Welt aus der Armut befreit und ihnen ein besseres Leben ermöglicht. Handel verbindet Menschen: Kontakte entstehen und dadurch ein Bewusstsein füreinander. Ich denke, dass bei einem chinesischen Kaufmann, der in Europa und in den USA gesehen hat, was die westliche Welt leisten kann, was Freiheit bedeutet, etwas haften bleibt. Und vergessen wir nicht: Der Grundstein der heutigen EU wurde mit der Vergemeinschaftung damals kriegswichtiger Industrien wie Kohle und Stahl gelegt. In diesem Fall führte die gegenseitige Abhängigkeit zu einer engeren Verbundenheit. Insofern kann Handel einen Beitrag leisten – aber er macht die Welt nicht automatisch zu einem besseren Ort. »Wandel durch Handel« kann in diesem Sinne zwar nicht als strategische Leitlinie dienen, aber doch einer Hoffnung Ausdruck verleihen, von der ich glaube, dass sie in allen Menschen verankert ist: Auch wenn der Bogen des Wandels lang ist, neigt er sich zu Freiheit und Fortschritt.

VII.

»Der Schlüssel dafür, dass wir unser Leben zurückbekommen«

Der Impfstoff kommt

Diphtherie, Tetanus, Kinderlähmung, Keuchhusten, Hepatitis, Masern, Mumps, Röteln, Windpocken und Influenza – das ist nur eine Auswahl an Infektionskrankheiten, gegen die es heute Impfungen gibt. Impfstoffe haben in den letzten zweihundert Jahren viele, viele Millionen von Menschenleben auf der ganzen Welt gerettet. Und sie tun es bis heute. Impfungen sind ein Segen für die Menschheit. Zum ersten Mal in der Geschichte der Menschheit ist *während* einer andauernden Pandemie mit einem neuen Virus ein Impfstoff verfügbar geworden. Dieser Impfstoff wurde zudem so schnell entwickelt wie selten zuvor – und dies mit einer völlig neuen Technologie. Das ist ein echter Meilenstein in der Medizingeschichte!

Zwanzig Millionen Menschenleben

Im Frühjahr 2022, zwei Jahre nach Beginn der Pandemie, war bereits genug Impfstoff produziert worden, um jeden Menschen auf der Welt zu impfen. Zumindest theoretisch, denn das Impfen der noch nicht geimpften Teile der Menschheit scheitert aktuell an logistischen Schwierigkeiten. Daran, dass es in zu vielen Ländern in der Fläche keine Ärzte oder Pflegekräfte gibt, die impfen könnten, oder, auch das gibt es leider zu oft, am Unwillen oder der Unfähigkeit der jeweiligen Regierung. Am nicht vorhandenen Impfstoff scheitert es nicht, auch nicht an mangelndem Geld. Das hat die internationale Gemeinschaft in beeindruckender Solidarität sichergestellt.

Diesen Erfolg sollten wir bei allen Problemen, die es gab und auf die ich im Folgenden noch zu sprechen komme, nicht kleinreden. Laut einer Studie des Imperial College in London aus dem Sommer 2022 retteten die Corona-Impfungen weltweit geschätzt zwanzig Millionen Menschenleben.

FAZ, 26.06.2022: »*Die Wissenschaftler analysierten für das erste Jahr der Impfungen, das am 08. Dezember 2020 begann, die verabreichten Impfungen in 185 Ländern und Regionen und setzten diese in Zusammenhang mit den jeweils verzeichneten Todesfällen. Wo diese nicht verlässlich gezählt wurden, griffen sie auf Daten zur Übersterblichkeit sowie Schätzungen zurück. Daher kommen sie insgesamt auf höhere mögliche Todeszahlen als die Weltgesundheitsorganisation (WHO). Zudem betrachteten sie nicht nur die vermiedenen Todesfälle durch direkte Impfungen, sondern rechneten auch ein, dass sich in der Nähe von Geimpften weniger Menschen ansteckten. Ohne Impfungen wären den mathematischen Modellierungen zufolge 31,4 Millionen Todesfälle im Zusammenhang mit dem Coronavirus zu erwarten gewesen. 19,8 Millionen davon seien durch die Impfungen vermieden worden – 12,2 Millionen davon in Ländern mit hohem oder mittlerem Einkommen. (…).*«[53]

Welchen Unterschied Impfungen machen können, erlebte ich schon vor Corona auf meiner zuvor berichteten Reise nach

Afrika. Auf diesem Kontinent hatte das Ebola-Virus in verschiedenen Regionen über Jahrzehnte immer wieder gewütet, mit fatalen Folgen: Destabilisierung, Aufruhr, Spannungen zwischen Regierung und Bevölkerung, Ängste und Unwissen der Menschen, und vor allem Leid und Tod. Immer da, wo es heute zu einem Ausbruch kommt, kann dank des nun verfügbaren Ebola-Impfstoffs sofort mit Reihenimpfungen reagiert werden, um Infektionsketten zu unterbrechen und Menschenleben zu retten. Wenige Wochen vor dem Beginn der Corona-Pandemie zeigte der Ebola-Impfstoff, dass Impfen nicht nur schützt, sondern auch Epidemien mit all ihren katastrophalen sozialen und ökonomischen Begleiterscheinungen beenden kann.

Das erste Pandemiejahr 2020 war noch von der Frage bestimmt: Wird es überhaupt einen Impfstoff geben? Und wenn ja, wann? Wie wirksam wird dieser sein können?

Bemerkenswert viele Forscherinnen und Forscher waren optimistisch, dass die Entwicklung eines neuen Impfstoffs in Rekordzeit gelingen könnte – aber wirklich sicher war das nicht. Im Fall des HI-Virus gibt es bis heute, Jahrzehnte nach seinem ersten Auftreten, trotz aller milliardenschweren Forschungsbemühungen keinen Impfstoff. Und es hätte auch jetzt Jahre dauern können. Anfangs sind wir davon ausgegangen, ein Covid-19-Impfstoff käme frühestens 2021 zur Zulassung, und das war schon die optimistischste Variante. Wie anspruchsvoll und komplex die Erforschung eines neuen, wirksamen Impfstoffs auch bei diesem Virus war, zeigt der Umstand, dass die weltweit größten Hersteller von Impfstoffen, wie GlaxoSmithKline oder Sanofi, bis heute keinen eigenen Impfstoff haben entwickeln und zulassen können. Zwei der ersten zugelassenen Vakzine waren vielmehr die neuen mRNA-Impfstoffe zweier Biotech-Start-ups, von Moderna aus Cambridge in den USA und von BioNTech aus Mainz. Es war für beide Unternehmen das jeweils erste Produkt ihrer noch jungen Firmengeschichte. Ein Beispiel dafür, dass radikale Innovationen häufig durch kleinere, beweglichere Unternehmen hervorgebracht werden, nicht durch globale Riesenkonzerne.[54]

Welches Forscherteam bei der Entwicklung eines Covid-19-Impfstoffs also die Nase vorn haben würde, das war im Frühjahr 2020 die große Frage. Es gab erste Forschungsansätze, die optimistisch stimmten. Aber jede neue Studie, jeder weitere Verfahrensschritt konnte immer den völligen Rückschlag bedeuten. Auf dem Impfstoff des zweiten deutschen mRNA-Biotech-Start-ups, CureVac in Tübingen, lagen zu Beginn große Hoffnungen, auch hier hat sich die Bundesregierung finanziell stark engagiert. Zudem hatte der britische AstraZeneca-Konzern schon sehr früh valide Erfolgsaussichten, auf Basis der bekannten und bei anderen Impfstoffen bereits erprobten sogenannten Vektortechnologie. Hätte man im April 2020 Expertinnen und Experten gefragt: Mit welchen aussichtsreichen Herstellern sollten wir einen Vertrag schließen, um uns frühzeitig Impfstoff zu sichern, dann hätten sehr viele, wenn nicht die große Mehrheit geantwortet: mit den Unternehmen Astra-Zeneca und CureVac.

Eine solche Entscheidung nur für diese beiden Impfstoffe hätten wir bitter bereut. Daher habe ich sehr früh entschieden, dass wir für Deutschland auf *alle* einigermaßen aussichtsreichen Pferde in diesem Impfstoffrennen setzen würden. Denn niemand konnte wirklich wissen, wer es mit seiner Forschung bis ins Ziel, also bis zu einem zugelassenen Covid-19-Impfstoff, schaffen würde. Also lieber mit vielen der Hersteller frühzeitig Verträge über die Lieferung von Impfstoff gleich nach einer möglichen Zulassung schließen und im Zweifel viel zu viel Impfstoff haben, als nur auf ein oder zwei Hersteller zu setzen und im Falle des Scheiterns ohne Impfstoff und damit ohne Schutz für unsere Bevölkerung dazustehen. Kritik würde es anschließend in beiden Fällen geben. Aber eine Lehre für mich in dieser Pandemie war: besser zu viel von etwas haben als zu wenig – ob bei Masken, Beatmungsgeräten, Tests, Medikamenten oder eben Impfstoffen.

Ich erinnere mich noch gut an mein erstes, kurzes Telefonat mit Professor Şahin, einem der Gründer von BioNTech, am 02. April 2020, nachmittags. Ich war gerade im Berliner Verkehr auf dem Weg von einem Termin zum anderen. Professor Şahin war überrascht, dass ich mich persönlich und direkt meldete. »Was immer Sie brauchen, wo immer der Bund, wo immer ich Sie unterstützen kann«, sagte ich zu Professor Şahin, »lassen Sie es uns wissen.«

Damals konnten weder er noch ich wissen, dass BioNTech im Kampf gegen das neue Virus schon bald *die* Hoffnung für die Welt sein würde. Auch mit den Chefs der anderen Pharma- und Biotech-Unternehmen, die sich in der Covid-19-Impfstoffentwicklung engagierten, sprach ich regelmäßig persönlich. Ein einfaches Prinzip hatte sich schon bei der Sicherung von Beatmungsgeräten und Testkapazitäten für Deutschland bewährt: Die Bundesrepublik Deutschland als großer Pharmamarkt und Forschungsstandort und als ein Land mit hohem Ansehen weltweit kann auch in einer Krise ein Partner mit Priorität für viele sein – und somit viel für alle bewegen. Aber im Zweifel muss schon der zuständige Bundesminister selbst den Hörer in die Hand nehmen und die Wichtigkeit des Anliegens unterstreichen. Der Ministertitel war in dieser kritischen Phase ein wichtiger Türöffner.

Zu viele Köche verderben den Brei – besonders in Krisen

Das Krisenmanagement in einer Pandemie ist zuallererst Aufgabe der EU-Mitgliedstaaten selbst. Daher war eine gemeinsame europäische Beschaffung der Impfstoffe über die Europäische Kommission ursprünglich nicht geplant. Viele der Regierungen der Mitgliedstaaten waren, auf unterschiedlichen politischen Ebenen, im Kontakt mit den potenziellen Impfstoffherstellern, so wie ich auch. Mit meinen Ministerkollegen aus Frankreich, Italien und den Niederlanden hatte ich jeweils schon vorher ein gutes und vertrauensvolles Verhältnis. Als wir in verschiedenen, parallelen bilateralen Gesprächen miteinander feststellten, dass wir alle mit denselben Herstellern das Gleiche besprachen und auch die Hersteller lieber einen statt siebenundzwanzig Verhandlungspartner in der EU hätten, beschlossen wir in einer von mir organisierten Videokonferenz, uns zusammenzutun. So konnten wir auch bei den Preisen und Konditionen nicht gegeneinander ausgespielt werden. In unseren vier Ländern waren zudem die meisten der Hersteller ansässig oder unterhielten wichtige Produktionsstandorte, Impfstoffe für Europa aus Europa: Johnson & Johnson in den Niederlanden, Sanofi in Frankreich, BioNTech und CureVac in Deutschland und dazu mehrere Herstellungsstätten in Norditalien. Das war der Beginn der Inclusive Vaccines Alliance (IVA), der Inklusiven Impfallianz. Inklusiv drückt aus, dass wir vier zwar vorangingen und Verhandlungen mit den Herstellern führen wollten, aber von Anfang an ein Interesse der anderen dreiundzwanzig EU-Mitgliedstaaten, an den Verträgen zu partizipieren, mitgedacht hatten. Die Idee war: Wir vier würden die Verhandlungen führen und die Verträge abschließen, aber die Konditionen immer so gestalten, dass jedes andere Mitgliedsland der EU dem Vertrag am Ende innerhalb einer kurzen Frist beitreten und den Impfstoff im Fall einer Zulassung zu denselben Bedingungen bekommen können sollte. Wir wollten vermeiden, dass die Verhandlungen von bis zu siebenundzwanzig Ländern gemeinsam geführt würden. Jeder, der wollte, konnte vom Ergebnis profitieren, aber nicht jeder en détail überall mitreden. Sonst wären wir bei dem dabei entstehenden Abstimmungsbedarf niemals in kurzer Zeit zu einem Ergebnis gekommen. Zu viele Köche verderben besonders in Krisen den Brei.

Mit diesem Ansatz begannen wir als Erstes gemeinsame Verhandlungen mit AstraZeneca: Wir Minister in regelmäßigen Videokonferenzen mit dem CEO Pascal Soriot und seinem Team, dazwischen unsere jeweiligen Expertenteams auf Arbeitsebene mit denen des Unternehmens. Einen Vorvertrag mit AstraZeneca, der die wichtigsten Konditionen festlegte, hatten wir auf diese Weise zügig verhandelt und alle unterzeichnet.

Nun wurde auch die EU-Kommission aufmerksam und wollte in die gemeinsame Beschaffung von Impfstoffen für die Mitgliedstaaten einsteigen. Mein Eindruck: Nachdem es nicht viele originäre Zuständigkeiten der europäischen Ebene in einer solchen Pandemie gab und es zudem anfangs bei den europäischen Abstimmungen miteinander sehr ruckelte, sah die Kommission hier ein Feld, bei dem sich Europa positiv in der Krise bewähren könnte. Da im zweiten Halbjahr 2020 Deutschland an der Reihe war, die EU-Ratspräsidentschaft zu übernehmen, sprachen sowohl die Bundeskanzlerin als auch ich mit der Präsidentin der EU-Kommission, Ursula von der Leyen (CDU), unserer früheren Kollegin im deutschen Kabinett, mehrfach über diese Frage. Der politische Wunsch seitens der EU war groß, es gab aber auch gute Argumente dafür. Denn eines war für uns in der Impfallianz sehr schnell klar: Entweder verhandelte die EU-Kommission im Auftrag aller interessierten Mitgliedstaaten mit den Herstellern – oder wir vier. Parallele Verhandlungen machten in keinem Fall Sinn.

Vertragsverhandlungen über die Beschaffung eines Impfstoffs, der sich noch in der Entwicklung befindet, sind sehr komplex. Neben Preis, Lieferdaten und -mengen sind auch Fragen von Haftung, Anzahlungen und Risikotragung detailliert zu klären und in Hunderte Seiten lange Verträge zu gießen. Daher brauchte es in jedem Fall ein größeres Team von Expertinnen und Experten. Entweder wir bauten eine solche Struktur zu viert auf – oder eben die EU-Kommission, die ja schließlich zu genau dem Zweck gegründet und mit Tausenden Beamtinnen und Beamten ausgestattet worden ist: um die Mitgliedstaaten bei gemeinsamen Aufgaben institutionell zu entlasten. So entschieden wir uns, zumal die Zeit drängte, unsere Impfallianz in die Arbeit und den Prozess der EU-Kommission aufgehen zu lassen.

Unsere Teams haben auch in den folgenden Monaten weiterhin einen wichtigen Beitrag in den europäischen Abstimmungen und Vorarbeiten geleistet. Um die Übergabe auch des bereits geschlossenen Vorvertrages mit AstraZeneca an die EU-Kommission formell zu bestätigen, verfassten wir – die Gesundheitsminister von Italien, Frankreich, der Niederlande und Deutschland – im Juni 2020 einen gemeinsamen Brief an die EU-Kommission. Mir ist noch in den Ohren, wie Roberto Speranza, mein italienischer Amtskollege, wortreich darlegte, warum er den Briefentwurf, den unsere vier Ministerien mehrfach abgestimmt und überarbeitet hatten, nicht zeichnen wollte. Er regte sich furchtbar darüber auf, dass wir in dem Schreiben viel zu demütig-ergeben klängen. Schließlich hätten wir gehandelt, statt zu reden, zu einem Zeitpunkt, zu dem in Brüssel noch niemand an Impfstoffe für die EU dachte.

Ich verstand ihn gut, aber wir mussten weiterkommen. Daher sagte ich zu ihm: »Roberto, du hast recht. Aber der Wortlaut dieses Briefes interessiert doch in Wahrheit schon in drei Tagen keinen Menschen mehr. Unterschreib ihn und fertig. Time is of the essence.« Dass der Brief ein gutes halbes Jahr später in Deutschland zu einem großen Aufreger werden würde, hätte ich zu dem Zeitpunkt nie erwartet. Er wurde am 04. Januar 2021 in der *Bild*-Zeitung in deutscher Übersetzung als »Spahn-Brief, mit dem das Desaster begann« veröffentlicht:

Bild, 04.01.2021: »Leider haben die zeitgleichen Verhandlungen unserer Allianz Sorgen verursacht. Deswegen glauben wir daran, dass es von herausragender Wichtigkeit ist, einen gemeinsamen Ansatz gegenüber den verschiedenen Pharmakonzernen zu verfolgen. (…) Wir sind uns einig, dass Geschwindigkeit von entscheidender Bedeutung ist. Deswegen halten wir es für sinnvoll, wenn die Kommission die Führung in diesem Prozess übernimmt. Natürlich bieten wir weiter unsere Unterstützung und Expertise an.«[55]

Die Unterzeile zur *Bild*-Schlagzeile lautete: »So drängten Merkel und von der Leyen den Gesundheitsminister dazu, das Impfstoff-Mandat abzugeben«. Wie die Entstehungsgeschichte zeigt, verhält es sich etwas anders. Die Impfallianz hatte gemeinsam beschlossen, die Verantwortung für die Impfstoffbeschaffung an die EU-Kommission abzutreten. Es musste geklärt sein, wer zuständig war.

Es stimmt allerdings, dass in der Folge auch Fehler gemacht wurden. Dass die EU zu wenig Impfstoff bestellt habe, gehört, anders als häufig behauptet, jedoch nicht dazu. Die EU hatte von Anfang an mehr Impfdosen pro Kopf geordert als zum Beispiel die USA. Bestellt worden ist mehr als genug, und es wurden im Laufe des Jahres 2021 auch mehr als genug Impfdosen geliefert, um jede Bürgerin und jeden Bürger der EU vollständig zu impfen, inklusive der empfohlenen Booster-Impfung. Einen Vorwurf aber kann man der EU machen. Denn das europäische Konstrukt zur Sicherung der Impfstoffe hätte uns, so wie es angelegt war, beinahe in eine Katastrophe geführt.

Um das zu erklären, muss ich noch einmal zurückgehen zum 24. August 2020, jenem so intensiven wie nervenaufreibenden Tag im NRW-Kommunalwahlkampf: Am Abend, nach der bereits erwähnten Veranstaltung der CDU Dortmund, war ich auf dem Weg nach Düsseldorf, als mich gegen 21 Uhr die für Gesundheit zuständige EU-Kommissarin Stella Kyriakides anrief. Sie war zum damaligen Zeitpunkt für die Beschaffung der Impfstoffe verantwortlich. Da ich im zweiten Halbjahr 2020 den Vorsitz des EU-Gesundheitsministerrats innehatte, standen wir zu der Zeit regelmäßig in gutem Austausch. Am Ende des Sommers 2020 befanden wir uns beständig zwischen Bangen und Hoffen, ob die Impfstoffforschung gegen Covid-19 erfolgreich sein würde. Gewissheit gab es noch keine. Es war jetzt ganz wichtig, sich alle aussichtsreichen Optionen offenzuhalten, mit allen Beteiligten im Gespräch zu bleiben.

Stella Kyriakides und ich sprachen über den aktuellen Stand der Verhandlungen mit potenziellen Impfstoffproduzenten. Die Europäische Union hatte in ihrem Haushalt nur 2,7 Milliarden Euro für die Beschaffung der Impfstoffe reserviert. Das war die Summe, die im regulären Notfall-Haushaltstitel noch verfügbar gewesen war. Also hatte die Kommission diese Summe als Ausgangspunkt genommen. Ich sage bewusst: *nur* 2,7 Milliarden Euro – denn genau hier liegt aus meiner Sicht der entscheidende Fehler beim europäischen Vorgehen. Weil der Titel so limitiert war, wurde entschieden, dass die EU jeweils nur die nach Vertragsschluss fällige erste Anzahlung an die Vertragspartner leisten würde. Das war je nach verhandelten Konditionen ein relativ kleiner Teil der Gesamtsumme. Alle weiteren Zahlungen an die Hersteller würden die Mitgliedstaaten selber tragen, fällig nach tatsächlicher Lieferung der jeweils bestellten Impfdosen, wenn der Impfstoff gekauft und geliefert würde.

Diese Herangehensweise war auf den ersten Blick auch nachvollziehbar und klang vernünftig, weswegen niemand sie infrage stellte. In der Folge ergaben sich aber zwei entscheidende Probleme, und eines davon wurde mir in diesem Telefonat schlagartig klar. Die EU-Kommissarin erläuterte mir, man habe sich mittlerweile mit fast allen Herstellern soweit geeinigt, drei Verträge seien bereits geschlossen. Und ich wisse ja, die EU habe nur diese 2,7 Milliarden zur Verfügung. Und, räumte sie leicht zögerlich ein, die seien jetzt aufgebraucht. Dann folgte der entscheidende Satz: »I just wanted to inform you, that at this point there is no money left for an agreement with BioNTech.« Es sei also kein Geld mehr da, um sich auch noch den Impfstoff von BioNTech vertraglich zu sichern.

Hatte ich das richtig verstanden? Ich fragte nach. Sie bestätigte.

Also, sagte ich, man habe alle möglichen Verträge geschlossen, selbst mit dem französischen Pharmakonzern Sanofi, bei dem jetzt schon absehbar sei, dass dessen Impfstoff als einer der letzten – wenn überhaupt – auf den Markt kommen würde. Aber nun wäre kein Geld mehr da, um mit dem deutschen Unternehmen BioNTech einen Vertrag zu schließen?! Mit *dem* Unternehmen, dessen Impfstoff mit hoher Wahrscheinlichkeit noch in diesem Jahr zulassungsfähig sei? Ich war fassungslos.

Es gebe eben kein Geld mehr, sagte sie erneut.

»I will not accept this!«, stellte ich unmissverständlich klar und ergänzte, dass Deutschland den Vertrag alleine abschließe, wenn die EU es nicht tue. Ich war wütend, richtig wütend. Und ich wurde laut. Nach den verstörenden Erlebnissen des Tages war ich ohnehin nicht in bester Stimmung. Für den Ton entschuldigte ich mich später bei ihr.

Einen deutschen Alleingang schloss ich nicht aus. Aber nachdem wir schon einen so weiten Weg europäisch gegangen waren, wollte ich, schon gar während der Zeit der deutschen EU-Ratspräsidentschaft, zumindest nichts unversucht lassen. Wir sind vielleicht wenige Wochen später gestartet, als es auf nationalem Wege möglich gewesen wäre. Aber dafür ist Europa zusammengeblieben, und ich bin überzeugt: Das war es wert. Man stelle sich eine Sekunde lang vor, am Ende hätte nur Deutschland den BioNTech-Impfstoff unter Vertrag gehabt – das hätte möglicherweise für besonders gute Stimmung in Deutschland gesorgt. Aber eben auch nur in Deutschland. In der EU ist es wie in jeder Gruppe von Menschen: Alle schauen immer sehr genau hin, wie sich die Starken und Großen verhalten, nach welchen Prinzipien sie agieren – und ziehen daraus Schlüsse für das eigene Handeln. Zudem hätten China und Russland einigen EU-Staaten dann sicher ihrerseits Angebote für Impfstoff gemacht. Und so wäre ein Alleingang des größten Mitgliedslandes Deutschland für den künftigen Zusammenhalt in der EU und für das Ansehen unseres Landes fatal gewesen. Der vermeintliche schnelle Erfolg ist oft nicht in unserem langfristigen nationalen Interesse.

Nach dem Telefonat mit Stella Kyriakides rief ich noch aus dem Auto einige meiner Ministerkollegen in der EU an, etwa Hugo de Jonge in den Niederlanden und Roberto Speranza in Italien, und berichtete ihnen, was ich gerade erfahren hatte. Ich sagte, wir müssten jetzt sofort gemeinsam dafür sorgen, dass das EU-Budget aufgestockt werde. Es dürfe nicht sein, dass der Vertrag mit BioNTech am Geld scheitere – und wenn wir ihn allein aus Deutschland heraus bezahlen müssten.

Es gelang uns tatsächlich, alle anderen sechsundzwanzig EU-Staaten ins Boot zu holen. Das grenzte angesichts der unterschiedlichen Interessenlagen an ein kleines Wunder. Es brauchte einiges an Überzeugungskraft: Manche ost- und südosteuropäischen Länder bevorzugten AstraZeneca, auch weil dieses Unternehmen als einziges ohne Gewinnmarge arbeitete. Die Impfstoffdose lag bei einem Preis von nur knapp drei Euro, der BioNTech-Impfstoff bei einem Vielfachen davon. Manche hatten auch Bedenken wegen der neuen mRNA-Technologie.

Das alles kostete wertvolle Zeit, die wir nicht hatten. Aber immerhin: Am Ende gelang es, einen einstimmigen Beschluss des Ministerrats zu erreichen, der alle siebenundzwanzig Mitgliedstaaten dazu verpflichtete, in Relation zu ihrer wirtschaftlichen Stärke kurzfristig zusätzliches Geld in den EU-Haushalt einzuzahlen und die 2,7 Milliarden Euro aufzustocken. Einen solchen Beschluss, im laufenden Haushaltsjahr für ein konkretes Projekt der EU-Geld nachzuschießen, hatte es in der Geschichte der Europäischen Union noch nicht gegeben. Die Krise machte es möglich.

Der BioNTech-Vertrag kam so leider mit einer Verzögerung von mindestens zwei Monaten zustande. Am 11. November 2020 verkündete die EU-Kommission:

»Heute hat die Europäische Kommission einen vierten Vertrag mit Pharmaunternehmen – mit BioNTech und Pfizer – genehmigt, der den Erstkauf von 200 Millionen Impfdosen im Namen aller EU-Mitgliedstaaten sowie eine Option für die Bestellung weiterer 100 Millionen Dosen vorsieht. Die Lieferung soll erfolgen, sobald ein nachweislich

sicherer und wirksamer Impfstoff gegen Covid-19 verfügbar wird. (…) Der heute geschlossene Vertrag mit der BioNTech-Pfizer-Allianz erweitert das breite Portfolio an in Europa produzierten Impfstoffen, zu dem die bereits unterzeichneten Verträge mit AstraZeneca, Sanofi-GSK und Janssen Pharmaceutica NV sowie die abgeschlossenen erfolgreichen Vorgespräche mit CureVac und Moderna zählen.«[56]

Ein zweites, grundsätzlicheres Problem, das sich aus der relativ geringen Summe von 2,7 Milliarden Euro ergab, die für die Beschaffung von Impfstoffen seitens der EU für 2021 eingeplant war, wurde mir in den vielen Telefonaten mit meinen Ministerkollegen in den anderen EU-Ländern klar: Beim ersten Hören klang der Ansatz vernünftig, dass die EU-Kommission im Auftrag der Mitgliedstaaten verhandelt, selber aber nur eine Anzahlung leistet, während die Mitgliedstaaten den größeren Teil der Rechnung aus ihren Haushalten tragen müssen. Aber er stellte sich als echtes Hindernis heraus, denn die EU-Kommission musste bei jedem Vertrag darauf warten, dass jedes einzelne EU-Land sich verbindlich festlegte, wie viele Impfdosen es später abnehmen würde, bevor der Vertrag der EU mit dem jeweiligen Hersteller abschließend fertiggestellt und verbindlich unterzeichnet werden konnte. Und erst mit der Zeichnung planten die Hersteller ihrerseits verbindlich die Bestellungen der EU in ihre Produktionsprozesse ein. Wer früher unterschreibt, wird früher beliefert. Und da sich einige Länder nicht zügig festlegen konnten oder wollten, zog sich das ganze Prozedere unnötig in die Länge.

Zudem war die Ausgangslage in den siebenundzwanzig Mitgliedstaaten zu unterschiedlich: Für ein Land wie Deutschland war es kein Problem, große finanzielle Verpflichtungen durch den Abschluss vieler Verträge einzugehen – Motto: »Wir setzen auf alle Pferde im Rennen«. Unser finanzieller Spielraum war und ist wegen der vorausschauenden Politik der »Schwarzen Null« in den guten Jahren vor der Pandemie groß. Zudem war allen in der Bundesregierung klar: Das Letzte, woran wir jetzt sparen sollten, wären Impfstoffe. Denn die waren der Weg raus aus dieser Jahrhundertkrise. In diesem Punkt musste ich nie mit dem Finanzminister um Geld streiten.

In vielen anderen Mitgliedstaaten sah das ganz anders aus. Länder mit einem auch vor der Krise schon sehr hohen Schuldenstand und mit großen Haushaltsdefiziten mussten bei der Impfstoffbestellung sehr auf die Kosten schauen, meine Kolleginnen und Kollegen in den Ländern um jeden Cent bei ihren Finanzministerien kämpfen. Daher bevorzugten viele die günstigeren Impfstoffe gegenüber den teureren, daher wollten viele auch nicht eine Dosis mehr bestellen, als sie später wahrscheinlich brauchen würden.

Um diesen negativen Effekt auf unsere gemeinsame Beschaffung abzufedern, machte ich der Kommission eine Zusage: Wenn die anderen Mitgliedstaaten nicht genug bestellen, garantieren wir als Deutschland die Abnahme der zusätzlichen Menge, die für ein schnelles Bestellverfahren und gute Konditionen nötig ist. Dieses Risiko gingen wir ein. Und es zahlte sich vor allem bei den BioNTech-Bestellungen aus. Wir erhielten von BioNTech viel mehr Impfstoff, als uns nach Bevölkerungsgröße anteilig zugestanden hätte, weil die anderen Länder den Impfstoff zuerst nicht wollten. Im Gegenzug wurde aber erst durch unsere Zusage der Vertrag mit BioNTech überhaupt möglich. Der war auch für die Planungssicherheit des Unternehmens wichtig, um weiter in den Aufbau von Produktionskapazitäten zu investieren. »Without you we would not have had this contract with BioNTech in time« – »Ohne Sie hätten wir den Vertrag mit BioNTech nicht rechtzeitig abgeschlossen«, sagte mir eine der an den Verhandlungen beteiligten Kommissionsmitarbeiterinnen bei meinem letzten EU-Ministerrat in Brüssel am 07. Dezember 2021 zum Abschied.

Was wäre der bessere Weg gewesen? Wenn die EU-Kommission schon für alle siebenundzwanzig Mitgliedstaaten verhandelt, dann hätte das Motto sein müssen: Die EU kauft jetzt Impfstoff, viel und für alle, *whatever it takes*. Und die EU-Kommission hätte dann entschieden und verantwortet, wie viele Impfstoffe von welchem Hersteller sie bestellt. Dafür hätten wir im EU-Haushalt von vornherein dreißig oder gar fünfzig Milliarden Euro für Impfstoffe bereitstellen müssen. Ein begrenzter Topf von 2,7 Milliarden, nur nutzbar für Anzahlungen, in ständigem Abstimmungsbedarf mit allen siebenundzwanzig Mitgliedstaaten – das war angesichts dieser Jahrhundertkrise, in der jeder Lockdown-Tag irgendwo in Europa Unsummen kostete, im Nachhinein die falsche Herangehensweise für europäische Verhandlungen.

Die Europäische Kommission war mit den Strukturen, die dort vorhanden waren – oder vielmehr: eben nicht vorhanden waren –, mit der gewaltigen Aufgabe der Impfstoffverhandlungen und -bestellungen, der Unterstützung beim Aufbau von Produktionsstätten und der Logistik zu Beginn mitunter schlicht überfordert. Als in dieser Frage die öffentliche Kritik am Krisenmanagement der Kommission Anfang des Jahres 2021 zunahm, machte Ursula von der Leyen das Thema zur Chefsache und holte EU-Industriekommissar Thierry Breton, einen früheren Geschäftsmann, Manager und Finanzminister, mit in die Verantwortung für diese Themen.

Die Lehre aber ist: Die Europäische Union muss für solche Krisenlagen strukturell vorsorgen. Die Kommission verfügt ebenso wenig wie die Bundesregierung aktuell über die Ressourcen, die operativen Einheiten oder das entsprechende

Personal, um in einer solchen Krise ad hoc handlungsfähig zu sein. Sie braucht daher eine Behörde oder Agentur, die so ausgestattet ist, dass sie in kürzester Zeit Impfstoffe oder auch andere innovative Technologien unterstützen und beschaffen kann, in akuten Krisen ebenso wie zur Krisenvorsorge. Vorbild sollte die US-Behörde BARDA (Biomedical Advanced Research and Development Authority) sein. Ein richtiger Schritt in diese Richtung ist die Gründung der im September 2021 geschaffenen EU-Behörde HERA (Health Emergency Preparedness and Response Authority), die künftig für Krisenvorsorge und -reaktion bei gesundheitlichen Notlagen zuständig sein soll.

Impfen ebnet den Weg aus der Pandemie

Die Impfkampagne startete in Deutschland und der Europäischen Union kurz nach Weihnachten, am Sonntag, den 27. Dezember 2020. Ausgeliefert worden waren die Impfdosen bereits einen Tag vorher, am 26. Dezember. Der gemeinsame Impfstart in der EU war ein politisch aufgeladener Termin. Die Briten impften bereits, ebenso die US-Amerikaner und die Israelis. Alle warteten sehnsüchtig darauf, dass es auch bei uns losginge. Nach harten Monaten, in denen es nur selten Positives zu vermelden gab, wollte ich zu Weihnachten eine gute Botschaft unters Volk bringen. »Heute ist ein hoffnungsvoller Tag für Europa. Impfen ebnet uns den Weg aus der Pandemie«, so meine Kernbotschaft.[57] Am zweiten Weihnachtstag gab ich daher eine Pressekonferenz, wie ich sie aus heutiger Sicht so nicht wieder machen würde. Vielleicht spielte etwas Übermut mit hinein. Vor allem aber war es der Wunsch, gute Neuigkeiten in einer schweren Zeit zu verbreiten.

Ich hatte eigentlich schon seit dem frühen Herbst 2020 die Deutschen darauf eingeschworen, dass der Impfstoff im ersten Quartal 2021 knapp sein und die Impfkampagne einige Monate dauern würde. Erst im zweiten Quartal werde es deutlich mehr geben. Und bis zum Sommer des nächsten Jahres könnten dann alle geimpft sein, die wollten. Doch dann war ich zu euphorisch: »Es gibt sie, die frohe Weihnachtsbotschaft. (…) Dieser Impfstoff ist der entscheidende Schlüssel, diese Pandemie zu besiegen. Er ist der Schlüssel dafür, dass wir unser Leben zurückbekommen können …«[58]

Bei vielen Menschen kam das an wie: »Jetzt geht es ganz schnell, in drei Wochen sind wir alle geimpft und die Pandemie vorbei.« Dass dieser Eindruck entstehen konnte, war mein Fehler. Ich bedauere das sehr. Denn eigentlich wären die erfolgreiche Erforschung und Produktion des Impfstoffs und der Impfstart Anlass zu Freude und Selbstbewusstsein gewesen. So lenkte meine weihnachtliche Euphorie den Blick ab: von der großen Leistung der Wissenschaftlerinnen und Wissenschaftler, der Verantwortlichen für den schnellen Aufbau der Impfzentren, aller, die zu dieser wichtigsten Maßnahme im Kampf gegen die Pandemie maßgeblich beitrugen.

Deutschland war zum Jahreswechsel noch in einem langen, harten Lockdown. Die Erwartungshaltung war riesig, der Impfstoff aber war knapp. Und so war es kein Wunder, dass Enttäuschung und Frust entstanden. In den Medien wurde über die Lieferung der ersten Impfdosen berichtet: Man sah das Foto eines großen Kühltransporters, auf dessen Ladefläche einsam eine kleine Kiste Impfstoff stand. Wir konnten noch so vehement darauf hinweisen, was für ein Glück es war, dass es überhaupt schon den Impfstoff gab: Gegen die Macht solcher Bilder hatte keine Erklärung der Welt eine Chance.

Und wer entscheidet darüber, wer den knappen Impfstoff

zuerst bekommt? Diese Frage hatte im Vorfeld des Impfstarts heftige politische Debatten hervorgerufen. Entscheidet der Minister? Musste der Bundestag einbezogen werden? Oder der Ethikrat? Und die Ständige Impfkommission (STIKO)? Ich warb für einen Mittelweg, dem die Mehrheit des Parlaments folgte: Der Bundestag legte per Gesetz fest, dass die Priorisierung nach bestimmten Grundsätzen erfolgt. Aber en détail legte die Bundesregierung die Reihenfolge fest, nach Stellungnahmen durch den Ethikrat und die STIKO. Somit war die notwendige parlamentarische Legitimation gegeben. Gleichzeitig war eine Ministerverordnung deutlich flexibler. Denn es war absehbar, dass immer wieder Anpassungen erforderlich werden würden.

Es war Wille des Gesetzgebers, dass die besonders gefährdeten Alters- und Berufsgruppen zuerst geimpft werden sollten. So stand fest, dass zuerst die Pflegebedürftigen und Höchstbetagten sowie das medizinische und pflegerische Personal in Kliniken und Altenheimen geimpft werden sollten. Im November und Dezember 2020 diskutierte ich in mehreren großen Runden mit den Fachleuten unseres Ministeriums über die Priorisierung. Die STIKO wertete viele Studien mit der Frage aus, für welche Gruppen das Risiko von Covid-19 besonders groß war. Sie gab auf dieser Basis in einer Stellungnahme hilfreiche Empfehlungen. Nach und nach entstand so eine Priorisierungsreihenfolge, die unsere Fachleute zu einem Verordnungstext formulierten.

Vieles war eindeutig, aber nicht alles. Es gab Grenzfälle. Kamen Soldatinnen und Soldaten im Einsatz in die eine Priorisierungsgruppe oder in die andere? Wann kamen die Lehrerinnen und Lehrer an die Reihe, wann die Mitarbeiterinnen und Mitarbeiter in den Apotheken? Es war klar, dass wir diese Fragen nicht zur Zufriedenheit aller würden beantworten können.

Trotz allen Abwägens. Wir wussten aus Fokusgruppen-Befragungen: Dass manche Gruppen früher dran waren als andere, wurde grundsätzlich akzeptiert.

Später musste immer wieder Impfstoff weggeworfen werden, weil er keine Abnehmer mehr fand. Vor diesem Hintergrund wirkt der – wohlgemerkt – *politisierte* Verteilungskampf unter den Bundesländern, den wir in den ersten Monaten 2021 erlebten, fast irreal. Dass diejenigen, die in dieser Pandemie besonders verwundbar waren, sich eine möglichst baldige Impfung wünschten, war mehr als verständlich. Dieser Wunsch leitete unser Handeln. Das hätte auch ein Ansporn für gemeinsames Handeln und Zusammenhalt der Politik sein können. Wir hatten mit allen Beteiligten eine Nationale Impfstrategie erarbeitet. Doch in etlichen stundenlangen Videoschalten musste ich mich bei den Bundesländern rechtfertigen, sobald eine Lieferung nicht pünktlich kam. Bei BioNTech gab es zum Beispiel ganz zu Beginn, zum Jahreswechsel 2020/21, eine Woche Verzögerung. Bei der komplexen Produktion lief leider nicht immer gleich alles perfekt. Sofort herrschte Krisenstimmung. Fast alle stürzten sich auf den Bund: »Der Bundesminister ist schuld!« – »Der Bund muss sicherstellen, dass …«, hieß es aus einigen Ländern. Doch der Bund kann wenig machen, wenn der Hersteller mitteilte: »Tut uns leid, es geht gerade wegen technischer Probleme nicht schneller.«

Was sollten wir da tun? Ein Gefühl der Machtlosigkeit verspürte auch ich in solchen Situationen manchmal.

In dieser Zeit kam die irrige Vorstellung auf, man müsse nur die Patente freigeben und sofort könne man überall in Deutschland und in der Welt den BioNTech-Impfstoff produzieren. Aber so einfach läuft es nicht. Ende Mai 2021 folgte ich dem Angebot von Präsident Macron, ihn als Vertreter Deutschlands während seines Staatsbesuchs in Südafrika zu begleiten.

Das war insofern etwas Besonderes, als die Teilnahme eines Regierungsvertreters eines dritten Landes bei solchen bilateralen Besuchen alles andere als üblich ist. Die damalige Außenministerin Südafrikas fand den Deutschen in der französischen Delegation ein wenig merkwürdig und sprach das in kleiner Runde bei unserer Ankunft am Flughafen auch aus: »That's a little odd, this German in the delegation.«

Natürlich gab es einen Grund, weshalb ich dabei war: Der südafrikanische Präsident Cyril Ramaphosa warb seit Wochen sehr eindringlich dafür, dass die internationale Gemeinschaft die Patente für die neuen Covid-19-Impfstoffe freigeben solle. Dadurch würden jedoch die geistigen Eigentumsrechte der Forscherinnen und Forscher entwertet. Deshalb lehnten wir dieses Ansinnen in der Bundesregierung ab, auch die Kanzlerin hatte sich klar dagegen geäußert. Neben diesen grundsätzlichen Erwägungen sprachen aber auch ganz praktische Gründe gegen diesen Weg. Denn die Freigabe der Patente alleine produziert noch keinen Impfstoff. Die Herstellung von Impfstoffen ist einer der komplexesten Produktionsprozesse, die es gibt. Ohne einen intensiven Technologietransfer und ohne Zusammenarbeit und fachlichen Austausch mit den Herstellern ist das nicht zu schaffen, schon gar nicht in kurzer Zeit. Als Bundesregierung setzten wir daher von Anfang an auf Kooperation statt Konfrontation mit den Herstellern. Diese waren dazu auch bereit. Der Hersteller, dessen Impfstoff alle wollten, war das deutsche Unternehmen BioNTech. Die Bundesregierung hatte bereits Vorarbeiten geleistet und finanzielle Mittel in Aussicht gestellt, um in Kooperationen Produktionsstätten auf dem afrikanischen Kontinent aufzubauen. Vor diesem Hintergrund machte es aus französischer Sicht Sinn, dass ein Vertreter Deutschlands an der Reise teilnahm.

Ich nutzte die Gelegenheit, beim offiziellen Abendessen bei

den beiden Präsidenten für diesen Ansatz der Kooperation zu werben. In Afrika gab es bis dahin so gut wie keine Produktionsstätte für Impfstoffe. Mittlerweile sind mehrere Kooperationen zum Aufbau von Impfstoffproduktion, auch unter Beteiligung von BioNTech und Pfizer, mit afrikanischen Ländern wie Ruanda, Südafrika oder dem Senegal geschlossen worden. Die Forderung nach einer Freigabe der Patente wurde und wird aus meiner Sicht eher aus ideologischen als aus tatsächlichen Gründen erhoben.

BioNTech hatte sich sehr früh in der Impfstoffentwicklung mit dem US-amerikanischen Pharmariesen Pfizer zusammengetan. Pfizer verfügt über Wissen, Erfahrung und die Ressourcen, um für ein neues Produkt wie den Covid-19-Impfstoff weltweit Vertrieb und Logistik zu organisieren und um die Produktion in kurzer Zeit hochzuskalieren.

Dass die Produktion des BioNTech-Impfstoffs in Deutschland im zweiten Quartal 2021 so schnell hochgefahren werden konnte, lag auch daran, dass in Marburg ein bestehendes Impfstoffwerk des Schweizer Pharmaunternehmens Novartis übernommen und in kurzer Zeit umgerüstet werden konnte. Den Kauf dieses Werks hatte BioNTech weitsichtig früh in den Blick genommen. Als die Verkaufsverhandlungen sich im August 2020 etwas zogen, telefonierte ich in Rücksprache mit BioNTech mit dem Novartis-Chef, um die Dringlichkeit auch aus Sicht der Bundesregierung zu unterstreichen. Die Gespräche konnten beschleunigt werden. Das Werk musste nach der Übernahme durch BioNTech für eine mRNA-Produktion umgerüstet und neu genehmigt werden. Was bei Impfstoffwerken sonst Jahre braucht, ging hier durch enge, gute Zusammenarbeit aller Behörden von Bund und Land binnen weniger Monate. Das war Rekordzeit. Und hat entscheidend dazu beigetragen, dass die Produktion von Impfstoffen in Deutschland in der ersten Jahreshälfte 2021 enorm angekurbelt werden konnte.

Aber die komplette Bevölkerung binnen weniger Wochen zu impfen wäre niemals möglich gewesen. Als ich an Ostern 2021 das Impfzentrum in Berlin besuchte, waren erst zwölf Prozent der Deutschen einmal geimpft. Aber schon Ende Juni, knappe drei Monate später, war im Grunde jeder, der wollte, geimpft. Dass wir das so schnell schaffen würden, hat mir noch im April 2021 kaum jemand glauben wollen. Es wurden irreführende Impfrechner online gestellt, die den Menschen suggerierten, dass sie beim aktuellen Impftempo erst in drei oder fünf Jahren drankämen. Ich vertraute darauf, dass es in wenigen Monaten klappen würde. Ich vertraute auf die Verträge, die wir vorsorglich geschlossen hatten. Ich vertraute den Unternehmen und ihren engagierten Beschäftigten, dass sie uns wie zugesagt würden beliefern können. Doch es gelang mir nicht, der Mehrheit der Bevölkerung diese Zuversicht zu vermitteln.

Immerhin schafften wir schon kurze Zeit nach meinem Besuch im Impfzentrum, am 28. April 2021, zum ersten Mal mehr als eine Million Impfungen an einem Tag. Das war damals auch im weltweiten Vergleich eine Höchstleistung. Ab diesem Zeitpunkt hielt unsere Impfkampagne das erhöhte Tempo. Später gelang es an manchen Tagen sogar, mehr als 1,5 Millionen Impfungen in Deutschland durchzuführen. Es gibt nur wenige Länder wie China, Indien, die USA oder Brasilien, die ähnlich hohe Impfzahlen an einem Tag geschafft haben.

Zuvor, als Israel, die USA und Großbritannien schneller impften als wir, hatte es besonders wütende Reaktionen gegeben. »Warum die, warum nicht wir?«, hieß es.

Das war einerseits nachvollziehbar. Andererseits fand die Impfkampagne in Israel, einem Neun-Millionen-Volk mit einer Fläche nur etwas größer als Hessen, schlicht unter anderen

Rahmenbedingungen statt. Im Vergleich der absoluten Zahlen an verimpften Dosen lagen wir gar nicht so weit zurück. BioN-Tech und Pfizer hatten aus technischen Gründen bis Ende 2020 nur fünfzig Millionen Dosen für die ganze Welt vorproduzieren können. Die EU erhielt daraus ihren Anteil, wie auch jeweils die USA, Großbritannien und Israel. Es war also so oder so klar, dass wir unter Bedingungen der Knappheit starten mussten. Aber das war verständlicherweise schwer zu vermitteln.

Zu berücksichtigen ist auch, dass wir, anders als die drei genannten Länder, keine Notzulassung für die Impfstoffe erließen. Unser Verfahren einer ordentlichen Zulassung hat zwar drei bis vier Wochen länger gedauert. Aber das zusätzlich gewonnene Vertrauen war uns wichtig. Wer will, dass sich möglichst viele Menschen impfen lassen, sollte nicht mit einer Notzulassung starten. Das war unser Gedanke.

Wir brauchten einen längeren Anlauf, das ist wahr. Aber dann nahm die deutsche Impfkampagne schnell Tempo auf. Darauf hatten wir uns gut vorbereitet, auch kommunikativ. Nach einer relativ kurzen Zeit der Knappheit würde es vor allem darum gehen, die Impfbereitschaft zu erhöhen und Bedenken gegenüber der schnell entwickelten und auf einer neuen Technologie basierenden Impfung auszuräumen. Wir ließen im ersten Teil der Informations- und Aufklärungskampagne unter dem Motto #Ärmelhoch Vertreterinnen und Vertreter der ersten Priorisierungsgruppen zu Wort kommen, darunter Ärztinnen und Ärzte sowie Pflegekräfte. Mit ihrer Aussage, sich impfen zu lassen, gaben sie der Priorisierung ein Gesicht und konnten auch Zweifel zerstreuen.

Die Impfbereitschaft stieg im weiteren Verlauf des Jahres 2021 deutlich an. Wo immer es ging, habe ich für das Impfen geworben. Unsere analogen wie digitalen Kampagnen haben große Reichweiten erzielt. Zeitweise haben wir in bis zu zweiundzwanzig Sprachen, inklusive Gebärdensprache, kommuniziert. Und das auf allen Kanälen: von Plakaten über Fernseh- und Radiospots, von Postkarten bis zu allen relevanten sozialen Netzwerken, inklusive der bei Verschwörungstheoretikern besonders beliebten App Telegram.

Das Interesse an sachlichen Informationen zur Impfung war groß. In dreistündigen digitalen Townhall-Debatten beantwortete ich mit unterschiedlichen Expertinnen und Experten regelmäßig am Samstagnachmittag die Fragen und Sorgen der Bürgerinnen und Bürger. Hunderttausende schauten via YouTube, Facebook und Co. zu. TV-Nachrichtensender schalteten sich teilweise für die ganzen drei Stunden live drauf – so groß war das Interesse an Informationen.

Als die Impfkampagne später stockte, war das Potenzial der Impfwilligen offenbar weitgehend ausgereizt. Das lag nicht an einem Informationsdefizit, sondern an einer Vertrauensbarriere. Dieser Mangel an Vertrauen galt und gilt nur vordergründig dem Impfstoff. Er gilt vielmehr den staatlichen Institutionen, traditionellen Medien und der Wissenschaft allgemein. Dagegen kommen klassische Aufklärungs- und Informationskampagnen kaum an. Dieser Vertrauensmangel in einer kleinen, aber wachsenden Minderheit ist etwas, das mir über die Frage des Impfens hinaus grundsätzliche Sorgen bereitet. Denn ohne ein Minimum an gegenseitigem Grundvertrauen ist ein Gespräch kaum möglich.

Ich wäre vor der Pandemie nicht auf die Idee gekommen, dass sich eine so große Zahl von Menschen in Deutschland in einer solchen Krisenlage nicht impfen lassen würde – trotz eines verfügbaren sicheren Impfstoffs. In unserem Land sind rund zwei Millionen Menschen, die älter als sechzig Jahre sind und bei denen die Wahrscheinlichkeit eines schweren Krankheitsverlaufs im Fall einer Infektion sehr, sehr viel höher ist, trotz dieses Risikos nicht geimpft. Das will mir einfach nicht in den Kopf gehen. Manches Mal hätte ich die Impfmuffel und -verweigerer am liebsten auf die Covid-19-Intensivstationen gezerrt, um ihnen zu zeigen, was dieses Virus anrichten kann.

Eine Impfquote von neunzig Prozent werden wir in Deutschland wohl nicht mehr erreichen. Die Geschwindigkeit, mit der wir rund zwei Drittel der Gesamtbevölkerung und noch deutlich größere Anteile der besonders gefährdeten Gruppen impfen konnten, hat gleichwohl viel Leid und gesundheitlichen Schaden verhindert. Ein Meilenstein für die Impfkampagne war die Entscheidung, dass die Hausärztinnen und Hausärzte nach Ostern mitimpfen konnten. Statt weniger Hundert Impfzentren gab es bundesweit mit einem Schlag Zehntausende Impfstellen in den Arztpraxen. Dafür die Logistik zusammen mit den Großhändlern, Apotheken und Arztpraxen zu organisieren hatte vieler Abstimmungsrunden auch unter meiner Beteiligung bedurft. Als der Impfstoff knapp war und priorisiert werden musste, war die Entscheidung für zentrale Impfzentren richtig. Und sie haben mit den dort möglichen effizienten Massenimpfungen auch ihre Berechtigung. Jetzt, nach Ostern 2021, war immer mehr Impfstoff verfügbar. Die Arztpraxen konnten im großen Stil mitimpfen. Die Arbeit, die hier täglich hunderttausendfach in den Impfzentren, Arztpraxen und an mobilen Stellen geleistet wurde, war und ist wirklich großartig.

Am 03. Juli 2021 waren Angela Merkel und ich zu Besuch im Robert Koch-Institut. In der gemeinsamen Pressekonferenz mit Professor Wieler stellten wir Modellierungen des RKI vor. Die Frage war, welche Impfquote wir vor dem Winter und mit Blick auf die damals vorherrschende Virusvariante mindestens erreichen sollten. Nach diesen Modellen bräuchte es für einen sicheren Winter eine Impfquote von fünfundachtzig Prozent der Zwölf- bis Neunundfünfzigjährigen und neunzig Prozent der über Sechzigjährigen. Das schienen erreichbare Ziele. »Es gibt keine Ausreden mehr«, sagte ich damals. Impfstoff sei da, Termine seien leicht zu bekommen. Voller Überzeugung habe ich im Folgenden oft einen Satz wiederholt, der auch als Motivation gedacht war: Wir impfen uns zurück in die Freiheit.

Doch es reichte am Ende nicht. Im Herbst 2021 hatten sich trotz allen Werbens und aller Mahnungen nicht genug Menschen impfen lassen, um sicher durch Herbst und Winter zu kommen. Drei weitere Entwicklungen erschwerten die Lage:

Erstens: Seit Beginn der Pandemie hatte ein Phänomen erheblich zur Beruhigung der pandemischen Lage beigetragen: Schon in dem Moment, in dem die öffentliche Debatte um Verschärfungen begann und eine MPK angekündigt war, änderten die Bürgerinnen und Bürger ihr Verhalten, wurden vorsichtiger und umsichtiger. Das ließ sich beispielsweise anhand der Mobilitätsdaten nachweisen. Sobald in den Medien berichtet wurde, dass die Intensivbetten knapp werden könnten, schränkten die Deutschen sich selbst ein. Die Corona-MPK hatte ungeachtet der konkreten dort getroffenen Beschlüsse eine hohe Symbolkraft – allein dadurch, dass sie stattfand und die Kanzlerin den Ernst der Lage erklärte.

Im Herbst 2021 jedoch funktionierte das nicht mehr. Vermutlich weil das Gefühl vorherrschte: Jetzt sind wir geimpft, sollen die anderen sich einschränken. Damit erlitt die Solidarität innerhalb der Bevölkerung Brüche in beide Richtungen: nicht nur der Ungeimpften gegenüber den Geimpften, sondern auch umgekehrt. Selbst als die Luftwaffe Patientinnen und Patienten innerhalb Deutschlands mit speziell für solche Transporte ausgerüsteten Flugzeugen verlegen musste, weil etwa in Bayern und Sachsen die Krankenhäuser über keine freien Kapazitäten mehr verfügten, kam der Ernst der Lage nicht mehr bei allen an.

Zweitens: Obwohl wir es besser wussten, handelten wir zu spät. Die Ausgangslage war eben nicht die gleiche wie im Vorjahr. Wir hatten bereits einen Pandemiewinter hinter uns und waren damit – eigentlich – einen Winter klüger. Und so hätten wir die MPK während des Sommers, am 10. August 2021, in einer Zeit, in der es noch niedrige Inzidenzen gab, dazu nutzen *müssen*, »italienische Verhältnisse« einzuführen. Italien hatte die 3G-Regel im Sommer konsequent durchgesetzt. Das hieß, dass nur geimpfte, genesene oder getestete Personen an bestimmten Veranstaltungen teilnehmen oder ihren Arbeitsplatz aufsuchen durften. Die Kraft zu einer solchen frühzeitigen Konsequenz hätte es auch in Deutschland gebraucht. Wir hatten in einem am 02. August 2021 veröffentlichten Konzept unseres Ministeriums mit dem Titel »Sicher durch Herbst und Winter – jetzt die Vorbereitungen treffen«[59] für die zeitnahe Einführung solcher 3G-Regelungen geworben. Auch 2G war als Option genannt. Ich hatte manches Telefonat in diesem Sinne geführt. In diesem Papier hatten wir die langsam, aber stetig steigende vierte Welle klar vorhergesagt. Doch der Sommer war einfach zu schön. Wie im Jahr zuvor. Und weil Wahlen anstanden, waren alle Parteien und ihre Kandidaten bemüht, den Menschen möglichst wenig zuzumuten. Deswegen wollte niemand über 3G- oder 2G-Regelungen diskutieren. Das sollte sich als schweres Versäumnis erweisen.

Drittens: Die Kommunikation war in dieser Situation mein letztes Mittel – aber sie allein konnte unter den gerade beschriebenen gesellschaftlichen und politischen Bedingungen nicht mehr wirken. Zum einen warnte ich seit Juni 2021 immer wieder davor, dass aus dem »Urlaubssommer kein Sorgenherbst«[60] werden dürfte. Wir hatten während des Sommers umfangreiche Beratungen mit wissenschaftlichen Expertinnen und Experten zu den möglichen Szenarien der weiteren Entwicklung durchgeführt.[61] Als dann die befürchtete schwere Winterwelle Ende 2021 kam, sagte ich öfter: »Es ist fünf nach zwölf.« Und dann, als die Lage noch schlimmer wurde, sogar: »Es ist halb eins.« Es verfing nicht.

Als ich schließlich am 22. November 2021 auf einer meiner letzten Pressekonferenzen als Minister Folgendes sagte, war die Aufregung groß: »Wahrscheinlich wird am Ende dieses Winters so ziemlich jeder in Deutschland geimpft, genesen oder gestorben sein.«[62] Das war eine leichte Abwandlung einer Aussage, die auch Karl Lauterbach zuvor getroffen hatte. Ich stehe nach wie vor zu dieser Aussage. Und ich wage die Behauptung, es ist auch so gekommen. Viele Menschen sind sogar geimpft *und* genesen. Aber nahezu jeder in Deutschland ist mittlerweile mindestens geimpft *oder* genesen. Letzteres bei vielen auch, ohne dass sie es bemerkt hätten.

Eine Impfung bleibt in jedem Fall der bessere Weg zur ersten Immunität. Wir konnten ihn in dieser Pandemie so schnell gehen wie nie zuvor. Dieser Erfolg bleibt.

VIII.

Ein Virus kennt keine Grenzen ...

... also darf auch seine Bekämpfung keine Landesgrenzen kennen

Eigentlich wäre Covid-19 eine Chance gewesen, die Welt zusammenzuführen und zu einen. Es war die erste Pandemie, bei der die Weltgemeinschaft fast gleichzeitig von einem Virus betroffen war und zugleich über die Technologie und die Institutionen verfügte, um global einheitlich zu agieren. Der Kampf gegen das Virus war das gemeinsame Ziel. Zeitweise hatte man sogar das Gefühl, aus der Pandemie könnte am Ende bei aller Tragik ein Moment des Aufbruchs für die internationale Gemeinschaft erwachsen. Eigentlich.

Es ist im Nachhinein nicht wirklich gut gelungen. Zu schnell rückten Differenzen und Unterschiede wieder in den Fokus und haben das Gemeinsame verdrängt. China, Russland und der Westen – die Blöcke stehen sich unversöhnlicher denn je gegenüber. Als wir hofften, die schlimmsten Jahre der Pandemie überwunden zu haben, begann Putins Krieg gegen die Ukraine und löschte den letzten Funken Hoffnung auf internationale Ordnung und Stabilität.

Anfangs hat es innerhalb der Europäischen Union wie so oft in einer Krise geruckelt. Es gab auch nationale Alleingänge. Kettenreaktionen, wie wir sie auf der Ebene der Bundesländer erlebten, ergaben sich auch innerhalb Europas: In dem

Moment, in dem der eine EU-Staat etwas entschied, zum Beispiel einen Lockdown, musste die Regierung des benachbarten EU-Landes erst einmal erklären, warum sie eigentlich keinen machte.

Nur gemeinsam sind wir stark – europäische Zusammenarbeit in der globalen Krise

Ich komme aus der Grenzregion zu den Niederlanden und bin keine zehn Kilometer von der Landesgrenze aufgewachsen. Wenn bei uns jedes Jahr am 03. Oktober, dem Tag der Deutschen Einheit, die Geschäfte schließen, fahren Hunderttausende Deutsche zum Bummeln und Einkaufen in die benachbarten Niederlande. Und die Niederländer machen das an ihren Feiertagen umgekehrt genauso. Mit dieser Erfahrung war klar: Ginge beispielsweise Frankreich in den Lockdown, Deutschland aber nicht, hätte das auch massive Auswirkungen auf die grenznahen Gebiete in Deutschland.

Es war an einem Sonntag, dem 15. März 2020, als wir von französischer Seite die Mitteilung erhielten, dass unsere Nachbarn einen strengen Lockdown beschlossen, aber noch nicht verkündet hatten. Ich wurde durch einen Anruf meines französischen Kollegen Olivier Véran informiert. Präsident Macron begründete den Lockdown am Folgetag in einer Rede an die Nation, in der der berühmte Satz »Nous sommes en guerre« fiel: Wir alle seien im Krieg gegen ein Virus.

tagesschau.de, 17.03.2020: »*Gestern Abend hatte Präsident Emmanuel Macron die Ausgangssperre im Fernsehen angekündigt – seit dem Mittag gilt sie. Um die Ausbreitung des Coronavirus einzudämmen, dürfen die Bürger in Frank-*

*reich in den kommenden 14 Tagen ihre Wohnungen in der
Regel nicht mehr verlassen – es sei denn, sie haben zwin-
gende Gründe. Die können beruflich oder medizinisch sein,
oder es geht ums Einkaufen von Lebens- und Arzneimitteln.
Ausnahmen gelten unter anderem bei ›zwingenden familiären Gründen‹ – etwa zur Betreuung eines gebrechlichen
Angehörigen oder von Kindern, da Schulen und Kinderta-
gesstätten seit gestern landesweit geschlossen sind. Auch eine
kurze sportliche Betätigung in der Nähe der Wohnung ist
erlaubt, sofern man dabei allein ist, sowie das Gassigehen
mit Hunden.«*[63]

In der Grenzregion von Frankreich und Deutschland war das
Infektionsgeschehen damals sehr unterschiedlich: Auf französischer Seite, nahe der Grenze zum Saarland, zu Baden-Württemberg und Rheinland-Pfalz, herrschte eine sehr hohe Inzidenz. Ostfrankreich galt als der Corona-Hotspot Frankreichs,
während die Infektionszahlen auf deutscher Seite noch relativ
gering waren. Das RKI hatte diese gesamte französische Region
am 11. März als Risikogebiet eingestuft. Es war zu befürchten,
dass, sobald der Lockdown in Kraft getreten war, trotz der Ausgangssperre ein extrem hohes Pendleraufkommen von Frankreich nach Deutschland die Folge sein würde. Und das Virus
würde mitreisen. An der deutsch-österreichischen Grenze war
die Lage ähnlich.

An diesem Sonntagnachmittag war ich gerade mit Daniel
in Schöneberg spazieren, als ich die Nachricht erhielt, dass es
kurzfristig eine Schaltkonferenz der Bundeskanzlerin mit Bundesinnenminister Horst Seehofer, Bundesfinanzminister Olaf
Scholz, Bundesaußenminister Heiko Maas geben werde. Seitens der Bundesländer nahmen die Ministerpräsidentinnen
und -präsidenten von Bayern, Markus Söder (CSU), Baden-

Württemberg, Winfried Kretschmann (Grüne), Rheinland-Pfalz, Malu Dreyer (SPD), und des Saarlands, Tobias Hans (CDU), teil. Zeit, es vorher noch bis nach Hause zu schaffen, war keine. So stellte ich mich für das Telefonat in den nächstbesten geschützten Hauseingang.

Wie sollte Deutschland reagieren, um zu verhindern, dass das Virus aus Nachbarländern eingeschleppt wurde? Waren Grenzschließungen die Antwort? Wir erörterten die Lage. Schließlich beschloss die Runde, die Grenzen zwar nicht zu schließen, jedoch ab dem Folgetag, dem 16. März morgens, Grenzkontrollen einzuführen. Der Grenzverkehr nicht nur zu Frankreich, sondern auch zu Luxemburg, Österreich, Dänemark und der Schweiz wurde stark eingeschränkt. Einreisen waren für Personen, die nicht deutsche Staatsbürger oder Inhaber eines dauerhaften Wohnsitzes in Deutschland waren, zunächst nicht mehr möglich. Nur wer einen triftigen beruflichen oder familiären Grund hatte, durfte die Grenzen weiterhin passieren.

Grenzen des europäischen Schengen-Raums faktisch zu schließen war bis dahin etwas Undenkbares, ein Tabu. Es dennoch zu tun war für uns eine schwierige, schmerzhafte Entscheidung. Sie hat in der Grenzregion bis heute Wunden hinterlassen. Pendler fürchteten um ihre Arbeitsplätze, der Unmut über die langen Staus an den Grenzen wuchs. Es gab spürbare Auswirkungen auf die lokale Wirtschaft und die Kultur beidseits der Grenzen. Erst nach drei Monaten, am 15. Juni 2020, endeten die Grenzkontrollen.

Aus den Dynamiken dieser Zeit und den zu oft national getroffenen, unabgestimmten Entscheidungen müssen wir politische Lehren ziehen. Die Reisefreiheit im Schengen-Raum ist eine der wesentlichen Errungenschaften der europäischen Integration. Um sie zu erhalten, um auf gemeinsame Herausforderungen gemeinsam reagieren zu können, müssen die Schengen-Mitglieder miteinander entscheidungsfähig sein, wenn nötig mit dem gebotenen Tempo. Denn schon vor der Pandemie, in der Migrations-Krise der Jahre 2015 und 2016, ist der Bedarf an besserer Abstimmung und Handlungsfähigkeit der Schengen-Mitgliedsländer offenkundig geworden. Dafür braucht es entsprechende politische Institutionen. Deswegen ist zum Beispiel der sogenannte Schengen-Rat sinnvoll, wie ihn Präsident Macron vorgeschlagen hat. Er hat am 03. März 2022 unter französischer Präsidentschaft zum ersten Mal getagt. Als Vorbild dient Macron dabei die Euro-Gruppe. Diese wurde in der Zeit der Finanz- und Eurokrise geboren, mit einem Sekretariat ausgestattet und ermöglicht heute enge, verbindliche Absprachen zwischen ihren Mitgliedern.[64]

Die Pandemie hat uns manches vor Augen geführt, das zuvor selbstverständlich erschien und was wir deswegen manchmal nicht genug wertschätzen. Ein Europa der offenen Grenzen gehört zweifelsfrei dazu.

Fast parallel lief eine weitere Kettenreaktion im deutsch-französischen Zusammenspiel: Als Schutzmasken noch knapp waren, verboten die französischen Behörden Anfang März 2020 deren Ausfuhr und ließen Masken sogar durch die Polizei beschlagnahmen. Daraufhin verhängten wir am 04. März 2020 auch in Deutschland eine Exportbeschränkung. Kein Verbot, aber eine Beschränkung. Das bedeutete, dass Ausfuhren von Masken angezeigt und genehmigt werden mussten. Der Schweizer Kollege rief an und beschwerte sich ebenso wie der österreichische über unser Vorgehen: »Wir warten auf unsere bestellten Lieferungen. Lasst ihr keine Masken mehr raus?«

Die deutsche Exportbeschränkung löste massive Verärgerung in unseren Nachbarländern aus, wie zuvor bei uns die französische Entscheidung. Überall wurden die Lieferketten durcheinandergebracht. Jeder kleine Eingriff hatte enorme Folgen im verzahnten europäischen Binnenmarkt. Als Polen später Grenzkontrollen einführte, stauten sich die Lastwagen anfangs zwanzig, dreißig Kilometer nach Deutschland hinein zurück.

Die Exportbeschränkung für Masken hoben wir nach kurzer Zeit wieder auf, nachdem endlich die Europäische Kommission eine Beschränkung für Exporte außerhalb der EU erlassen hatte. Damit war die Solidarität innerhalb Europas wiederhergestellt. Im Laufe der nächsten Wochen und Monate wurden die Abstimmungen – ob bei Grenzmaßnahmen, Einreisebestimmungen, 2G und 3G, der gegenseitigen Anerkennung von Impf- und Testnachweisen oder der Teststrategie – zwischen den EU-Mitgliedstaaten deutlich besser. Wir besprachen uns regelmäßig im Gesundheitsministerrat der EU.

Eine wichtige europäische Lehre aus der Pandemie ist die Stärkung des Europäischen Zentrums für die Prävention und die Kontrolle von Krankheiten, kurz ECDC (European Centre for Disease Prevention and Control). Das ECDC soll die Zusammenarbeit in der EU bei der Verhütung und Kontrolle übertragbarer Krankheiten verbessern. Es hatte sich bislang im Wesentlichen als Sammelstelle für Informationen betätigt. Um eine Pandemie wie diese vernünftig begleiten zu können, war die Behörde viel zu klein. Mir war schnell klar: Sie braucht einen größeren Etat und mehr Handlungsmöglichkeiten. Sie muss sich zu einem europäischen Robert Koch-Institut entwickeln, das insbesondere auch kleineren EU-Staaten ohne eigenes RKI-Pendant tatkräftig vor Ort zur Seite stehen und über die EU hinaus auch in internationalen Gesundheitskrisen einsatzfähig sein kann. Die Gründung einer European Health Task Force mit global einsetzbaren Experten nach dem Vorbild des US-amerikanischen CDC ist Teil des Plans. Das ECDC soll auf Augenhöhe mit dem US-CDC agieren. Unter unserer deutschen EU-Ratspräsidentschaft in der zweiten Jahreshälfte 2020 konnten wir dazu erste wichtige Entscheidungen treffen. Dafür müssen wir im nächsten Haushalt der EU das entsprechende Geld zur Verfügung stellen.

Wir brauchen im EU-Haushalt sowieso mehr solcher Aufgaben und Ausgaben. Der Schwerpunkt der Ausgaben liegt bisher auf Programmen, bei denen es um die finanzielle Förderung von Projekten in einzelnen Ländern geht. Dann schaut jeder darauf, wie viel habe ich brutto eingezahlt, wie viel habe ich durch Förderung wieder herausbekommen, und bin ich dann netto Gewinner oder Verlierer?

Das ist aber die falsche Logik. Wir brauchen mehr Projekte mit europäischem Mehrwert für alle. Der Aufbau der Grenzbehörde Frontex, die Förderung der Krebsforschung, militärische Hilfe für die Ukraine oder eben die Stärkung des ECDC – bei diesen europäischen Projekten macht die beschriebene nationale Brutto-/Netto-Betrachtung keinen Sinn. Alle profitieren gleichermaßen davon. Wirklicher europäischer Mehrwert eben.

»Kein Land kann die Krise isoliert und allein bestehen. (…) Europa braucht uns, so wie wir Europa brauchen«, sagte Angela Merkel in ihrer Regierungserklärung im Deutschen Bundestag im Juni 2020, kurz vor der Übernahme der EU-Ratspräsidentschaft. Wie viel Solidarität mit unseren europäischen Partnern aber konnten wir uns in der Pandemie erlauben? Dank besserer Versorgungslage konnten wir im Lauf der Pandemie mehrfach wichtiges medizinisches Material, von Beatmungsgeräten bis Masken, an unsere europäischen Nachbarn weiterreichen. Bei vielen von ihnen wütete Covid deutlich schlimmer als bei uns. Umgekehrt nahmen sie Patientinnen und Patienten auf, als es bei uns kritisch wurde. Das war ein wichtiger Beitrag zum europäischen Miteinander.

Am 14. Juli 2020 lud Präsident Macron die Gesundheitsministerinnen und -minister Deutschlands, Österreichs, Luxemburgs und der Schweiz anlässlich des französischen Nationalfeiertags nach Paris ein, um der Parade auf den Champs-Élysées beizuwohnen. Frankreich wollte damit auch den Deutschen danken. Wir hatten französische Patientinnen und Patienten, vor allem aus grenznahen Regionen, in deutsche Kliniken aufgenommen, als die Intensivbetten in Ostfrankreich knapp wurden. Das zeigt: Gesundheitspolitik hatte in dieser Pandemie eine außergewöhnlich große europäische und außenpolitische Dimension, vor allem in der Frage, wie wir anderen geholfen und Solidarität gezeigt haben.

Patientinnen und Patienten aus anderen europäischen Ländern wie Frankreich, Italien oder Tschechien in deutschen Krankenhäusern aufzunehmen und zu versorgen, löste bei uns aber auch Diskussionen aus, die mit dem Solidargedanken nichts mehr zu tun hatten. In den sozialen Netzwerken liefen böse Kampagnen. Mit der Frage »Und was machen wir, wenn wir unsere Intensivbetten selbst brauchen und da liegen dann andere drin?« wurde Stimmung gemacht. Letztlich waren es nur wenige Patientinnen und Patienten, um die es hier ging – nicht Hunderte oder Tausende. Trotzdem musste man immer mitdenken: Wie reagiert die eigene Bevölkerung, wenn wir »zu« solidarisch sind und womöglich unsere eigenen Kapazitäten an ihre Grenzen kommen? Das galt ebenso bei der Abgabe von Beatmungsgeräten oder Masken an andere Länder. Ich habe da gegenüber unseren europäischen Nachbarn immer mit offenen Karten gespielt und dieses Dilemma offengelegt. Und sie haben immer gleich verstanden, was ich meine, und Verständnis gezeigt. Wir haben dann von Fall zu Fall entschieden. Solidarisch mit den Nachbarn zu sein, das war mir aus innerer Überzeugung ein Anliegen. Freunde helfen sich in der

Not. Und Deutschland wird diese nachbarschaftliche Hilfe früher oder später auch mal brauchen, dessen bin ich mir sicher.

Europa der Pioniere

Seit Längerem beschäftigt mich die Frage, wie wir innerhalb der Europäischen Union Solidarität stärken und in Krisen handlungsfähiger werden können. Krisen, richtig verstanden und genutzt, können wichtige Anstöße für Veränderung liefern und uns helfen, das vereinte Europa weiterzuentwickeln. Das ist uns in der Geschichte Europäischer Integration häufig gelungen. Dabei sollten wir dem Geist Jean Monnets folgen, einem der Gründungsväter der EU. Dieser verwies immer wieder auf das große Ziel – Frieden und Einheit – und war sich zugleich der Notwendigkeit gangbarer politischer Schritte und institutioneller Zusammenarbeit bewusst. Von ihm lernen heißt, trotz aller Krisen und realpolitischer Zwänge unsere Ambitionen und langfristigen Interessen und Ziele nicht aus dem Blick zu verlieren.

Um die EU weiterzuentwickeln, halte ich die Idee eines »Europas der Pioniere« für besonders zielführend. Das Europa der Pioniere besteht aus Nationalstaaten, die intensiver zusammenarbeiten wollen, auch wenn nicht alle anderen Mitgliedstaaten der EU mit an Bord sind. Pioniere gehen voran und ebnen den Weg. Sie warten nicht auf den Letzten und nicht auf Brüssel. Aber jeder *kann* sich ihnen anschließen. Darin sehe ich die große – und einzige – Chance, die EU auf wichtigen Feldern in den nächsten Jahren voranzubringen. Und zwar in dem Tempo und mit der Ambition, die es mit Blick auf die geopolitischen, ökonomischen und ökologischen Aufgaben braucht. Die EU muss ihren Werteraum und ihre Demokratie schützen, Innovationen und freies Wirtschaften ermöglichen und ein Mindestmaß an sozialem Schutz gewährleisten. Dieser Dreiklang macht Europa stark und einzigartig im globalen Wettbewerb der Systeme.

Bei der Gründung einer Verteidigungsunion konnten jahrzehntelang zu wenig Fortschritte erreicht werden. Immer wollte irgendein Mitgliedstaat nicht mitziehen und blockierte. Ein Europa, das immer auf den Letzten wartet, kommt nicht voran. Deshalb nutzten Deutschland und Frankreich die von den europäischen Verträgen eröffneten Spielräume. Sie ergriffen die Initiative, um »im Hinblick auf Missionen mit höchsten Anforderungen untereinander weitergehende Verpflichtungen« einzugehen, wie es im Artikel 42 des Vertrags über die Europäische Union ausdrücklich vorgesehen ist. Aus dieser Initiative ging 2017 die EU-Verteidigungsinitiative PESCO (Permanent Structured Cooperation, also: Ständige Strukturierte Zusammenarbeit) hervor, der sich nach und nach fünfundzwanzig Mitgliedstaaten angeschlossen haben.

Funktioniert hat das Modell der Pioniere in der Anfangsphase der Impfstoffbeschaffung, als sich Deutschland, Italien, Frankreich und die Niederlande als Inklusive Impfallianz zusammenschlossen. Mit der Allianz konnten wir zügig und effizient agieren, ohne gleich alle einbinden oder die Prozesse der Kommission abwarten zu müssen. Gleichzeitig haben wir als Pioniere immer gesagt, wir arbeiten inklusiv, das heißt wenn ein anderer Mitgliedstaat von unseren Verträgen profitieren und beitreten will, soll er das tun können.

Das ist genau der Ansatz, in dem ich ein Europa der Pioniere verwirklicht sehe: Zwei oder drei Mitgliedstaaten gehen voran und vereinbaren in einem bestimmten Politikbereich eine vertiefte Zusammenarbeit und geben dieser auch institutionalisierte Strukturen. Gleichzeitig sind sie dabei inklusiv:

Jeder andere der siebenundzwanzig Mitgliedstaaten der EU ist jederzeit eingeladen, beizutreten und mitzumachen. Künftige Initiativen sollten in ähnlicher Weise Spielräume oder Leerräume der Verträge nutzen und vorangehen. Nicht jede politische Herausforderung konnten die Verträge vorhersehen oder lässt uns in Krisen Zeit, die Verträge grundlegend zu verändern. Umso wichtiger ist es, dass in der EU ein Europa der Pioniere handlungsfähig ist und an Agilität gewinnt.

Zwei Beispiele aus dem Bereich der Wirtschafts- und Energiepolitik: Erstens sollten einige Pioniere den Weg zu einer stärkeren Vereinheitlichung des Unternehmenssteuerrechts starten. Ein kompliziertes, überall unterschiedliches Unternehmenssteuerrecht erschwert es unserer Wirtschaft, ihr volles Potenzial im Binnenmarkt auszuschöpfen. Gleichzeitig dürfen wir uns nicht gegeneinander ausspielen lassen, weil sich Unternehmen die jeweils besten Sonderregelungen aussuchen und damit Steuern vermeiden. Deutschland und Frankreich hatten schon vor Jahren damit begonnen, eine gemeinsame Grundlage für eine einheitliche Besteuerung von Unternehmen zu entwickeln. Bisher leider noch ohne konkrete Ergebnisse. Wenn es diesen beiden Staaten wirklich gelänge, hier ein einheitliches Steuerrecht einzuführen, wäre das ein riesiger erster Schritt. Andere Staaten, wie beispielsweise die Benelux-Länder, könnten sich anschließen.

Ein von der Kommission in den Blick genommener Ansatz, bei dem sich alle siebenundzwanzig Mitgliedstaaten auf ein einheitliches Steuerrecht einigen, wird Jahrzehnte brauchen – wenn er überhaupt je Erfolg hat.

Zweitens sollten einige Pioniere den Weg zu einer echten europäischen Wasserstoffwirtschaft ebnen. Kohle, Atom, Stahl, die Montanunion, das war die Geburtsstunde der Europäischen Gemeinschaft. So wie Kohle im 19. und weiten Teilen des 20. Jahrhunderts wird Wasserstoff die Energiequelle des 21. Jahrhunderts werden. Ohne Wasserstoff wird der Umbau hin zu einer klimaneutralen Industrie nicht gelingen. Und dieser Umbau ist dringend nötig. Dafür braucht es vor allem auch Projekte grenzüberschreitender Wasserstoffinfrastruktur, etwa gemeinsam betriebene Wasserstoffterminals in den Seehäfen.

Das Europa der Pioniere unterscheidet sich von einem Europa der verschiedenen Geschwindigkeiten, in dem alle Mitglieder das gleiche Ziel teilen, das sie lediglich unterschiedlich schnell anstreben. Das Europa der Pioniere ermöglicht Fortschritte, auch wenn nicht alle das gleiche Maß an weiterer Vertiefung wollen. Das Pioniermodell ist auch eine Alternative zur Gemeinschaftsmethode: Bei Letzterer werden Integrationsfortschritte, wie in der etablierten europäischen Gesetzgebung, maßgeblich von Kommission, Parlament und Rat betrieben. Das bedeutet aber auch, dass die allzu eingeübten Blockadehaltungen und daraus folgenden Kompromissschleifen einem raschen Erfolg im Weg stehen, sprich: Wir warten wieder auf den Letzten.

Die Wahl zwischen Pioniermodell und Gemeinschaftsmethode wird eine Grundsatzfrage für die Weiterentwicklung der EU sein. Ich setze darauf, dass wir über die unterschiedlichen Ansätze noch engagierter und kontroverser diskutieren. Bevor wir neue Staaten in die Union aufnehmen, sollten wir an unsere eigenen Fundamente ran, diese verbessern und durch ein Europa der Pioniere mehr Luft und Flexibilität ins System lassen. Das stärkt unsere Handlungsfähigkeit. Schon jetzt gerät der Staatenverbund, gefangen im Einstimmigkeitsprinzip, regelmäßig an seine operativen Grenzen und droht an grundlegenden Fragen zu zerbrechen. Eine bloße Hoffnung, dass alle EU-Mitglieder sich schon irgendwie einigen werden, wenn lange genug gewartet wird, eignet sich für Krisen nicht.

Ein Europa der Pioniere muss dabei weder zum Stückwerk verkommen noch dem Unionsgedanken widersprechen. Vielmehr kann das Pioniermodell den Weg hin zu umfassenden Lösungen, zu Gesamtkompromissen gerade erst eröffnen. Zum Beispiel: Wir gehen mit Frankreich im Bereich der Außen- und Verteidigungspolitik voran, idealerweise inklusive der Frage einer gemeinsamen nuklearen Abschreckung. Im Gegenzug sind wir Deutschen aber bereit, die nächsten Schritte in der Währungs- und Fiskalpolitik zu gehen, etwa bei der Bankenunion. Das wäre ein zukunftsfähiges Gesamtpaket, das verschiedene politische Prioritäten der europäischen Partner zusammenbindet und Blockaden im Kompromiss auflösen kann. Nicht der kleinste gemeinsame Nenner ist das Ziel – sondern volle Kraft voraus in wichtigen Politikfeldern mit europäischem Mehrwert. Und dies immer in der Absicht, anschlussfähig zu bleiben für alle, die mit voranschreiten wollen.

Warum die WHO mehr Zähne braucht

Wir hatten sehr früh eine wöchentliche Schalte der Gesundheitsminister der G-7-Staaten eingerichtet. Wie es dazu kam, war allerdings etwas ungewöhnlich. Am 01. Februar 2020 waren mein Mann Daniel und ich auf dem Weg zum Ball des Sports nach Wiesbaden. Das war die letzte Veranstaltung dieser Art, die ich noch besuchte. Kurz vor dem Ziel hielten wir am Straßenrand, denn ich war noch zu einem Telefonat mit Alex Azar, Trumps Gesundheitsminister, verabredet. Die Initiative dazu war von mir ausgegangen. Ich wollte – nicht zum ersten Mal – dafür werben, dass wir uns in der Pandemie mit den westlichen Partnern enger abstimmen sollten. Wir, die

235

Mitglieder der G7, sollten uns auf Gesundheitsministerebene regelmäßig austauschen.

»Yeah, it's great, great«, sagte Alex, um dann zu fragen, wer die USA dazu einladen werde: »How are we gonna do this, who is gonna invite us?«

Na ja, meinte ich, *er* müsse einladen, denn die USA hätten aktuell die Präsidentschaft inne. Das G-7-Format war Präsident Donald Trump bekanntermaßen nicht besonders wichtig, er wollte die G-7-Koordination wie alle multilateralen Formate klein halten. Das Weiße Haus hatte daher eigentlich entschieden, ein G-7-Treffen der Gesundheitsministerinnen und -minister während seiner Präsidentschaft wäre überflüssig. Aus diesem Grund hatte mein US-amerikanischer Kollege gar nicht auf dem Schirm, dass er gerade selbst der Vorsitzende der G-7-Gesundheitsministerinnen und -minister war. Als ich ihn daran erinnert hatte, sagte er: »Okay okay, we're gonna do it.«

Tatsächlich fand in der Woche darauf die erste G-7-Telefonschalte der Gesundheitsministerinnen und -minister aus den USA, Frankreich, Großbritannien, Deutschland, Italien, Japan und Kanada statt. Seitdem konferierten wir über ein Jahr lang fast wöchentlich eine Stunde, später mindestens einmal im Monat. Wir tauschten uns über unsere Erfahrungen in der Pandemie aus und koordinierten unsere Arbeit in der Weltgesundheitsorganisation (WHO), die als internationale Organisation in der Krise noch einmal eine ganz neue Bedeutung bekam.

Die WHO hatte am 30. Januar 2020 die sogenannte Gesundheitliche Notlage internationaler Tragweite ausgerufen. Von Anfang an war klar, es geht bei der WHO als politischer Organisation nicht nur um Gesundheit, sondern immer auch um ganz viel Politik. Für die WHO war es insgesamt eine schwierige Zeit. Als Institution kann sie viel fordern, aber wenig umsetzen oder gar erzwingen. Sie ist nicht besonders durchsetzungsstark. Um das zu werden, braucht sie dringend Reformen. Ihr Pendant auf der Wirtschaftsseite, die Welthandelsorganisation (WTO), verfügt über einen ganzen Katalog an Sanktionen und Maßnahmen – von Strafzöllen bis hin zum Ausschluss –, wenn sich ein Land nicht an die gemeinsam beschlossenen Regeln hält. Wer bei der WHO gegen internationale Gesundheitsregeln, immerhin gültiges internationales Recht, verstößt und zum Beispiel einen größeren Ausbruch einer Infektionskrankheit nicht schnell genug meldet, dem drohen dagegen keinerlei Konsequenzen.

Die WHO als Institution ist schwach. Sie muss zu viele Interessen gleichzeitig vertreten und behindert sich fast zwangsläufig selbst. China und die USA tragen seit Jahren auch im Rahmen der WHO einen Stellvertreterkonflikt aus. Zudem blockieren regionale Differenzen wie in Lateinamerika, die wir in Deutschland kaum wahrnehmen, die Arbeit der WHO. Und als dann Mitte 2020, *nach* Beginn der Pandemie, die Trump-Administration beschloss, aus der WHO auszutreten, und die USA als größter Geldgeber der Organisation ihr Engagement zu reduzieren begannen, da drohte der zu zahnlose Tiger WHO auch noch pleitezugehen.

Mein französischer Kollege Olivier Véran und ich flogen im Juni 2020 nach Genf, um öffentlichkeitswirksam zusätzliche Gelder und Unterstützung für die WHO seitens Deutschlands und Frankreichs in Aussicht zu stellen. Ein klares Zeichen, mit dem wir die Bedeutung der WHO für die Weltgemeinschaft unterstreichen wollten. Deutschland war damit in den Jahren 2020 und 2021 sogar der größte Geldgeber der WHO. Gemeinsam versuchten wir, die Lücke zu füllen, die die USA gerissen hatten. Wir haben immer dafür geworben, dass die USA in der WHO bleiben. Denn eine WHO ohne die USA ist nicht mal mehr die Hälfte wert. Mit der Amtsübernahme von Präsident

Biden in Washington im Januar 2021 war dann klar, die USA bleiben Mitglied der WHO.

Was muss passieren, damit die WHO als Institution schlagkräftiger und nicht mehr so sehr von politischen Interessen einzelner Staaten zerrieben wird? Zunächst einmal braucht es einen internationalen Pandemievertrag. Dieser regelt Rechte und Pflichten der Mitgliedstaaten und erhöht die Durchsetzungs- und Sanktionsmöglichkeiten seitens der WHO. Wenn beispielsweise ein Land im Falle eines Virusausbruchs nicht mit der WHO kooperiert, sollten durch die WHO einheitliche Reisebeschränkungen aller anderen WHO-Mitglieder für die Ausreise aus diesem nicht kooperativen Land verhängt werden können. Expertenteams der WHO sollten regelmäßig die Compliance der Mitgliedstaaten bei der Umsetzung der Internationalen Gesundheitsvorschriften kontrollieren und dokumentieren. Auch Deutschland hat seine internationalen Flug- und Seehäfen nicht ausreichend mit der nach dem internationalen Recht erforderlichen Gesundheitsinfrastruktur ausgestattet. Wir brauchen eine verlässlichere Finanzierung, sodass die WHO in einer Krise robust und handlungsfähig bleibt. Dafür müssen die Mitgliedstaaten stärker und zuverlässiger in die Finanzierung gehen. Viele Tätigkeitsbereiche sind heute nicht durchgängig über Mitgliedsbeiträge finanziert, sondern über Projektmittel. Auf diese Weise lässt sich keine dauerhafte Struktur etablieren, die in der Krise funktioniert.

Da die Mitgliedstaaten ihre eigene Organisation nicht so ausstatten, wie es für die Erfüllung ihrer Aufgaben nötig wäre, sind private Stiftungen und Institutionen als Geldgeber immer stärker eingesprungen. Die Gates-Stiftung war zeitweise sogar der größte Geldgeber der WHO. So richtig privates Engagement ist, ist es in dieser Dimension dauerhaft keine gute Lösung. Eine wichtige internationale politische Institution wie die WHO muss zuallererst durch ihre Mitglieder finanziert werden. Auch Deutschland muss bereit sein, seinen Mitgliedsbeitrag deutlich zu erhöhen.

Trotz aller beschriebenen Probleme ist die WHO in dieser Pandemie für die internationale Zusammenarbeit unverzichtbar. Der Generaldirektor der WHO, Dr. Tedros Adhanom Ghebreyesus – von allen einfach nur anerkennungsvoll Tedros genannt –, hat durch seine Persönlichkeit, sein Engagement und seinen Fleiß viel von den institutionellen Defiziten der WHO ausgeglichen. Die Krise hat dennoch gezeigt, dass und wo Handlungsbedarf besteht. Einen Beitrag zur besseren Pandemievorsorge der Weltgemeinschaft haben wir noch während meiner Amtszeit mit der Eröffnung eines maßgeblich von Deutschland finanzierten Pandemie-Frühwarnzentrums der WHO (WHO Hub for Pandemic and Epidemic Intelligence) in Berlin geleistet. Dieser Hub soll weltweit Daten sammeln und auswerten, Forscherinnen und Forscher vernetzen und Länder bei Ausbrüchen beraten – und auf diese Weise die Welt sicherer machen. Das ist ein kleiner Anfang, um die Strukturen der WHO zu stärken.

Auch wenn wir darüber hinaus für neue Regeln und Strukturen nächtelang Kompromisse suchen müssen: So mühsam und langwierig das sein mag, es ist immer noch besser, als wenn jedes Land sein eigenes Süppchen kocht oder Konflikte gar auf dem Schlachtfeld ausgetragen werden. Jetzt gibt es immerhin erste Ansätze zur Reform der WHO, beispielsweise den erwähnten Prozess für einen WHO-Pandemievertrag sowie eine Anpassung der Internationalen Gesundheitsvorschriften. Die Frage ist, ob das trägt. Jetzt hat sich ein Fenster für Reformen aufgetan. Entweder nutzen wir es bald – oder gar nicht. Wenn wir es nicht tun, werden bei der nächsten Krise alle sagen: »Hätten wir mal damals …«

IX.

»Wir werden einander viel verzeihen müssen.«

Ein Satz, der bleibt

Alle lagen in dieser Pandemie mal falsch. Die Politik musste Entscheidungen korrigieren oder gar zurücknehmen. Jeder Journalist, jede Journalistin wird irgendwann in dieser Pandemie etwas geschrieben, gesagt oder kommentiert haben, was sich später als falsch herausstellte. Jeder Experte, jede Expertin wird eine Einschätzung aufgrund neuer Erkenntnisse revidiert haben. Wahrscheinlich geht es selbst den meisten Bürgerinnen und Bürgern so, dass sie am Mittagstisch mal mit Inbrunst eine These vertreten haben, die sie heute nicht mehr richtig finden. Umso wichtiger ist es, dass es möglich ist, um Verzeihung zu bitten – und dass verziehen wird. Fatal wäre es, wenn sich die Fronten in Sturheit immer mehr verhärteten. Geht es uns beim Umgang mit Fehlern um abschließende Schuldzuweisung oder um lernende Aufarbeitung? Das ist die entscheidende Frage.

Der 22. April 2020 war ein Mittwoch, an dem im Bundestag eine reguläre Regierungsbefragung anstand. Eigentlich war vorgesehen, dass sich nur Bundesverkehrsminister Andreas Scheuer (CSU) den Fragen der Abgeordneten stellt. Aber wegen der aktuellen Corona-Lage war ich vom Parlament auch dazugebeten worden.

Ein paar Tage zuvor hatte ich mit Hendrik Wüst (CDU) telefoniert, damals noch Verkehrsminister in Nordrhein-Westfalen. Wir kennen uns seit fast fünfundzwanzig Jahren, waren zusammen in der Jungen Union aktiv, kommen beide aus dem Kreis Borken. Wir sprachen darüber, nicht zum ersten Mal, wie es weitergeht, wenn die Pandemie eines Tages vorbei ist. Was würde sich in unserem Land durch diese Krise grundlegend verändert haben? Denn dass alles wieder so sein würde wie vorher, war schon im Frühjahr 2020 nicht vorstellbar. Wie schafft es eine Gesellschaft, wieder zusammenzukommen, nachdem sie sich entzweit hat? Es war der vierte Monat der Pandemie. *Erst* der vierte! Wir sprachen über Fehleinschätzungen und wie wir als politisch Verantwortliche damit umgehen. Dass wir eine Haltung zueinander finden müssen, durch die wir Probleme ehrlich und offen besprechen und aufarbeiten, aber nicht in Bitterkeit. Unerbittlichkeit, ein Wort, über das ich viel nachgedacht habe. Nicht erbittlich, nicht zugänglich für jemanden, der um Vergebung bittet – waren wir wirklich so geworden? Diesen Gedanken fand ich interessant. Und er arbeitete nach diesem Gespräch in mir.

Am Vormittag des 22. April fand erst noch eine reguläre Sitzung des Gesundheitsausschusses statt. Dieser tagt nichtöffentlich. In der Zeit der Pandemie habe ich über zwei Jahre fast an jeder Sitzung des Ausschusses teilgenommen und den Abgeordneten ohne zeitliche Begrenzung Rede und Antwort gestanden. Für mich als überzeugten Parlamentarier war immer klar: Der erste Ort, an dem sich ein Minister verantworten muss, ist das Parlament. Im Laufe der Sitzung sagte ich eher beiläufig den Satz, in ähnlicher Form, wie er später bei der Fragestunde fiel. An den Gesichtern der Zuhörenden konnte ich sehen, wie einige bei dem Wort »verzeihen« ins Grübeln kamen. Später, im Bundestagsplenum, habe ich den Satz in meine Antwort auf eine Frage von Gesine Lötzsch (Linke) eingeflochten. Man kann darüber streiten, ob die Formulierung als Reaktion auf Frau Lötzschs Frage eigentlich Sinn ergab. Aber der Satz war seit dem Morgen in mir gereift. Er kam dann aus dem Bauch heraus, und er fühlte sich richtig an.

Protokoll der Regierungsbefragung am 22. April 2020:

Dr. Gesine Lötzsch (DIE LINKE):
Ich habe eine Nachfrage. – Vielen Dank, Herr Minister. – Herr Präsident! In der vergangenen Woche, als die Maßnahmen beschlossen wurden, haben ja Vertreter aller Fraktionen, auch der Fraktionen, die Sie tragen, also der Union und der SPD, gesagt: Wir werden sicher auch Fehler machen, und wir müssen schnellstmöglich diese Fehler korrigieren. – Sind Sie nicht mit mir der Auffassung, dass es ein Fehler ist, an Unternehmen, die jetzt Dividenden ausschütten, Boni oder Aktienrückkauf ermöglichen, Staatshilfen auszuzahlen?

Bundesgesundheitsminister Jens Spahn:
Ich wäre, Frau Kollegin, mit Ihnen einer Meinung, dass man das wahrscheinlich in dieser Pauschalität gar nicht beurteilen kann, sondern dass man sich die Situation etwas individueller und spezifischer anschauen müsste.
Bei etwas anderem bin ich ausdrücklich Ihrer Meinung – das will ich auch grundsätzlich zu anderen Debatten, etwa auch gerade zur Maske und anderem, sagen –, dass wir nämlich miteinander in ein paar Monaten wahrscheinlich viel werden verzeihen müssen, weil noch nie – ja, Sie mögen lachen; ich will es trotzdem mal sagen – in der Geschichte der Bundesrepublik und vielleicht auch darüber hinaus in so kurzer Zeit unter solchen Umständen mit dem Wissen, das verfügbar ist

243

und mit all den Unwägbarkeiten, die da sind, so tiefgreifende
Entscheidungen haben getroffen werden müssen; das hat
es so noch nicht gegeben. Ich bin immer ganz neidisch auf
diejenigen, die schon immer alles gewusst haben.
Wir haben in den letzten Wochen alle gemeinsam viel dazu-
gelernt, auch über dieses Virus und über manche Folgen
von Entscheidungen. Ich bin mir sicher: Jenseits von Politik
wird auch für die Gesellschaft, selbst für Virologen und
Wissenschaftler, eine Phase kommen, wo wir alle im Nach-
hinein feststellen werden, dass man vielleicht an der einen
oder anderen Stelle falschgelegen hat oder an der einen
oder anderen Stelle Dinge dann noch mal korrigieren und
nachsteuern muss. Das finde ich in einer Zeit wie dieser ver-
gleichsweise normal. Wenn wir da ein Grundsatzverständnis
hätten, dass das in einer Zeit solcher Unwägbarkeit dazuge-
hört, dann wäre das schon mal ein wichtiger Schritt.[65]

Dass diese wenigen Worte bei den vielen Reden, Debatten, Wortgefechten und Interviews während der Pandemie so hängen bleiben würden, damit hatte ich damals im Bundestag nicht gerechnet. So etwas kann man nicht planen. Damals wussten wir zudem ja längst nicht, was auf uns alles noch zukommen würde, welche Konflikte im Laufe der Pandemie aufbrechen, welche Verletzungen wir uns gegenseitig zufügen würden.

Letztlich brachte der Satz etwas auf den Punkt, wofür ich schon vor der Pandemie geworben hatte: debattenfähig zu sein, über Probleme offen und kontrovers zu reden – und doch einander zugewandt zu bleiben. Was bei der Flüchtlingsfrage 2015 immer wieder ein Problem war: Wer kritische Fragen stellte, wurde unterschiedslos in die rechte Ecke gestellt, und wer Flüchtlingen die Hand reichte, wollte die deutsche Bevölkerung austauschen. Zwischen diesen beiden Extremen bewegten wir uns, und es wurde immer schwerer, vernünftig an einem Tisch zu reden. Deshalb ist mir das »nicht unerbittlich zu werden« so eine Herzensangelegenheit.

Dabei sehe ich immer wieder eine Szene aus dem Wahlkampf in Baden-Württemberg vor mir. Die Veranstaltung im Wahlkreis des heutigen Abgeordneten Klaus Mack (CDU) fand bei bestem Wetter am Samstagnachmittag, den 18. September 2021, am Badepark Nagold statt. Ich hatte die Diskussion mit den Anwesenden frühzeitig verlassen, weil ich zu einem Folgetermin musste, im Hintergrund waren die Trillerpfeifen der Corona-Leugner zu hören. Nun saß ich im Auto. Im Schritttempo rollten wir auf die Ausfahrt auf der Rückseite des Geländes zu. Ein wenig in Gedanken verloren, schaute ich aus dem Fenster. Die Scheiben des Dienstwagens waren getönt, man musste schon sehr nah herankommen, um von außen zu erkennen, wer innen saß. Neben dem Wagen, direkt neben meinem Fenster, stand ein älterer Mann. Ich schätzte ihn auf um die sechzig, kräftig gebaut. Im Grunde sah er ganz normal aus. Plötzlich starrte er ins Wageninnere, und in dem Moment, als sich unsere Blicke trafen und er mich erkannte, veränderten sich seine Gesichtszüge. Mit einem Mal war da nackte Wut in seinen Augen, und sein Gesicht fing an zu beben. Er hob einen Arm mit der geballten Faust. Tief sitzender Hass brach sich Bahn. Nur weil er mich gesehen hatte, die personifizierte Staatsgewalt. Wir fuhren dann weiter, der Mann verschwand aus meinem Sichtfeld.

Ich musste seitdem immer wieder an diese Szene denken, an das Gesicht, das sich so plötzlich veränderte. Was ist es, das bei ganz normalen Bürgerinnen und Bürgern eine solche Wut entstehen lässt – auf den Staat, auf die Repräsentanten des Staates, auf mich? Ich würde es gerne verstehen. Woher kommt der Zorn, die Bösgläubigkeit? Und woher diese Unfähigkeit, miteinander zu sprechen oder überhaupt zu versuchen, sich zu verstehen?

Wie schaffen wir es als Gesellschaft, uns auch bei unterschiedlicher Meinung nicht nur auszuhalten, sondern als Menschen wertzuschätzen? Wie schaffen wir es, zu ertragen, dass es eben Corona-Gegner und -Leugner gibt, Menschen, die vom Impfen nichts halten – aber umgekehrt auch solche, die einem Ungeimpften nicht die Hand geben wollen? Es gibt extreme Haltungen in beiden Richtungen. Wie bleiben wir da als Gesellschaft zusammen und werden wieder fähig, uns in der Mitte zu treffen? Das Einzige, was mir immer wieder einfällt, ist: Reden, reden, reden – soweit es eben geht. Dazu gehört auch eine Bereitschaft, einander zuzuhören.

»Wir werden einander viel verzeihen müssen«, dieser Satz traf offenbar den Nerv der Krise. Alle waren sich bewusst, wir entscheiden gerade sehr wichtige, einschneidende Dinge – und das in der Unwissenheit und Einmaligkeit der Situation, in der wir uns befanden.

Die unmittelbaren Reaktionen nach der Regierungsbefragung waren völlig konträr – von Lob bis »Was soll das?« war alles dabei. Selbst mein eigenes Team war überrascht. Sie hörten den Satz im Fernsehen, und nach wenigen Minuten lief er als Breaking-News-Balken über die Monitore: »Spahn: Wir werden einander viel verzeihen müssen.«

Mein Presseteam sagte mir später, sie hätten mir, hätte ich sie vorher gefragt, dringend davon abgeraten, im Bundestag von Verzeihung zu sprechen. Denn man könnte mir das als Taktik auslegen. Dass der Gedanke mir in meiner Antwort im Bundestag tatsächlich spontan kam, lässt schon seine im Originalwortlaut vergleichsweise holprige Formulierung erkennen.

Am Abend eröffnete das ZDF *heute journal* seine Sendung mit der Szene aus dem Bundestag. Claus Kleber kommentierte, es sei ein geradezu unglaublicher Vorgang: Der Gesundheitsminister bitte vorab um Verzeihung. Anfangs wurde das Zitat also als eine vorsorgliche Entschuldigung interpretiert. Aber die Wahrnehmung veränderte sich bald. Weil die Menschen spürten, dieser Satz passte auf das, was sie gerade selbst erlebten. Er klang ja fast wie aus einer Kirchenpredigt. Und tatsächlich bekamen wir Anfragen von Kirchenseite: Ein Pastor plante eine ganze Ausstellung um das Thema Verzeihen.

Wolfgang Schäuble griff den Satz übrigens vier Tage später in dem schon zitierten *Tagesspiegel*-Interview vom 26. April 2020 auf:

>*»Mir gefallen gerade die Erklärungen derjenigen sehr gut,*
>*die wie Jens Spahn vorige Woche in der Regierungsbefra-*
>*gung sagen: Wir werden alle miteinander noch viel zu lernen*
>*haben, und wir werden vielleicht in einigen Wochen feststel-*
>*len, dass wir manches besser anders gemacht hätten. Und*
>*trotzdem: Wenn wir monatelang beraten und nichts tun,*
>*das wäre das Allerschlechteste. Wenn man das klarmacht*
>*und diesen Prozess auch öffentlich deutlicher kommuniziert,*
>*dann haben wir eine Chance, dass die Bürger ihn selbst auf*
>*längere Zeit hin akzeptieren.«*[66]

Ich bin sehr oft gefragt worden, wen ich nach der Krise um Verzeihung bitten muss. Mein eigentlicher Punkt war ein anderer: dass es überhaupt erst einmal eine Bereitschaft gibt, zu verzeihen.

Das Wort Verzeihen drückt zweierlei aus: Zum einen geht es um denjenigen, der um Verzeihung bittet – und zum anderen um denjenigen, der die Bitte erwidert und Verzeihung gewährt. Beide Seiten brauchen eine innere Haltung, die Verzeihen möglich macht. Spätestens als während der Krise ein bekannter christlicher Theologe öffentlich davon sprach, etwas wäre »unverzeihlich«, dachte ich, das habe ich als Christ aber anders gelernt. Für einen Christen ist nichts unverzeihlich, so schwer es manchmal fällt. Dieses Grundverständnis rührt aus dem Innersten des Glaubens heraus. Wenn es im Vaterunser heißt »Und vergib uns unsere Schuld, wie auch wir vergeben unsern Schuldigern« und Jesus im Angesicht der Menschen, die ihn ans Kreuz nagelten, sagte, dass der Vater ihnen vergeben solle (Lukas, 23:34): Wie können wir da nicht verzeihen und vergeben?

Das soll aber nicht heißen: Schwamm drüber, vergessen, verdrängen oder herunterspielen. Sondern: Aufarbeiten, Schlüsse ziehen, daraus lernen und mit Empathie einander begegnen. Kurz: Es besser machen. Und daher muss die Frage, die wir uns stellen, eigentlich lauten: Wem bin ich bereit zu verzeihen?

Die schwersten Entscheidungen, die wir zu treffen hatten, waren die Maßnahmen, die die Kinder und Jugendlichen sowie die Älteren in unserem Land betrafen. Besonders die Bewohnerinnen und Bewohner in den Pflegeeinrichtungen, die zu Anfang der Pandemie für viele zum Gefängnis wurden. Haben wir die Ältesten gut genug schützen können? Es gab zu viel Tod und Leid, bis der Impfstoff einen echten Unterschied machte. »Die Entscheidungen, die dazu geführt haben, dass Menschen einsam sterben mussten, waren ein gravierender Fehler«, sagte Armin Laschet am 30. Juni 2021 bei einer Gedenkstunde für die Opfer der Pandemie im Düsseldorfer Landtag.[67] Die Politik müsse sich der Verantwortung stellen, dass zum Tod von Covid-19-Erkrankten auch Einsamkeit und soziale Isolation beigetragen haben. Er bat »von ganzem Herzen« um Verzeihung. Ich finde, das hatte Größe. Ich kann mich dem nur anschließen.

Wenn wir unsere Politik kritisch aufarbeiten wollen, müssen wir auch die Familien um Verzeihung bitten. Sie waren in hoher Zahl außerordentlichen Belastungen ausgesetzt und das über eine lange Zeit. Bei allen Maßnahmen und Hilfspaketen ging es im Wesentlichen darum, unser Gesundheitssystem vor einer Überlastung zu bewahren und die Folgen der Pandemie für die Wirtschaft und die Beschäftigten abzufedern. Was wir im Vergleich dazu zu sehr vernachlässigt haben, sind die Sorgen der Familien und Kinder. Sie standen weder bei der Frage des Gesundheitsschutzes – dieser betraf vor allem die Älteren und Vorerkrankten – noch beim Thema Wirtschaft und Beschäftigung im Fokus. Die Schließungen der Schulen dienten dazu, Kontakte zu reduzieren und so einen Beitrag dazu zu leisten, die jeweilige Welle zu brechen.

Bei den Schulen war die Beurteilung der Lage ohnehin besonders kompliziert. Bei Grippewellen gelten Schulen als regelrechte »Verteilzentren« für die Viren. Bei Corona gab es die Erkenntnis, dass das Virus gar nicht so stark von Kind zu Kind übertragen wird, sondern dass eher die Erwachsenen die Kinder anstecken. Aber auch das hing immer von den unterschiedlichen Varianten des Virus ab. Gleichzeitig setzt ein ganz normaler Schultag jeden Morgen zehn Millionen Menschen in Bewegung, die sich sonst nicht begegnen würden. Diese saßen im Bus, im Auto, im Zug, im Klassenraum nebeneinander.

Als besonderes Versäumnis sehe ich es an, dass wir es nicht geschafft haben, die Kinder und Jugendlichen so vor den Folgen dieser Pandemie zu schützen, wie wir es hätten tun sollen. Stattdessen muteten wir ihnen viel zu – geschlossene Kitas und Schulen, eingeschränkte Sozialkontakte. Kinder, die aus sozial schwachen Familien stammen, traf es noch härter als diejenigen, die zu Hause einen eigenen Computer hatten und jemanden, der sie beim Lernen unterstützte.

Experten sagen, dass es Jahre dauern wird, bis wir die Folgen für die Jüngsten überblicken werden. Es ist wichtig, dass die finanziellen Mittel für ein Aufholprogramm bereitgestellt werden, etwa um zusätzliche Pädagogen und Schulsozialarbeiter zu finanzieren. Ein vierjähriges Kind hat bereits die Hälfte seines Lebens in der Pandemie verbracht, ein zehnjähriges Kind ein Fünftel – wie sehr prägen solche zwei Jahre einen kleinen Menschen?

Welche Konflikte mussten die Familien aushalten, die in der Frage der Vereinbarkeit von Familie und Beruf auf sich selbst zurückgeworfen waren? Welchem Stress waren Alleinerziehende ausgesetzt? Wie sehr sind Frauen, die sowieso schon ungerechterweise den größten Teil der unbezahlten Sorgearbeit übernehmen, an ihre Grenzen gekommen? Was sie erlitten haben und zum Teil bis heute erleiden, darüber wurde zu wenig gesprochen. Und da haben wir, die politisch Verantwortlichen, zu wenig hingesehen. Auch ich. Dafür kann ich nur um Verzeihung bitten.

X.

Montag, 08. März 2021:
»Ich war durch. Ganz einfach durch.«

Wahlkampfstimmung, Schlammschlacht und Schuldzuweisungen

Der 08. März 2021 war mein persönlicher Tiefpunkt in dieser Zeit. Gar nicht wegen aktueller Ereignisse oder Meldungen an dem Tag selbst. Sondern eher im Gegenteil, weil an diesem vergleichsweise ruhigen Tag, der als Weltfrauentag in Berlin ein Feiertag war, sich die vielen kleinen und großen Ereignisse, Debatten und Scharmützel der letzten Wochen in mir zu etwas zusammenbrauten. Im Januar, Februar, März 2021 ging es Tag für Tag Schlag auf Schlag. Der Fragenkatalog von Olaf Scholz, die Diskussion um zu wenig Impfstoff, der verschobene Bürgertest, die Rücktrittsforderung – jeder Tag war aufs Neue eine politische und emotionale Achterbahnfahrt. Ende 2020 war ich in einigen der Umfragen der beliebteste Politiker des Landes. Und doch hatte es sich schon zum Zeitpunkt der Veröffentlichung der Umfrage unwirklich angefühlt. Kann das sein, der Gesundheitsminister beliebt – mitten im harten Lockdown?

Das wird nicht lange gut gehen, dachte ich, da bahnt sich was an. Denn zum Jahreswechsel waren ja zwei entscheidende, eng verwobene Machtfragen noch immer ungeklärt: Die CDU suchte weiterhin einen neuen Parteivorsitzenden und die Union aus CDU und CSU einen Kanzlerkandidaten. Und dann war auf einmal ich, der weder für das eine noch für das andere kandidierte, der beliebteste Politiker des Landes und der Union. Auch wenn es paradox klingt: Die offene Machtfrage in der Partei, das beginnende Wahljahr sowie eine pandemisch sehr fordernde Lage bei gleichzeitig hoher Beliebtheit – das war eine politisch toxische Mischung. Im Nachhinein hätte ich zu jedem noch so kleinen an mich herangetragenen Gedankenspiel einfach konsequent »Nein!« sagen sollen. Fatalerweise überlagerten sich ab jetzt Pandemie und Parteipolitik.

Drei Tage vor diesem 08. März hatte der *Spiegel* in einem Leitartikel meinen Rücktritt gefordert:

Spiegel, 05.03.2021: »Es reicht, Herr Spahn! Der Gesundheitsminister sollte zurücktreten ... Zu wenig Masken, zu wenig Impfstoff, zu späte Schnelltests: Die Krisenpolitik wird zur Farce. Das muss Konsequenzen haben. Eigentlich wären sogar zwei Rücktritte fällig.«[68]

Auch wenn der *Spiegel* selten zimperlich zulangte, war dieser am Freitagvormittag vorab online gestellte Kommentar schon ein ziemlicher Schlag ins Kontor. Ich saß hinten im Dienstwagen, wir waren auf dem Weg zu meinem freitäglichen Auftritt in der Bundespressekonferenz. Ich brauchte erst mal zwei, drei Minuten, um mich wieder zu sammeln. Dann sagte ich zu mir: »Es geht in dieser Lage nicht um dich und deine Befindlichkeiten. Mund abwischen, weitermachen!«

Zwanzig Minuten später saß ich mit dem RKI-Präsidenten in der Pressekonferenz und beantwortete wie immer die Fragen der anwesenden Journalisten. In solchen Momenten helfen die Routine und die Erfahrung aus den vielen Jahren im Politikbetrieb.

Wenige Tage später holte es mich dann doch ein. Der Weltfrauentag war als Berliner Feiertag ein relativ ruhiger Tag. Der Kalender mehr oder weniger leer, der sonst alltägliche Wahnsinn an Abstimmungsrunden, E-Mails und Telefonaten war deutlich reduziert. Trotz des Feiertags war ich im Ministerium. Zu Hause hätte ich keine ruhige Minute gefunden. Ich hatte das Gefühl, ich müsse arbeiten. Aber dann saß ich alleine auf dem leeren Flur in meinem aufgeräumten, leeren Büro. An diesem Montag starteten bundesweit die kostenlosen Bürgertests. Eigentlich eine gute Nachricht, aber ich hatte ursprünglich ja mal den 01. März 2021 als Starttermin angekündigt und diesen dann um eine Woche Verzug nicht einhalten können. Dieser Umstand musste heute natürlich in gefühlt jeder Meldung mitlaufen.

Ich kann gar nicht mehr sagen, was für mich das Fass zum Überlaufen brachte. Eine Presseanfrage zu viel, eine Schlagzeile, die nervte, eine weitere zugespitzte Kritik – alles für sich genommen kein Drama, kaum erwähnenswert. Aber ich saß in meinem Büro, und die Ereignisse der letzten Wochen, die Anspannung, die Emotionen übermannten mich. Seit Wochen ein Shitstorm nach dem anderen, journalistische Investigativteams, die jeden Stein meines privaten und politischen Lebens umdrehten und zu skandalisieren suchten, tägliche Kritik aus den Reihen der eigenen Regierungskoalition. Und dann kommt einfach der eine Moment, da wird dir alles zu viel.

Ich war durch. Ganz einfach durch. An diesem Montag im März konnte ich nicht mehr. Mir war nur noch nach Heulen zumute. Ich habe lange überlegt, ob ich das so offen schreibe. Wäre ich noch im Amt, hätte ich diesen Tag wohl nie öffentlich erwähnt. Aber auch etwas darüber zu schreiben, was die Begleitumstände dieser Jahrhundertkrise mit dem Menschen im Amt machen, scheint mir im Rückblick doch richtig und wichtig. Den Mut zur ausführlichen Schilderung hatten – in ganz anderen, schwereren Lebenslagen – bereits Horst Seehofer, Peter Tauber und jüngst auch Michael Roth. Und davor habe ich größten Respekt.

Was macht man in einer solchen Situation? Ich rief meine engsten Mitarbeiterinnen und Mitarbeiter an: »Ich weiß, es ist Feiertag, aber kannst du reinkommen?« Und dankenswerterweise kamen sie tatsächlich. Sie waren, angeführt von Susanne Wald, der Chefin der Leitungsabteilung, jederzeit eine verlässliche Bank.

Wir besprachen die Dinge, »sortierten« sie, wie wir sagen. Und später tranken wir einen Schnaps auf den Tag. Am Abend auf dem Heimweg sagte ich zu mir selbst: »Das alles macht ziemlich was mit dir. Und das sitzt viel tiefer, als du dir das vielleicht eingestehst.« Ich dachte an das Gespräch mit meiner Mutter und dass ich doch sonst im größten Stress und unter stärkstem Druck noch vergleichsweise ruhig und gelassen bleibe. Am nächsten Tag ging es schon wieder: Ich »funktionierte«, absolvierte meine Auftritte, erledigte meine Aufgaben, als wäre nichts gewesen. Da war sie wieder, meine Resilienz.

Spitzenpolitik ist ein hartes Geschäft. Die Konkurrenz ist brutal. Schwächen haben wenig Platz, werden oft gegen einen gewendet. Ich habe mir wie alle anderen Spitzenpolitiker diesen Weg selbst ausgesucht, und ich mache diese Aufgabe wirklich gerne. Es geht mir um eine Beschreibung der Lage, nicht um Mitleid. Das ist nicht mein Punkt. Meine Sorge ist, dass wir mit dieser Logik des politischen Geschäfts auf Dauer unserer Demokratie schaden. Denn wer will in diesem Umfeld arbeiten? Wer schafft es nach oben? Niemand ist perfekt, keiner ist fehlerlos. Wer behauptet, er sei immer stark, sagt nicht die Wahrheit – oder bei dem stimmt etwas nicht.

Ehrlicherweise brauchte ich einige Jahre und Rückschläge zu dieser Erkenntnis. An der passenden Stelle auch Schwäche zu-

zulassen und zu zeigen ist in meinen Augen eine Stärke. Diktaturen und Diktatoren dürfen keine Schwäche zeigen, denn das wäre ihr Ende. Demokratien und Demokraten sind sich ihrer Zerbrechlichkeit bewusst. Dieses Bewusstsein macht sie offen, lern- und anpassungsfähig. Und damit stark.

Konkurrenz statt Einigkeit – aus Pandemie-Politik wird Parteipolitik

Krisen haben ihre eigene Dynamik. Zuerst kommt der große Schock, der Knall, der alle zusammenschweißt. Anfang 2020, in der ersten Pandemiewelle, stand die große Mehrheit der Bevölkerung und der politischen Parteien hinter der Kanzlerin und ihrer Regierung. Über weite Strecken der Pandemie herrschte unter den Regierungsparteien ein gutes, enges und vertrauensvolles Verhältnis. Darüber hinaus war die Zusammenarbeit der breiten demokratischen Mitte des Parlaments bei allen Differenzen gut, offen und verlässlich. Das gilt in besonderer Weise für die Zusammenarbeit über Parteigrenzen hinweg im Gesundheitsausschuss. Nahezu im Wochentakt stand ich dem Ausschuss Rede und Antwort. Den Kolleginnen und Kollegen des Ausschusses bin ich für die intensiven und in jeder Phase der Pandemie konstruktiven Beratungen sehr dankbar. Das gilt besonders für »meine« Arbeitsgruppe in der Unionsfraktion, deren Vorsitzender ich zuvor selbst viele Jahre gewesen war und auf die ich mich unter Führung von Karin Maag (CDU) in schwerer Zeit verlassen konnte. Auch mit den führenden Gesundheitspolitikerinnen des Koalitionspartners SPD war die Zusammenarbeit zu jedem Zeitpunkt verlässlich und vertrauensvoll. Bei den Fachpolitikerinnen und -politikern der Opposition schätzte ich bei aller Kontroverse immer das gemeinsame fachliche Fundament für unsere Debatten. Auch in der Konferenz der Gesundheitsministerinnen und -minister (GMK) war bei allen Spannungen und gegensätzlichen Interessen im Einzelfall die Zusammenarbeit parteiübergreifend grundsätzlich konstruktiv, verlässlich und vertrauensvoll. Mit dem GMK-Vorsitzenden Klaus Holetschek (CSU) war ich mir am Ende immer einig: Wir saßen alle im selben Boot.

Ich bin der Überzeugung: Wenn es hart auf hart kommt, können sich die Vertreterinnen und Vertreter aller demokratischen Parteien unseres Landes aufeinander verlassen. In der damaligen Krise wurde es bewiesen. Und es beweist sich erneut in der aktuellen Krise, in Zeiten von Krieg in Europa. Sich in dieser Art aufeinander verlassen zu können, ist eine Auszeichnung unserer demokratischen Kultur. Wir sollten sie sorgsam pflegen.

Im ersten Jahr der Pandemie hielt diese Geschlossenheit eine lange Zeit an. Dann wurde sie mehr und mehr brüchig und zerfaserte. Eine einfache, aber folgenreiche Lehre aus dieser Zeit: Trägt die Regierung in Zeiten der nationalen Krise geschlossen einen gemeinsamen Kurs und setzt ihn gegen Widerstände entschlossen um, dann führt sie und erhält breite Unterstützung dafür. Tragen die Verantwortlichen in den Bundesländern den Kurs der Bundesregierung mit, verstärkt sich dieser Effekt. Streiten die Regierung und die sie tragenden Parteien allerdings vor aller Augen untereinander und miteinander über die Lage, den Kurs und die richtigen Maßnahmen, geht erst die Führung verloren und dann die Akzeptanz. Beteiligen sich die Verantwortlichen aus den Bundesländern an diesem Streit, verstärkt sich dieser Effekt. Vereinfacht gesagt, haben wir im Jahr 2020 in Deutschland ersteres Szenario erlebt und im Jahr 2021 letzteres. Plötzlich einte die Krise nicht mehr, sie entzweite.

2021 standen wichtige Wahlen an: Im März Landtagswahlen in Baden-Württemberg und Rheinland-Pfalz sowie im Juni in Sachsen-Anhalt, im September folgte die Bundestagswahl. Mit Beginn des Wahljahres 2021 wurde aus Pandemie-Politik zunehmend Parteipolitik.

Ein Fragenkatalog wirft Fragen auf

In der ersten Sitzung des Corona-Kabinetts im neuen Jahr, am 04. Januar 2021, legte Vizekanzler Olaf Scholz im Namen der SPD plötzlich einen umfangreichen Fragenkatalog zur Impfstoffbeschaffung auf den Tisch. Ich war sehr verwundert. Das Corona-Kabinett hatte regelmäßig getagt, Scholz war stets dabei oder wurde vertreten, und ich hatte seit dem Spätsommer 2020 mehrfach in formellen und informellen Regierungsrunden über die Impfstoffbeschaffung informiert. In der Ministerpräsidentenkonferenz wie in der Gesundheitsministerkonferenz hatte ich mehrfach den Stand berichtet und Fragen beantwortet. Im Beschluss der MPK vom 14. Oktober 2020 war die Frage verfügbarer Impfstoffe aufgegriffen und zuvor in der Runde diskutiert worden. Das von Scholz geführte Finanzministerium war durch mein Ministerium auf der Fachebene seit Monaten intensiv eingebunden, schließlich verlangte die Beantragung zusätzlicher Haushaltmittel in Milliardenhöhe für die Beschaffung von Impfstoffen eine entsprechende Herleitung und Erläuterung. Auch der Haushaltsausschuss des Deutschen Bundestags war involviert. Und trotzdem taten die Regierungspartei SPD und der Vizekanzler so, als wären sie über den Stand der Dinge nicht informiert?

Es war klar, dass es hier um ein politisches Manöver ging. Die SPD und vor allem Scholz hätten sich nahezu jede ihrer vierundzwanzig Fragen selbst beantworten können. Und jede noch offene Frage hätte jederzeit im Corona-Kabinett angesprochen oder zwischen den Ministerien besprochen und geklärt werden können. Warum also dieser Fragenkatalog? Die Antwort dürfte darin liegen, dass der damalige Start der Impfkampagne holprig lief, der Impfstoff war wie erwartet knapp, der öffentliche Ärger wuchs – und der Koalitionspartner SPD wollte sich offenbar aus der Verantwortung ziehen. Das war die Einschätzung politischer Beobachter:

tagesspiegel.de, 05.01.2021: »*Vor den ersten Beratungen von Bund und Ländern im neuen Jahr an diesem Dienstag über die Corona-Pandemie zeichnet sich nicht nur eine Fortsetzung des Lockdowns bis mindestens Ende Januar ab – sondern auch ein explosiver Streit innerhalb der Großen Koalition. Die SPD wirft der Union ein Impfversagen vor. Damit nimmt sie vor allem einen Mann ins Visier: Gesundheitsminister Jens Spahn (CDU). Vizekanzler und SPD-Spitzenkandidat Olaf Scholz hat einen saftigen Katalog mit 24 Fragen an ihn und das Kanzleramt verschickt. Das Dokument liegt dem* Tagesspiegel *vor. Darin wird unter anderem gefragt, warum die EU-Kommission ›so wenig Impfdosen vorbestellt‹ habe und warum ›nicht Teile der von der EU nicht in Anspruch genommenen Dosen (…) für Deutschland bestellt‹ würden. In dem Papier wird auch gefragt, warum die EU höhere Lieferangebote von BioNTech und Moderna ausgeschlagen habe. Besonders pikant: Der Fragenkatalog war laut* Bild *von Scholz ganz offiziell auch im Namen der SPD-regierten Bundesländer überreicht worden. Falls dem so ist, versucht damit der Kanzlerkandidat der SPD, dem Koalitionspartner CDU die alleinige Verantwortung für die Impfstrategie zuzuschieben.*«[69]

Das Manöver war durchsichtig. Doch leider funktionierte es trotzdem. Im Rückblick komme ich zu der Analyse, dass damals ein Grundstein für unsere Wahlniederlage im September 2021 gelegt worden ist. Wir als Union haben es zugelassen, dass die SPD mitten in einer der schwersten Phasen der Pandemie – Deutschland war ja zur Jahreswende 2020/2021 noch im Lockdown, die Krankenhäuser unter Stress, die Stimmung der Bevölkerung zunehmend schlechter – die Lage parteipolitisch aufheizte und sich aufführte, als wäre sie in der Opposition. Diesen Modus sollte sie in der Folgezeit nicht mehr ablegen.

Die richtige Reaktion auf diesen Fragenkatalog wäre eine geschlossene Antwort von CDU und CSU mit klarer Ansage der Bundeskanzlerin gewesen: »Liebe SPD, was ihr hier macht, ist kein anständiger Umgang in der Koalition. Wir sind mitten in einer schweren Krise, und ihr habt Verantwortung für Deutschland. Diese Manöver verbitten wir uns.« Stattdessen aber sagte die Kanzlerin noch in der Sitzung des Corona-Kabinetts Olaf Scholz »selbstverständlich« die Beantwortung der Fragen durch das Gesundheitsministerium zu. Damit hatte die SPD erreicht, was sie wollte.

»Der Ankündigungsminister«

Seit dem Herbst 2020 setzten wir in Deutschland beim Pandemie-Management verstärkt auf die SARS-CoV-2-Antigen-Schnelltests. Viele von ihnen hatten mittlerweile eine ausreichend gute Qualität erreicht. Da das Angebot an solchen Schnelltests aber noch knapp war, hatten Bund und Länder im Rahmen einer Ministerpräsidentenkonferenz am 14. Oktober 2020 vereinbart, diese prioritär für den Schutz der Krankenhäuser, Pflegeheime sowie der Senioren- und Behinderteneinrichtungen zu nutzen. Durch das regelmäßige Testen aller Bewohnerinnen und Bewohner, der Patientinnen und Patienten, der Besucherinnen und Besucher sowie des Personals sollte der Eintrag des Virus in diese medizinischen und pflegerischen Einrichtungen vermieden werden. Entsprechend sah die von mir erlassene Testverordnung des Bundes hierfür eine Kostenübernahme durch den Bund vor.

Ab Februar 2021 zeichnete sich ab, dass es immer mehr Anbieter von Antigen-Schnelltests gab und auch große Mengen verfügbar waren. Unser Nachbarland Österreich hatte vor diesem Hintergrund bereits kostenlos verfügbare Tests für alle eingeführt. Das wollte ich auch für Deutschland und kündigte daher am Morgen des 16. Februar 2021 auf Twitter an:

>>*Ab 01. März sollen alle Bürger kostenlos von geschultem Personal mit Antigen-Schnelltests getestet werden können. Sie sind mittlerweile ausreichend am Markt verfügbar. Die Kommunen können ihre Testzentren oder Apotheken mit solchen Angeboten beauftragen.*<<[70]

Die Idee, dieses kostenlose Angebot >>Bürgertest<< zu nennen, kam mir während eines Spaziergangs wenige Tage später. Dass an dem genannten Stichtag nicht sofort in jedem Winkel Deutschlands eine Teststation entstanden sein würde, war mir klar. Das musste sich aufbauen und würde sehr schnell binnen weniger Wochen wachsen, davon war ich überzeugt. Aber am 01. März sollte der Startschuss fallen.

Um das zu gewährleisten, stand uns noch eine Menge Arbeit bevor. Der politische Erwartungsdruck war hoch. Wir hatten konkrete Vorschläge zu den Rahmenbedingungen: Es ging um die Frage, wer die Tests beauftragen und wer sie durchführen durfte, was die Voraussetzungen für die Erbringung der Leistung war, wie hoch die Vergütung sein sollte und wie die Tests abgerechnet würden. Unsere Vorschläge mussten nun zügig mit den Ländern und Kommunen sowie den Vertretern von Ärzten und Apothekern besprochen und abgestimmt werden. Dass es teuer werden würde, zweiundachtzig Millionen Deutschen das Angebot kostenfreier Testungen zu machen, war offenkundig. Aber Deutschland hatte damals, im Februar 2021, gerade harte Wochen des Lockdowns hinter sich und befand sich noch immer mitten in einer Phase massiver Einschränkungen des privaten und wirtschaftlichen Lebens. Jeder Tag Lockdown verursachte volkswirtschaftliche Kosten in enormer Höhe. Kostenlose Testangebote für alle konnten helfen, schneller aus dieser Zeit des Lockdowns herauszukommen und für die nächste Welle besser vorbereitet zu sein. Diese Gesamtbetrachtung ist bei der Bewertung der Kosten des Bürgertestes auch im Rückblick noch wichtig.

Kurzum: Ich war vorgeprescht mit der konkreten Ankündigung eines Starts der kostenlosen Bürgertests am 01. März. Diesen Termin wollte ich unbedingt einhalten, denn er sollte ein wesentlicher Meilenstein in unserer Pandemiebekämpfung werden. Seitens des Ministeriums hatten wir in Absprache mit den Anbietern sichergestellt, dass ausreichend Tests für den Start vorrätig waren. Viele der Länder warben dafür, dass Feuerwehr und THW gerade im ländlichen Bereich mithelfen durften – was wir möglich machten. Und doch regten sich zunehmend kritische Stimmen: Vertreter der Länder und Kommunen beschwerten sich über die kurze Frist, während gleichzeitig noch viele Fragen zur Umsetzung ungeklärt wären. Andere zweifelten, ob überhaupt genug Tests verfügbar sein würden.

Geplant war, dass ich im nächsten regulären montäglichen Corona-Kabinett am 22. Februar 2021 über den Stand der Umsetzung berichtete. Wie üblich stimmte mein Ministerium mit allen beteiligten Ressorts und insbesondere dem Finanzministerium von Olaf Scholz eine kurze Vorlage für diese Sitzung ab. Darin wurde das Vorhaben konkret beschrieben und die Höhe der dafür notwendigen Finanzmittel für die nächsten Monate hergeleitet, auf Basis der österreichischen Erfahrungen. So wussten wir von unseren Nachbarn, dass bis zu einem Prozent der Bevölkerung das dortige Angebot nutzte. Somit hatten wir mit bis zu achthunderttausend, maximal einer Million Bürgertests am Tag kalkuliert. Diese Vorlage war zwischen den beiden Ministerien nach mehreren Runden auf Fach- und Staatssekretärsebene im Grunde abgesegnet. Darüber informierte ich auch Kanzleramtsminister Helge Braun am Samstagnachmittag, zwei Tage vor der Sitzung des Corona-Kabinetts.

Allerdings hatte Olaf Scholz als Finanzminister noch einen sogenannten Ministervorbehalt eingelegt. Das bedeutete, egal ob und wie sich seine Leute mit meinem Ministerium einigten oder nicht, er wollte das letzte Wort haben. Das ist bei Fragen dieser politischen Dimension ein übliches Vorgehen im Umgang der Ministerien untereinander. Daher musste ich noch die Zustimmung von Olaf Scholz persönlich einholen. An das diesbezügliche Telefonat mit ihm erinnere ich mich noch sehr gut. Mein Mann und ich hatten gerade bei spätwinterlichem Sonnenschein im brandenburgischen Blankensee unsere Wanderung begonnen. Es ging auf dem Trebbiner Weg am Mühlenberg vorbei, als ich den Finanzminister nach mehreren Versuchen telefonisch erreichte. Olaf Scholz hatte noch einige Fragen. Wir klärten letzte Details und stimmten bis hin zu einzelnen Worten und Sätzen die letzten offenen Punkte der Vorlage, die die weitere Umsetzung der Bürgertests beschrieb, für Montag ab. Danach setzte ich guter Laune meine Wanderung fort. So weit war alles geklärt. Dachte ich.

Als dann in der Sitzung des Corona-Kabinetts mein Bericht zu den Bürgertests aufgerufen wurde, trug ich ihn unter Verweis auf die abgestimmte Vorlage vor. Die Kanzlerin stellte zwei, drei Nachfragen, etwa zur Verfügbarkeit der Tests. Im Grunde war ihren Fragen zu entnehmen, dass sie Zweifel hatte, ob wir den Termin einhalten konnten und dass der vernehmbare Unmut einiger Bundesländer sie beunruhigte. Ich kannte Angela Merkel lange genug, um zu wissen, dass sie es im Zweifel vorzog, einen Streit mit Ministerpräsidentinnen und Ministerpräsidenten zu vermeiden. Sie fasste also zusammen, dass ja scheinbar einige Fragen offen seien, zudem sei es angesichts der Bedeutung dieses Vorhabens wichtig, auch die Ministerpräsidentinnen und Ministerpräsidenten zu informieren und einzubinden. Daher könne sie einen Start der Bürgertests vor einer Befassung in der am 03. März geplanten MPK nicht empfehlen. Der 01. März als Starttag war damit tot.

Ich wusste in derselben Sekunde: Das wird noch ein schwerer Tag. Es war klar, dass die Einwände der Kanzlerin und die daraus resultierende Verschiebung binnen kürzester Frist öffentlich werden würden. Warum die Kanzlerin diesen Weg gewählt hat, weiß ich nicht. Für die Sozialdemokraten war dieser offen ausgetragene Dissens jedenfalls ein gefundenes Fressen.

Wenige Stunden später machten die ersten Onlinemedien mit Berichten aus dem Corona-Kabinett auf: »Merkel bremst Spahn aus, kostenlose Bürgertests starten doch nicht am 01. März.« So lässt sich der mediale Tenor zusammenfassen. Die Kritik der Opposition war erwartbar. Aber auch zahlreiche Sozialdemokratinnen und Sozialdemokraten stiegen gerne darauf ein und warfen mir »fehlende Professionalität«[71] vor. Die Chance, im Wahljahr Fehler und Fehleinschätzungen führender Christdemokraten durch gehässige Kommentierung zu begleiten, wollten sie sich nicht entgehen lassen, denn daraus sollte ja ein Gesamtbild werden.

Das öffentliche Urteil war schnell gefällt: Spahn hatte zu viel versprochen und konnte nicht liefern. Was damals neu war: Auch führende Vertreter der CSU stießen mit Kritik an der eigenen Bundesregierung und an mir in das gleiche Horn wie die Sozialdemokraten. »›Zu spät, zu langsam, zu wenig bestellt‹ – CSU greift Spahn an«,[72] diese Überschrift eines Interviews des damaligen CSU-Generalsekretärs Markus Blume verstärkte den Ton, den die SPD anstimmte. Die Frage der Kanzlerkandidatur war zwischen CDU und CSU bis in den April hinein strittig. Dieser Konflikt sollte später das gesamte Wahljahr für uns als Union überschatten. Anstatt unter Druck die Reihen zu schließen und zusammenzustehen, machten wir es dem politischen Wettbewerber leider leicht. Und diesen Modus sollten wir zwischen CDU und CSU bis zur bitteren Wahlniederlage nicht mehr wirklich verlassen.

In dem Beschlusstext der Ministerpräsidentenkonferenz am 03. März 2021 wurde dann auf meinen Vorschlag hin der 08. März als Startzeitpunkt der kostenlosen Tests für alle Bürgerinnen und Bürger festgelegt. Eine Woche später als ursprünglich geplant ging es also los. Ab dann ist es sehr schnell gelungen, den Bürgertest flächendeckend im ganzen Bundesgebiet anzubieten. Selbst im Dorf meiner Eltern mit knapp viertausend Einwohnern gab es eine kleine Teststelle. Aus unseren Gesprächen weiß ich, wie wichtig das für meine Eltern und ihre Sicherheit war. Es gibt bis heute nicht viele andere Staaten auf der Welt, die in diesem Umfang und so flächendeckend kostenlose Schnelltests anbieten konnten.

Für die Bekämpfung der Pandemie war diese Verschiebung um eine Woche eher zweitrangig. In der Außenwirkung aber war es eine Katastrophe. Die Bundesregierung und vor allem ich als verantwortlicher Minister hatten etwas versprochen, was nicht eingehalten wurde. Die Verzögerung bei der Einführung der Bürgertests befeuerte ein Narrativ, das mir lange nachhing: »Spahn, der Ankündigungsminister«.

Trotzdem war es eine lehrreiche Lektion: Ich hätte damals etwas länger nachdenken, mich mit meinem Team beraten und mit der Kanzlerin abstimmen sollen, bevor ich per Tweet den 01. März 2021 als konkretes Datum nannte. Es ist in der Politik immer riskant, konkrete Daten zu nennen, wenn man sich nicht hundertprozentig sicher sein kann, sie auch einzuhalten. Müßig, darüber zu rätseln, ob der frühere Termin nicht doch geklappt hätte. Ich konnte meine Ankündigung nicht einhalten, und dafür gibt es in der Politik nun mal nachvollziehbar Kritik. Das muss man aushalten.

»Im Amt nicht mehr haltbar« – die SPD teilt aus

Im Juni 2021 bekam ich einen parteipolitisch motivierten Schlag unter die Gürtellinie. Am 03. und 04. Juni war ich auf Einladung des damaligen britischen Gesundheitsministers Matt Hancock zum Treffen der G-7-Gesundheitsminister ins englische Oxford gereist. Wir diskutierten die aktuelle Pandemielage, vereinbarten eine bessere Zusammenarbeit bei klinischen Studien und koordinierten unsere Impfstofflieferungen zur Unterstützung der WHO. Das mediale Interesse konzentrierte sich rund um das Treffen auf die coronabedingten Einreisebeschränkungen zwischen dem Vereinigten Königreich und Deutschland, die gerade überarbeitet wurden. Das Gespräch mit Matt Hancock verlief gut, das Medienecho in Deutschland war positiv.

Entsprechend gut gelaunt waren meine kleine Delegation

und ich am Freitagmittag auf dem Weg zum britischen Militärflughafen Brize Norton, um mit der Flugbereitschaft zurück nach Deutschland zu fliegen. Da wurde ich auf eine neue Meldung des *Spiegel* aufmerksam, die binnen Stunden diese Reise und ihre Ergebnisse in den Schatten stellen sollte:

Spiegel, 04.06.2021: »*Erst Notreserve, dann Müllverbrennung. So will Jens Spahn unbrauchbare Masken im Wert von einer Milliarde Euro verschwinden lassen*«[73]

Der Pressesprecher unseres Ministeriums, Hanno Kautz, war mit mir in Oxford, und so besprachen wir, wie wir am besten reagierten. Da sich der Artikel auf Verhandlungen zwischen dem SPD-geführten Arbeitsministerium und unserem Gesundheitsministerium bezog, die viele Monate zurücklagen, mussten wir zuerst einmal den Sachverhalt aufklären. Die Kolleginnen und Kollegen in der zuständigen Fachabteilung in Berlin setzten sich sofort daran. Was wir zu diesem Zeitpunkt noch nicht ahnten, war das mediale Trommelfeuer, das ab dem nächsten Tag folgen sollte. Der *Spiegel* sprach online von »Schrottmasken«, die wir an Obdachlose oder Hartz-IV-Empfänger verteilen wollten. Von dem Begriff Schrottmasken nahm der *Spiegel* später Abstand, bezeichnete es als »Versehen«.[74] Aber der Vorwurf war in der Welt, und am Samstagmorgen eskalierte die Situation:

Focus, 05.06.2021: »*Spahn wollte Nutzlos-Masken an Arme loswerden: ›Wirklich dreist und ohne Anstand‹*«[75]

»Wirklich dreist und ohne Anstand«, das waren die Worte des damaligen SPD-Generalsekretärs und heutigen Parteivorsitzenden Lars Klingbeil. Der damalige SPD-Chef Norbert Walter-Borjans warf mir »Menschenverachtung« vor, ich hätte mit

»absolut untauglichen Masken« absichtlich Menschenleben gefährdet. Seine Co-Chefin Saskia Esken legte mir nahe, zurückzutreten, ich wäre »im Amt nicht mehr haltbar«.[76]

Die SPD holte also die ganz großen Geschütze raus. Am nächsten Tag war Landtagswahl in Sachsen-Anhalt, und offensichtlich sollte zum Finale des Wahlkampfs noch mal ordentlich Stimmung gegen den eigenen Koalitionspartner gemacht werden. Ich war sauer. Und die Kanzlerin auch. »Wenn ich sehe, was mit Jens passiert, das entbehrt wirklich jeder Sachgrundlage«, sagte Angela Merkel am Montagmorgen in der CDU-Präsidiumssitzung.

Zahlreiche Christdemokratinnen und Christdemokraten meldeten sich zu Wort, um mich zu unterstützen. Der CDU-Generalsekretär Paul Ziemiak nannte die SPD-Kampagne im Bundestag »verlogen«, Carsten Linnemann sprach von einer »Schmutzkampagne«, Karl-Josef Laumann nannte es eine »Riesensauerei«.

Was war eigentlich passiert? Im November 2020 kam die Frage auf, was wir mit mehreren Hundert Millionen nicht CE-zertifizierter Masken machen sollten, die wir in der Zeit des Maskenmangels gekauft hatten. Diese Typen von Masken sind in vielen Ländern üblich, es ging unter anderem um den US-amerikanischen N95-Standard oder den chinesischen KN95-Standard. In Europa hatten diese Masken »nur« eine Sonderzulassung erhalten, obwohl sie, wie sich nachlesen lässt, teilweise sogar eine leicht bessere Filterwirksamkeit haben.[77] Mein Ministerium hatte nach den Vorwürfen vom Freitag noch am Sonntag ein Faktenblatt dazu veröffentlicht:

»Als in der absoluten Notlage des Jahres 2020
CE-zertifizierte und damit unmittelbar in Europa verkehrs-
fähige Schutzmasken über einen längeren Zeitraum faktisch

*nicht am Markt verfügbar und auch für das deutsche
Gesundheitswesen nicht beschaffbar waren, hat die EU-
Kommission den Mitgliedstaaten mit der Empfehlung (EU)
2020/403 vom 13. März 2020 Verfahrensvereinfachungen für
die Einfuhr und Nutzung von Persönlicher Schutzausstattung
aus Staaten außerhalb der Europäischen Union empfohlen
und ermöglicht.
Mit Blick auf vielfach unzureichende Dokumente für Masken
aus China, das rund vier Fünftel der damaligen Weltpro-
duktion sicherte und bis heute unverändert Hauptexporteur
von Masken ist, haben das Bundesinstitut für Arzneimittel und Medizinprodukte (BfARM), der TÜV Nord und das
BMG einen besonderen Prüfmaßstab für Infektionsschutz-
masken entwickelt, um die Einhaltung der grundlegenden
Gesundheits- und Sicherheitsanforderungen für den
bezweckten Einsatz der Schutzmasken als Covid-19-Schutz
insbesondere im medizinischen Bereich zu gewährleisten.
Der Prüfgrundsatz ist mittlerweile unter dem Begriff CPI
(Corona-Pandemie-Infektionsschutzmaske) in der Anlage
zu §5b Infektionsschutzgesetz normiert. Insgesamt wurden
im Auftrag des BMG über 9000 Prüfungen von Produkten veranlasst, was innerhalb der EU in diesem Prüfumfang
einzigartig sein dürfte. (…) Daher ist zusammenfassend
zu betonen: Die Schutzmasken, die seitens des BMG zur
Verteilung an Gemeinschaftseinrichtungen vorgeschlagen
wurden, erfüllen nachweislich die Anforderungen des Infektionsschutzes – und genau um den geht es in der aktuellen
Pandemie.«*[78]

Nach ein paar Tagen war der Spuk vorbei. Die SPD merkte, dass
sie mich damit nicht zu Fall bringen konnte, da der Vorwurf
zu konstruiert war und weil meine Partei und die Kanzlerin

geschlossen hinter mir standen. Was zeigte, wie stark wir sein konnten, wenn wir uns – anders als im Januar beim Scholz'schen Fragenkatalog – gemeinsam gegen politische Attacken von außen stellten.

Hängen geblieben ist trotzdem etwas: Schrottmasken, Obdachlose und Spahn, da war doch was?

In der Rückschau war das der Punkt, an dem die Pandemie-Bekämpfung endgültig in parteipolitische Scharmützel kippte. Seit Beginn des Jahres 2021 machten sich einige der Regierenden in Bund und Land aus taktischen Motiven selbst zu Kronzeugen der Kritik an den gemeinsamen Entscheidungen. Dass in der Folge die Akzeptanz für politische Entscheidungen sank, ist wenig verwunderlich. Für aktuelle und zukünftige Krisen sollte uns das eine Lehre sein. Die Bürger erwarten zu Recht, dass sich die Regierung auf die Sache konzentriert. Sie haben in Krisenzeiten auch an die Opposition hohe Ansprüche, kritisch, aber stets konstruktiv zu sein. Da fast jedes Jahr wichtige Wahlen stattfinden, in den Bundesländern, auf Bundesebene oder in Europa, setzt erfolgreiche Krisenbewältigung voraus, dass sich die handelnden Akteure am Riemen reißen. Es muss einen Verhaltenskodex geben für Krisenzeiten, der im Wesentlichen aus drei Elementen besteht: Nicht unter die Gürtellinie gehen. Dem anderen das Recht zugestehen, Entscheidungen zu korrigieren. Dazu Parteiführungen, die ihre Reihen dementsprechend disziplinieren. Sonst droht uns auch in der aktuellen Krise, ausgelöst durch den verbrecherischen Angriffskrieg Russlands gegen die Ukraine, schnell ein ähnliches Problem wie 2021: Wenn Landtagswahlen verloren gehen und Koalitionspartner in Umfragen aneinander vorbeiziehen, kann das schnell zu einer Schlammschlacht und Schuldzuweisungen führen. Und als Opposition sind wir angehalten, den Finger in die Wunde zu legen, aber dabei das Maß zu wahren, staatspolitisch verantwortlich zu sein.

Sonst wird die Akzeptanz der Krisenpolitik unterminiert und unsere Widerstandskraft als Nation geschwächt.

Zwischenblende

Wandern wirkt

Mir fällt auf, wie häufig ich von Szenen berichte, in denen Spazieren und Wandern eine Rolle spielen. Das liegt daran, dass das Rausgehen in die Natur, gerade in der Pandemie, eine der wenigen Fluchten aus dem Alltag war. Es wurde für meinen Mann und mich zu unserem sonntäglichen Ritual. Wenn ich in den Tagen des Lockdowns morgens durch die fast menschenleere Stadt ins Ministerium fuhr, kam mir Berlin vor wie eine Geisterstadt. Ich sah aus dem Fenster auf die Friedrichstraße: Sonst immer voll und belebt, war da jetzt einfach nichts. Mein Alltag bestand aus Videokonferenzen und Telefonaten. Ich pendelte zwischen Ministerium, Kanzleramt und zu Hause. Nur an den Sonntagen ging es raus in die Natur.

Wenn Freunde uns das erste Mal begleiten, sind sie immer erstaunt, wie schnell wir unterwegs sind. Mein digitaler Schrittzähler fragt mich manchmal, ob ich spaziere oder jogge. Müßiggang wäre also ein zu großes Wort für unsere Spaziergänge. Der Kopf hört ja nie auf zu arbeiten. Aber mal vier Stunden durch den Wald zu laufen tut einfach gut. Es beruhigt. Ich bin danach sortierter im Kopf als vorher. Zudem macht es demütig: Man sieht einen Baum und denkt, der ist wahrscheinlich hundertfünfzig Jahre alt und hat mehr erlebt, als du je erleben wirst.

Daniel und ich können gut miteinander schweigen, wenn wir zusammen unterwegs sind – obwohl er auch sagt, dass ich viel zu viel telefoniere, was mir selbst häufig gar nicht bewusst ist. Die einmal entdeckte Freude an langen Wanderungen in Brandenburg oder dem Münsterland haben wir uns jedenfalls auch nach der Ministerzeit noch erhalten.

Demokratie kann doch liefern – der Systemwettbewerb

Von Beginn der Pandemie an hieß es über weite Strecken, autoritäre Staaten wie China könnten »besser« mit der Krise umgehen als demokratische Staaten. Inwiefern »besser«? Weil sie angeblich effektiver handeln, indem sie schneller und wenn notwendig auch härter entscheiden könnten. Weil sie keine Rücksicht auf ihre Bürgerinnen und Bürger nähmen, keine Abwägungen zwischen verschiedenen Gütern treffen müssten und einzelne Positionen absolut stellen könnten.

In China wurde der erste Lockdown sehr früh verhängt. So gelang es den Chinesen, die Ausbreitung des Virus Anfang 2020 relativ lange unter Kontrolle zu halten. Und das bei eher geringen Infektions- und Todeszahlen – wenn man den offiziellen Statistiken aus China Glauben schenken mag.

Demokratien hingegen, so heißt es, wären zu langsam in der Bekämpfung der Pandemie, zu zögerlich, zu halbherzig. Die Abstimmungsprozesse wären zäh, weil zu viele unterschiedliche Interessen innerhalb der Gesellschaft berücksichtigt werden müssten. Weil die Regierenden in demokratische Prozesse eingebunden seien, weil sie ihre Bürgerinnen und Bürger nicht zu sehr belasten wollten, um ihre Wiederwahl nicht zu gefährden. Weil die Parlamente ein Mitspracherecht hätten. Argumente gab es viele, warum eine Autokratie besser geeignet wäre, die Pandemie schneller in den Griff zu bekommen.

Das Gegenteil ist nach meiner Überzeugung der Fall. Mit Blick auf die Vielzahl der Beteiligten ist es nicht verwunderlich, dass sich Entscheidungsprozesse gelegentlich länger ziehen und damit Verzögerungen einhergehen. Die Vielzahl der Beteiligten steht aber zugleich für die Vielzahl unterschiedlicher Perspektiven, wissenschaftlicher Meinungen, Abwägungskriterien, die bei Entscheidungen zu berücksichtigen sind. Gerade in einer besonderen Krisen- und Drucksituation ist keiner der beteiligten Akteure allwissend. Demokratien sind daher wie Tanker: Bis sie ihre Richtung verändern oder sich gar einmal drehen, vergeht viel Zeit. Wenn sie sich aber darauf einigen, sich neu auszurichten, wenn sie ihre Richtung der neuen Herausforderung anpassen, dann nehmen sie mehr und mehr Fahrt auf. Sie sind viel wirkmächtiger, als autoritäre Regime es jemals sein können. Denn ihre Entscheidungen sind demokratisch legitimiert und akzeptiert durch die breite Mehrheit der Bevölkerung. In einer Demokratie wirken die Menschen aus Überzeugung mit und nicht aus Zwang oder Einschüchterung.

Spätestens im Frühjahr 2022 zeigte sich, dass Autokraten eben nicht per se die besseren Krisenmanager sind. Denn China musste ein weiteres Mal in einen harten Lockdown gehen, während die westlichen Demokratien langsam wieder in den Normalzustand zurückkehrten. In China trafen verschiedene Probleme zusammen: Aufgrund der strikten Zero-Covid-Strategie gab es in der Bevölkerung kaum eine Grundimmunisierung. Und es waren zwar vergleichsweise viele Chinesen vollständig geimpft,[79] aber mit Sinovac oder Sinopharm, Impfstoffen, die in ihrer Wirkung nicht ausreichend Schutz vor einer Erkrankung boten und die beide in China entwickelt und hergestellt wurden. Die Zero-Covid-Strategie des Regimes war nicht aufgegangen. Das hatte sich schon frühzei-

tig abgezeichnet, aber bei den Verantwortlichen vor Ort gab es
weder diese Einsicht noch die Bereitschaft, eine Kurskorrektur
vorzunehmen.

Demokratien sind nicht nur wegen des oben beschriebenen
Legitimationsprozesses stark. Sondern auch, weil sie überhaupt
in der Lage sind, Fehler zuzugeben und zu korrigieren, ohne
dass das politische System grundsätzlich infrage gestellt wird.
Das habe ich bereits am Beispiel der Entscheidung zur Osterruhe 2021 beschrieben. Wir sind in der Lage, uns anzupassen,
unsere Strategien zu ändern, wenn wir erkennen, dass es nötig
ist. Wir müssen nicht an etwas festhalten, nur um unser Gesicht zu wahren. Und im Zweifel wird einfach die Regierung
abgewählt. Müssen hingegen Autokraten eingestehen, falschgelegen zu haben, ist die Legitimation ihrer Regierung und
ihrer Herrschaft zunichte. Das ganze System gerät ins Wanken.

Aus diesem Grund blieb die kommunistische Führung Chinas bei ihrer Zero-Covid-Strategie: Jede Korrektur wäre dem
Eingeständnis gleichgekommen, dass das Regime eben nicht
immer weiß, was das Beste für sein Volk ist. Also ging China
weiterhin den harten Weg, notfalls unter Einsatz von Gewalt.
Man hörte erschreckende Geschichten von Menschen aus
Shanghai, die wegen des Lockdowns über Wochen kaum Zu-
gang zu Nahrungsmitteln hatten. Das hatte im Frühjahr 2022
wachsenden gesellschaftlichen Unmut zur Folge.

In die Denkweise eines autokratischen Staates passt auch
die Ablehnung der Chinesen, westliche Impfstoffe wie den von
BioNTech oder Moderna einzusetzen – obwohl sie erwiesener-
maßen besser wirken als die chinesischen.[80] Nicht das eigene
»kommunistische« Vakzin zu verimpfen und damit anzuerken-
nen, dass der Westen im Wettstreit um den besseren Impfstoff
das Rennen gemacht hat, das wäre aus Sicht des Regimes ein
Systemversagen. Die Nicht-Möglichkeit der Fehlerbesprechung

273

und -Korrektur als System ist eine klare Schwäche autoritärer Regime. Und eine Stärke der Demokratie. Was kein Grund für Überheblichkeit sein sollte. Denn welche fatalen wirtschaftlichen Folgen der Lockdown in China auch für uns nach sich zieht, darüber habe ich bereits berichtet.

Neben der Fähigkeit zur Korrektur und der Akzeptanz durch die Bevölkerung gibt es noch einen dritten Punkt, der für das bessere Krisenmanagement eines demokratischen Staates spricht: die Transparenz nach innen und außen. Bis heute ist die Frage, woher das Virus stammt, nicht abschließend aufgeklärt. Es gibt unterschiedliche Theorien, die in der Fachwelt diskutiert werden. Fest steht in jedem Fall: Von Anfang an hat China die Welt nur mangelhaft und sehr spät über das Virus informiert. Dieses Vertuschen könnte sich eine Demokratie gar nicht erlauben: Eine solche Intransparenz würde nicht funktionieren. Unsere freien Medien würden über Missstände berichten, Transparenz fordern und liefern. Auch das ist eine Stärke unseres Systems. Transparenz und Kontrolle, aus der Perspektive der Autokraten ein zentraler Nachteil im Systemwettbewerb, wurden in der Pandemie zu unserer Chance. Die Demokratie lebt von Ehrlichkeit. Für eine Autokratie ist sie pures Gift.

Allen Entscheidern in der Corona-MPK war von Anfang an klar, dass sich einige unserer Entscheidungen im Nachhinein als zu früh, zu spät, zu hart oder zu weich herausstellen würden. »Mit dem Wissen von heute« – dieser Satzbeginn könnte ganze Kapitel einer Nachbetrachtung der Pandemie überschreiben. Wir würden vieles anders gemacht haben, wenn wir damals den Wissensstand von heute gehabt hätten. In einer Demokratie muss das ausgesprochen werden.

Es ist allerdings nicht so, dass alle »Hurra« rufen, wenn man einen Fehler einräumt. Sätze, die mit »Mit dem Wissen von heute« beginnen, haben mich später eingeholt. Etwa im

Kommunalwahlkampf in Bottrop, Sommer 2020, vormittags auf dem Marktplatz: Auch diesmal wieder lautstarke Demonstranten, denen ich trotz ihres Lärms mehrfach das Mikrofon reichte, damit sie ihre Position erklären und Fragen stellen konnten. In dieser Situation sagte ich in einer meiner Antworten: »Mit dem Wissen von heute würden wir keine Friseure und Einzelhandel mehr schließen müssen.«[81] Tatsächlich war ich der Überzeugung, dass die Friseurläden im Nachhinein, mit dem Wissen, welchen Unterschied die Hygienekonzepte machen können, in der ersten Welle hätten geöffnet bleiben können. Ich wollte den Friseuren signalisieren: »Wir haben etwas dazugelernt, wir haben gesehen, Friseurläden sind keine Infektionsherde.«

Aber bei vielen Friseuren kam das gar nicht gut an. Sie reagierten wütend und waren letztlich – zu Recht – gleich dreimal sauer auf mich: Das erste Mal, als sie im ersten Lockdown hatten schließen müssen. Das zweite Mal, als ich in Bottrop äußerte, diese enorme Einschränkung wäre gar nicht nötig gewesen. Und das dritte Mal, und da in ganz besonderem Maße, als sie in der Winterwelle im Dezember 2020 – trotz meiner Aussage vom Sommer – doch noch einmal schließen mussten.

Die Entscheidung der Corona-MPK am 13. Dezember 2020 zur erneuten Schließung konnte ich nicht so beeinflussen, wie ich es für richtig hielt. Die allgemeine Stimmung war eine andere: Trotz der massiven Einschränkungen, die in Deutschland bereits seit mehr als zwei Wochen galten, sanken die Corona-Zahlen nicht, sondern hatten sich auf hohem Niveau stabilisiert. Es musste, so die vorherrschende Meinung, mehr gemacht werden, um Kontakte und Infektionen zu reduzieren. Und da kamen auch die Friseure wieder in den Blick.

Hätten wir es von vornherein, im Herbst, nicht zugelassen, dass die Winterwelle diese dramatische Höhe erreicht, wären auch die Friseure nicht wieder in den Fokus geraten. Aber »hätte, hätte« hilft hier nicht. In dem Moment jedenfalls holten Medien mein Zitat aus dem Archiv und warfen mir vor, ich hätte »wieder einmal« etwas versprochen, was ich nicht halten konnte.

Ich konnte den Ärger verstehen, und doch würde ich meine Aussage wieder so treffen. Denn ich war und bin weiter der Meinung, es wäre nicht nötig gewesen. Handlungen, die in einem Friseurgeschäft stattfinden, haben, solange Hygienekonzepte eingehalten und FFP2-Masken getragen wurden, so gut wie gar nicht zum Infektionsgeschehen beigetragen. Die Frage, wie gerecht es ist, diese oder jene Branche in einer Pandemiewelle zu schließen, um Kontakte zu reduzieren und die Welle zu brechen, beschäftigte die Politik permanent.

Für diese und andere vergleichbare Debatten gilt: Demokratie bedeutet auch kritisches Nachfragen und Hinterfragen. Das gilt genauso für die Leserinnen und Leser dieses Buches: Fühlen Sie sich ausdrücklich eingeladen, meine Aussagen in Frage und die Richtigkeit meiner Entscheidungen in Abrede zu stellen. Als demokratisch gewählter Politiker sage ich sogar: Es besteht eine Verantwortung, kritisch zu hinterfragen! Wenn wir eine konstruktive demokratische Fehlerkultur pflegen, bei der wir einerseits die Folgen eines Fehlers nicht beschwichtigen, aber andererseits auch nicht unversöhnlich verhärten, dann wird die Demokratie am Ende immer »liefern«.

Der Pappa-ante-portas-Moment

Mein letzter Tag im Amt war der 08. Dezember 2021. Der Tag fühlte sich schon unwirklich an, als ich morgens wach wurde. Seit der Wahlniederlage vor knapp elf Wochen war ich tagtäglich mit Fragen zur Pandemie beschäftigt gewesen, selbst an diesem Vormittag noch. Auch der Kalender eines nur geschäftsführenden Bundesministers war mitten in der Pandemiewelle weiterhin gut gefüllt. Das Virus nahm keine Rücksicht auf Koalitionsverhandlungen und Regierungsübergänge. Am Vortag war ich sogar noch nach Brüssel zum EU-Gesundheitsministerrat gereist. Ich hatte mir vorgenommen: Du ziehst das durch bis zum Ende, und erst wenn alles vorbei ist, überlegst du dir, wie es weitergeht.

Am Nachmittag würde ich im Ministerium meine Abschiedsrede halten und anschließend nach Hause fahren – zum ersten Mal seit vier Jahren, ohne dass am nächsten Morgen schon wieder Termine anstünden. Mein Mann Daniel sagte immer scherzhaft, das wäre dann mein Pappa-ante-portas-Moment: Der Moment, in dem der Einkaufsdirektor Heinrich Lohse, gespielt vom wunderbaren Vicco von Bülow, in den Vorruhestand geschickt wird und sich zu Hause erst mal auf sein neues Leben einstellen muss, ganz zur Überraschung seiner Frau, Missverständnisse und aberwitzige Alltagsmomente inklusive.

Der Tag der Amtsübergabe selbst lief wie ein Film ab, und manche Details habe ich ausgeblendet oder vergessen. Daniel hat das bessere Gedächtnis und mir den Tag später beschrieben. Olaf Scholz war im Bundestag vereidigt worden, danach kamen die Minister an die Reihe. Ich saß im Plenum und habe Daniel geschrieben, mittags gegen 12 Uhr: »Vielleicht fahre ich vor der Amtsübergabe am Nachmittag noch mal nach Hause.«

Er schrieb zurück: »Was willst du denn jetzt zu Hause?«

Ich: »In meinem Abgeordnetenbüro komme ich mir auch vor wie ein Tourist. Da bin ich ewig nicht gewesen.«

Ich hatte kein Büro mehr im Ministerium, das hatte schon Karl Lauterbach übernommen. Es gab die merkwürdige Situation, dass er zwar schon vereidigt worden war, die Amtsübergabe aber noch nicht stattgefunden hatte. Ich wusste also nicht, wo ich hinsollte bis zur Amtsübergabe um 15 Uhr.

»Lass uns gemeinsam mittagessen«, schlug Daniel vor. So trafen wir uns in einem Restaurant.

Ich sei für meine Verhältnisse emotional sehr aufgewühlt, meinte er, als er mich sah. Ja, ich war schon ein wenig angespannt, hatte meine Abschiedsrede im Kopf.

Wir gingen in ein Steakhouse, von dem wir wussten, dass dort um die Zeit nicht viel los war. Da saßen wir drei Stunden lang rum, waren schon längst durch mit dem Essen und schlugen die Zeit tot. In Gedanken bin ich meine Rede immer wieder durchgegangen. In der Ecke des Lokals saßen die Personenschützer, die mich damals noch begleiteten. Aber eigentlich waren auch die schon auf dem Absprung. Als es endlich so weit war, fuhr ich ins Ministerium.

Die Amtsübergabe fand coronabedingt in einem kleineren Rahmen statt als üblich, wurde aber per Livestream übertragen.[82] Daniel verfolgte die Rede zu Hause am Fernseher. Ähnliche Veranstaltungen hatte ich im Lauf der Jahre in Berlin schon etliche Male bei anderen Abtretenden gesehen. Aber es ist noch einmal etwas anderes, es selbst zu erleben: wenn man sich von Menschen verabschiedet, mit denen man ein sehr intensives Stück gemeinsamen Weges gegangen war, bis tief in die Nacht gearbeitet hatte und zusammen durch schwere politische See navigiert war. Während ich meine Rede hielt, merkte ich, wie es in mir arbeitete, was da alles hochkam: tiefe Dankbarkeit dem Ministerium, den Mitarbeiterinnen und Mitarbeitern gegenüber, den vielen Menschen, die in der Pandemie mitgeholfen hatten, weit über das Maß des Selbstverständlichen hinaus. Ich dachte an all die weitreichenden Entscheidungen, die falschen und richtigen, an Lob und Kritik, die Zweifel und Selbstzweifel. An das, was die Jahre für meinen Mann, meine Familie und Freunde bedeutet hatten, ihre konstruktiv-kritische Begleitung. Und dass jetzt diese Zeit vorbei sein würde – und ich diese verdammte Pandemie nicht würde zu Ende bringen können.

Aber so funktioniert nun mal Demokratie. Wer verliert, muss gehen. Es war ein emotionaler Moment für mich. Das merkte man mir in der Rede auch an. Hier ein Auszug:

»*In der aktuellen Lage steht das BMG mehr im Fokus denn je. Die Mutationen des Virus zeigen: Wir sind noch mitten in der Pandemie. Daher ist es gut, dass diese Zeit des Übergangs zwischen zwei Regierungen nun vorbei ist. Dass mein Nachfolger mit dem heutigen Tag übernimmt. Das Gesundheitsressort gehört traditionell nicht zu den Ressorts, die Glanz und Gloria für den Amtsinhaber versprechen. Viel Feind, wenig Ehr. Oder – wie eine meiner Vorgängerinnen sagte: Als Gesundheitsminister hat man schnell die Torte im Gesicht. (…) Ein Regierungswechsel ist eine Zäsur. Es ist ein Neuanfang. Ich wünsche mir, dass dieser Moment genutzt wird. Lassen Sie uns alle über die eigene Haltung und Argumente neu nachdenken. Den Kopf aus der eigenen Bubble, der eigenen Debattenblase hervorheben. Sich breit informieren – auch über Lage und Argumente anderer. Es ist jetzt der Moment dazu!*«*

Als ich regulär nach knapp vier Jahren aus dem Amt schied, war ich der dienstälteste Gesundheitsminister der G-7-Staaten; in der EU amtierten nur zwei der anderen sechsundzwanzig Kolleginnen und Kollegen länger.

Rückblende Herbst 2002

Wie alles anfing

Meinen Nachfolger im Amt des Bundesministers für Gesundheit, Karl Lauterbach (SPD), kenne ich seit bald zwanzig Jahren. Er und ich, wir respektieren uns. Wir kennen wechselseitig unsere Stärken und unsere Schwächen. Ich behaupte mal selbstbewusst, es gibt im Deutschen Bundestag außer ihm und mir keine Handvoll weiterer Abgeordneter, die so viel politische Erfahrung und Wissen im Bereich der Gesundheitspolitik haben. Im Herbst 2002 kam ich nach Berlin, in die »Blase Berlin«, den Politikbetrieb. Alles war neu, fremd, gewöhnungsbedürftig, ich war voller Elan und Ehrgeiz, damals mit zweiundzwanzig Jahren der jüngste direkt gewählte Abgeordnete in der Geschichte des Hauses. Manchmal muss ich mich kneifen, weil ich kaum glauben kann, wie lange das schon her ist und was seitdem alles passiert ist.

Frisch in den Bundestag gewählt, wollte ich anfangs, so wie alle Jungen, rein in die Wirtschafts-, Außen- oder Haushaltspolitik. Ich wollte mir eines der großen, der scheinbar wichtigen Themen erobern. In diesen attraktiven Politikfeldern hatten aber die Platzhirsche schon längst alle Posten besetzt: Die Neuen mussten sich hinten anstellen. Norbert Lammert (CDU), damals Vorsitzender der NRW-Landesgruppe unserer Fraktion und damit mein erster Ansprechpartner als Neuling aus NRW, gab mir den Ratschlag, es auf einem anderen Feld zu versuchen.

Rente könnte was sein, dachte ich, gerade als jüngster Abgeordneter wäre das doch spannend. Also ging es in den Ausschuss für Gesundheit und Soziale Sicherung, denn damals waren die Themen Rente und Gesundheit noch im gleichnamigen Ministerium unter Ulla Schmidt (SPD) gebündelt. Ulla Schmidt war übrigens die letzte Gesundheitsministerin vor mir, die zeitweise ständigen Personenschutz hatte. Denn die seinerzeit notwendigen Einschnitte und Leistungskürzungen bei der Gesundheitsreform 2004 hatten viel Protest und auch manche Drohung erregt. Ulla Schmidt hat viel für die Stabilität der sozialen Sicherungssysteme – Gesundheit, Pflege und Rente – im 21. Jahrhundert getan. Keine Ministerin vor oder nach ihr hat in ihrer Amtszeit härtere Reformen und größere Kürzungen mit Langzeitwirkung durchgesetzt als sie. Diese beiden Feststellungen sind kein Widerspruch, sondern stehen in kausalem Zusammenhang. Es mag verwundern, aber ich habe großen Respekt davor, wie sie in einer Zeit mit damals fünf Millionen Arbeitslosen und Milliardendefiziten in den Sozialsystemen tat, was zu tun war.

So kam ich jedenfalls über die Rente schließlich zur Gesundheitspolitik. Sie hat mich schon bald fasziniert, weil sie so breit gefächert ist: Es geht um ethische Fragen zu Anfang und Ende des Lebens. Es geht um soziale Sicherung und Daseinsvorsorge – und gleichzeitig um fast dreizehn Prozent unserer Wirtschaftskraft mit fast sechs Millionen Beschäftigten.[83] Es geht immer schnell um Millionen- und Milliardensummen, und gleichzeitig sind es meist die kleinen Beträge, die die größte Aufregung erzeugen, Stichwort Praxisgebühr. Es geht um Innovationen, neue Technologien und Therapien. Es ist aber auch ein ziemlich vermintes Politikfeld, das immer Ärger bedeuten kann. Die Kombination aus alldem fand ich von Anfang an reizvoll.

Mein Netzwerk aus dreizehn Jahren Gesundheitspolitik hat mir als Minister in der Pandemie später enorm geholfen:

Ich kannte alle wichtigen Akteure persönlich – die Vertreter der Krankenkassen ebenso wie die der Ärzte, Apotheker, Therapeuten, Hebammen, Pflegekräfte und all der anderen Berufsgruppen, dazu die der Klinikbetreiber und der Pharmaunternehmen. Dass mich alle kannten und wir uns in den vergangenen Jahren gegenseitig auch schon manches zugemutet hatten, machte es leichter, uns unter Stress zu vertrauen und einzuschätzen. Es war nicht so, dass mich alle liebten. Schließlich hatten wir im Lauf der Jahre auch fachliche Auseinandersetzungen. Aber die meisten wussten, dass ich mich mit der Materie auskenne und dass sie sich auf mein Wort verlassen konnten.

Das wusste auch Karl Lauterbach, als er und ich 2013 als Verhandlungsführer von Union und SPD bei den Koalitionsverhandlungen für den Bereich Gesundheit zuständig waren. Damals waren wir beide davon überzeugt, dass einer von uns Gesundheitsminister werden würde. Wir wurden es dann beide nicht. Und nun, Jahre später und unter ganz anderen Umständen, folgt der eine dem anderen nach. So ist Politik manchmal.

Bei den Koalitionsverhandlungen 2013 mussten einige Hürden aus dem Weg geräumt werden: Eines der größten Konfliktfelder der neuen Koalition war der Grundsatzstreit um Pauschalen und Prämien, also um die künftige Finanzierung des Gesundheitswesens. Und alle fragten sich: Bekommen die beiden das wirklich aufgelöst?

Ja, das bekamen wir hin. Wir fanden tatsächlich einen Kompromiss, der im nächsten Schritt jeweils auf höherer Parteiebene abgesegnet werden musste. Was mich überraschte und einen bleibenden positiven Eindruck bei mir hinterließ: Karl Lauterbach schaffte es am Ende immer, seine Leute auf Linie zu bringen. Wenn wir etwas vereinbart hatten, konnte er es, genau wie ich, parteiintern meistens durchsetzen. Das führte dazu, dass wir über all die Jahre gut zusammenarbeiten konnten. Auf sein Wort war Verlass.

Ich erinnere mich an eine Situation, als wir bei einem größeren Reformprojekt, es ging im Kern um die psychotherapeutische Versorgung, seit Monaten zu keiner Lösung kamen. Ich rief ihn an und sagte: »Lassen Sie uns jetzt reden. Ich komme hin, wo Sie wollen.« Wir siezen uns übrigens bis heute.

Wir trafen uns dann spätabends in einem Café in der Kölner Innenstadt und einigten uns auf einen Kompromiss, den wir später umsetzen konnten. Und weil wir beide davon überzeugt sind, dass eine Auseinandersetzung zwischen altem und neuem Minister das Land nicht weiterbringt, schon gar nicht mitten in einer Pandemie, trafen wir eine Absprache: Wir würden uns und unsere Arbeit nicht gegenseitig kommentieren. Das hat bisher gut geklappt. Und als es einmal nicht so war, rief Karl Lauterbach am nächsten Tag an und entschuldigte sich – was ich sehr zu schätzen weiß.

Mittwochabend, 08. Dezember 2021

Ich wusste noch nicht, wie ich nach meinem Abschied im Ministerium nach Hause komme. Mittags hatte ich zu meinem Mann gesagt, ich würde am liebsten zu Fuß gehen. Das war so meine romantische Vorstellung meines letzten Arbeitstages. Daniel wollte mir die schöne Idee nicht kaputtreden – aber zugegebenermaßen wäre dieses Bild etwas schräg gewesen: Der »neue« Ex-Minister allein zu Fuß mit seiner Aktentasche in der Hand. Es ist dann so geendet, dass der Fahrer mich doch noch als letzte Amtshandlung nach Hause brachte. Das war gegen 17 oder 18 Uhr.

Ich habe das in einem Interview mal etwas flapsig formuliert: »Das ist Demokratie, du fährst morgens mit zwei gepanzerten Limousinen und Personenschutz ins Ministerium, übergibst den Stab an deinen Nachfolger, und abends sitzt du allein im Taxi nach Hause.« Nicht ganz, aber ein wenig war es ja dann auch so.

Du merkst in den Tagen vorher schon an vielen kleinen Details, dass es aufs Ende zugeht. Wie das System im Ministerium sich dreht und nach dem Neuen ausrichtet. So muss es auch sein. In dem Moment, in dem die Übergabe vollbracht war, zog der Tross direkt hinter dem neuen Minister weiter. Und wenn von einem Tag auf den anderen der 24/7-Personenschutz wegfällt, verändert das das Alltagsleben auch wieder völlig.

Zu Hause angekommen, habe ich an diesem Abend noch einige meiner bisherigen Kolleginnen und Kollegen im Kabinett, manche Ministerpräsidenten, auch Olaf Scholz und Angela Merkel angerufen. Ich wollte mich bei ihnen für die letzten zwei Jahre bedanken. Vielleicht dachten sie alle beim Abheben: Was will der denn noch? Und dann sagt der nur: Danke. Sie waren alle ein wenig erstaunt. Aber es war mir wichtig, mich nach diesen intensiven zwei Jahren persönlich zu verabschieden.

Am nächsten Morgen klingelte ein Polizist, denn wir hatten seit März 2020 immer eine Streife vor der Tür stehen, rund um die Uhr. Der Beamte sagte, sie seien jetzt mal los. Von nun an fuhr ich wieder wie früher ins Abgeordnetenbüro. Die ersten Wochen ohne das Amt hatte ich mir schlimmer vorgestellt und emotional heftiger. Ich rechnete mit dem berühmten Loch. Aber so ein richtiges Tief gab es nicht: Es ging gleich weiter mit dem anstehenden Parteitag.

Es brauchte Tage, Wochen, bis der Druck nach und nach abfiel und ich merkte, was wir in diesen zwei Jahren gemeinsam durchlebt und durchlitten hatten. Ich musste tatsächlich dann erst einmal sehen, wie es für mich nach der verlorenen Wahl in der Partei und in der Fraktion weiterging. Diese Frage bestimmte die nächsten Wochen. Der große Kampf Corona war für mich vorbei, aber in der Politik gibt es selten eine echte Pause.

Der nächste innerparteiliche Wettbewerb stand an. Erstmals konnten die Mitglieder über den Parteivorsitz der CDU Deutschlands entscheiden. Friedrich Merz gewann die Abstimmung mit drei Kandidaten im ersten Wahlgang mit beeindruckend großer Mehrheit. Seit die Führungsfrage unmissverständlich geklärt ist, ist unsere Partei so geschlossen und geeint, wie wir es in den Jahren zuvor nicht kannten. Mit Friedrich Merz an der Spitze gelingt es, als Opposition in dieser krisenhaften Zeit die Balance zu halten, staatstragend, aber nicht regierungsergeben. Ich wurde zum stellvertretenden Vorsitzenden der CDU/CSU-Bundestagsfraktion für die Themenbereiche Wirtschaft, Energie und Klima sowie wenig später wieder ins Präsidium der CDU Deutschlands gewählt. Beide Wahlen waren keine Selbstläufer. Gerade nach Wahlniederlagen gibt es Zeiten des Umbruchs in der Politik. Da ist es manchmal schon ein Erfolg, wenn man anschließend noch auf dem Spielfeld steht.

Epilog

Es hätte alles so schön werden können. Goldene Zwanzigerjahre für Deutschland. Die Ausgangslage vor der Pandemie
war vielversprechend: Die Wirtschaft wuchs Jahr für Jahr, so
konstant und lang anhaltend wie selten zuvor in der bundes-
republikanischen Geschichte. Die Arbeitslosigkeit sank, während die Beschäftigtenzahlen auf Rekordniveaus stiegen. Löhne
und Gehälter entwickelten sich gut. Die Renten waren stabil,
die Inflation bei fast null, die Kaufkraft stieg an. Die soziale
Ungleichheit nahm Schritt für Schritt ab, die Lebenserwartung
stieg Jahr um Jahr, die Zukunftszuversicht der Deutschen auch.
Der Staat hatte so viel Spielraum in den öffentlichen Haushalten wie selten zuvor. Das Ansehen Deutschlands in der Welt
war hoch wie nie zuvor seit Ende des Zweiten Weltkriegs.

Doch statt der Goldenen werden es nun anstrengende Zwanzigerjahre werden.

Natürlich: Die Welt vor der Pandemie war keine heile Welt,
sondern eine Zeit vieler Krisen: die Finanz- und Eurokrise,
der Krieg in Syrien, die Migrationskrise, Terroranschläge und
Flutkatastrophen. Aber erst die Pandemie brachte Einschnitte
mit sich, die ganz unmittelbar den Alltag aller Menschen in
Deutschland veränderten. Uns allen wurde bewusst, wie ver-
letzlich unsere Welt ist und dass es die Verlässlichkeiten nicht
mehr gibt, die wir lieb gewonnen und in denen wir uns gemüt-
lich eingerichtet hatten.

Die Zwanzigerjahre des 21. Jahrhunderts werden uns viel abverlangen. Die Pandemie hält an, ihre vielen wirtschaftlichen, gesundheitlichen und sozialen Folgen sowieso. Der Krieg tobt wenige Flugstunden entfernt, wir erleben eine Energiekrise und Rekordinflation. Das Ende ist nicht absehbar. Gut möglich, dass dies erst der Anfang ist. Die globale Arbeitsteilung und der internationale Warenverkehr stocken, der Klimawandel schreitet voran. Sicherheit, Wohlstand, Gesundheit, Mobilität – Selbstverständlichkeiten stehen infrage.

Ich denke, dass wir aus den ersten zwei Pandemiejahren viel lernen können. Natürlich immer unter Einschränkungen. Ich weiß auch, dass dieses Buch nicht zu jeder Frage eine Antwort geben kann.

Jede Krise ist anders. Wir wissen nicht, welche uns in nächster Zukunft noch herausfordern wird – abgesehen von der Klimakrise, die wie ein Damoklesschwert über uns hängt. Was uns die ersten beiden Jahre der Pandemie aber lehren: Wir brauchen ein Krisendrehbuch, um in Zukunft besser vorbereitet zu sein. Das Prinzip Vorsorge und Vorausplanung haben wir in zu vielen Lebensbereichen, im Zivilschutz, Pandemieschutz, Bevölkerungsschutz, auch im Militärischen, viel zu lange vernachlässigt. Die Bundeswehr hat zu wenig Munition, darüber mag man in Friedenszeiten spöttisch lachen. Im Ernstfall vergeht uns das Lachen schnell: Die Konsequenzen würden weit härter ausfallen als beim Maskenmangel zu Beginn der Pandemie. Den Füllstand der Gasspeicher kennen inzwischen viele Bürgerinnen und Bürger, Medien berichten teils täglich darüber – wen hat das vor einem Jahr interessiert? Die politische Aufgabe, die daraus folgt: Zu analysieren und festzulegen, in welchen Bereichen wir kurz-, mittel- und langfristig besser vorsorgen müssen. Und für jeden dieser Bereiche dann ein entsprechendes Drehbuch festzulegen: Was wird

physisch vorbereitet, welche Strukturen und Entscheidungswege braucht es, welche Pläne müssen geschrieben und geübt
werden?

Mit den Bürgerinnen und Bürgern sollte dazu auf Augenhöhe kommuniziert werden. Die Krisen haben ein Verständnis
gefördert für Kosten und Unwägbarkeiten. Ich bin sicher, wer
das beherzigt, wird politisch belohnt werden: mit Vertrauen.

Als Nation und als Europäische Union weniger abhängig
und souveräner zu werden – wohl keine Aufgabe drängt so
sehr und ist dabei so groß wie diese. Das wird anstrengend,
das ist teuer, das verlangt allen einiges ab. Aber es ist an der
Zeit. Der Weg zu mehr Souveränität führt über eine möglichst
putinfreie Energieversorgung. Mit dem beschlossenen Son-
dervermögen für die Bundeswehr kann unsere Wehrhaftigkeit
verbessert werden. Doch das Fundament unseres Geschäftsmodells bildet der Außenhandel. Da rund jeder vierte Job bei
uns am Export hängt, können wir unseren Außenhandel nicht
deglobalisieren. Und gleichzeitig haben wir die Grenzen einer
gedankenlosen Globalisierung endgültig erreicht.

Der Leitgedanke unseres neuen Geschäftsmodells sollte
Sicherheit durch Handel sein. Wir müssen Freihandel strategisch fördern, um unsere Freiheit und Sicherheit zu wahren.
Die Vorteile liegen auf der Hand: Freihandel reduziert Armut
und verbindet uns mit Partnern, die unsere Werte und Sicher-
heitsinteressen teilen. Unsere Versorgungssicherheit und die
Resilienz unserer Lieferketten werden durch die Diversifizierung unserer Handelspartner verbessert. Die Umsätze von
Unternehmen und das Einkommen von Erwerbstätigen werden gesichert. Deshalb hat die politische Diskussion darum,
wie wir unseren Außenhandel künftig ausrichten, zu Recht
mehr Aufmerksamkeit bekommen. Die kurz- und mittelfris-
tige Aufgabe für Politik besteht darin, neue Handelsabkommen

zu schließen. Vor allem mit Demokratien, die verlässliche Partner sind und unseren Werten nahestehen.

Im Inneren werden wir ein neues Staatsverständnis und eine neue staatliche Rolle im Rahmen der Wirtschaft diskutieren müssen. Nur eine wettbewerbs- und widerstandsfähige Wirtschaft ermöglicht eine starke soziale Sicherung. Nur eine starke soziale Sicherung wiederum kann in einer Krise wie der Pandemie den Beschäftigten und Unternehmen den nötigen Halt geben. Beides bedingt einander. Deshalb blicke ich heute als Wirtschaftspolitiker mit anderen Augen auf die Debatte um soziale Gerechtigkeit als früher. Es wird in den nächsten Jahren auch darum gehen, dass Aktien, Kapital und Immobilien sogar noch in der Krise an Wert gewinnen, während das, was durch Arbeit erwirtschaftet wird, weniger stark steigt im Wert – mit drohenden Folgen insbesondere für den niedrigen und mittleren Einkommensbereich. Gerade in einer Exportnation sind die Einkommen häufig ungleicher verteilt: Wer in den Branchen und Unternehmen arbeitet, die direkt oder indirekt mit ihren Produkten und Innovationen auf dem Weltmarkt erfolgreich sind und gutes Geld verdienen, hat in der Regel einen höheren Lohn als diejenigen, die im heimischen Dienstleistungssektor arbeiten. Wie man diese Einkommensgruppen über kluge Konstrukte an Wachstum und Wohlstand teilhaben lassen kann, etwa über einen Deutschlandfonds, müssen wir diskutieren. Insofern geht es darum, nach dieser Pandemie und aus der Folgekrise heraus, für die Zwanzigerjahre neu zu denken. Wir werden die Gesellschaft nur dann zusammenhalten und zusammenführen, wenn wir auch in Fragen der sozialen Teilhabe, gerade mit einem starken Pflege- und Gesundheitssystem, neue Wege gehen.

Besonders beschäftigt mich der gesellschaftliche Zusammenhalt. Die Dynamik der nationalen Krise verlief ähnlich, wie eine Krise im Kleinen häufig läuft, ob in der Familie oder im Vereinsleben: Man hält zusammen, solange die Notlage vorherrscht, gibt sich Mühe, das gemeinsam durchzustehen. So entsteht ein positives Momentum, im Kleinen wie im Großen, in Staat und Gesellschaft. Aber wenn die Spannung langsam nachlässt, kommt die Zeit der gegenseitigen Schuldzuweisungen. »Hättest du nicht, warum hast du bloß …?!«

So ist das Jahr 2021 zu einem Jahr der Schuldzuweisungen geworden. Und dieses Muster macht mir für künftige Krisen Sorgen. Kritik üben: unbedingt und immer. Aber ohne diese Bitterkeit, diese Härte, dieses Absolute. Sondern eine Aufarbeitung, bei der man aus den vergangenen Fehlern und Versäumnissen lernt, um es beim nächsten Mal besser machen zu können. Wir haben ähnliche Krisen bereits früher erlebt, aber nicht in dieser Intensität. Bei der Finanzkrise der Jahre 2007/2008 war die Dynamik insofern eine andere, weil der Kalender klare Entscheidungsmomente vorgab: Am Montagmorgen öffnete die Börse in Japan, bis dahin musste eine Entscheidung getroffen, ein Problem im besten Fall gelöst sein. Aber in der Pandemie gab es diesen zeitlichen Fixpunkt nicht, der ein sofortiges Ergebnis hätte bringen können. Eine Pandemie verläuft nicht nach Kalender. In einer Pandemie ist die Situation einer ständigen Veränderung unterworfen, und es geht um die Gesundheit von Millionen Menschen. Gesundheit, die den Menschen nachvollziehbarerweise näher liegt als ihr Aktiendepot. Die Gesundheit kann man für immer unwiederbringlich verlieren, einen Job oder finanzielle Versorgung kann man neu gewinnen. Gerade deshalb sollten wir uns in solchen fundamentalen Krisen, die alle in allen Lebensbereichen betreffen, bewusst Momente nehmen, in denen wir innehalten. Und uns fragen: Bin ich zu unerbittlich geworden? Das gilt selbstverständlich auch für mich selbst.

Ich wurde oft gefragt: War das nicht auch ein Gefühl von Befreiung, als die Last der Verantwortung abfiel, nach zwei harten Jahren im Amt?

Nein, das kann ich nicht sagen. Ich habe dieses Amt bei allen Belastungen gerne ausgefüllt. Ich war gerne Minister, habe gerne Verantwortung getragen, Debatten angestoßen, Entscheidungen getroffen oder auf den Weg gebracht. So gesehen, empfand ich erst einmal ein Gefühl der Traurigkeit. Nicht, weil das Amt des Ministers als solches endete. Sondern weil ich diese Krise, die ich von Anfang an miterlebt hatte, nicht zu ihrem Ende bringen konnte. Ich hätte es gerne noch als Gesundheitsminister erlebt: das Ende der Pandemie. Dieses Abschließen der Aufgabe, den Schlussstrich zu ziehen. Dass mir das nicht möglich ist, bedaure ich.

Was also haben diese Jahre mit mir gemacht? Darüber habe ich viel nachgedacht. Vor allem über die Art und Weise, wie ich Politik mache, wie ich zu Entscheidungen komme, was ich besser machen muss, um Fehler zu vermeiden.

Ich bin im positiven Sinne gelassener geworden, resilienter, widerstandsfähiger, als ich es eh schon von Natur aus bin. Ich habe viel gelernt, und diese Erfahrungen kann mir keiner nehmen. Ich weiß nicht, ob ich noch einmal in einer verantwortlichen Position eine Zeit durchmachen werde, in der so gebündelt und geballt an jedem neuen Tag Ereignisse geschehen, die Entscheidungen erfordern, deren Folgen für Millionen Menschen mitunter lebenswichtige Konsequenzen haben.

Es gibt ja häufiger diese Haltung: Je weniger ich entscheide, desto weniger kann ich auch falsch machen. Also sitze ich das Problem aus. Ich habe das schon immer für falsch gehalten und halte es nach allen Erfahrungen der Pandemie weiterhin für falsch. Im März 2020, als die Situation sich zuspitzte, hätte man nicht tage- und wochenlang diskutieren können, was der nächste Schritt sein könnte. Wir brauchten Beatmungsgeräte. Also mussten Entscheidungen getroffen werden. Dann brauchten wir Masken. Dann sollten die Bürgertests eingeführt werden. Ich wollte kein Minister sein, nur damit es außen auf der Tür steht. Ich wollte Entscheidungen treffen, um einen Unterschied zu machen, etwas zu verändern. Das motiviert mich, Politik zu machen. Und das schon seit meiner Zeit als einfacher Abgeordneter, als es darum ging, Gesetze mit auf den Weg zu bringen und zu beeinflussen.

Es gibt Entscheidungen aus der Zeit vor der Pandemie, auf die ich stolz bin, auch wenn sie öffentlich wenig wahrgenommen wurden. Dass wir die sogenannten Konversionstherapien nach jahrelangen Debatten verboten und damit viele junge Menschen geschützt haben, zum Beispiel. Dass PrEP als Medikament eine Kassenleistung wurde. In meiner Fraktion gab es skeptische Stimmen, aber für die HIV-Prävention war diese Maßnahme ein wichtiger Schritt. PrEP macht Sex sicherer. Oder dass wir als weltweit erstes Land digitale Gesundheits-Apps zur Kassenleistung gemacht haben und diese deshalb bei bestimmten Krankheiten von den Kassen bezahlt werden.

Zum Abschied aus dem BMG haben mir Kolleginnen und Kollegen aus dem Bundesministerium für Gesundheit alle Gesetze und Beschlüsse der gemeinsamen Zeit in gebundener Fassung mitgegeben. Ein recht schwerer Stapel, dessen Inhalt sich kaum als leichte Abendlektüre eignet. Doch ich habe mich sehr gefreut. Denn in dem Stapel stecken viele kleinere und größere Unterschiede, die wir für Millionen Menschen in Deutschland gemacht haben.

Mit einer inneren Ruhe und einem inneren Kompass das Beste für Deutschland und seine Bürgerinnen und Bürger zu geben, meine ganze Kraft dem Wohle des deutschen Volkes zu widmen, darauf habe ich meinen Amtseid geschworen. Politik kann nicht alles regeln – auch das habe ich zu akzeptieren gelernt. Und tatsächlich: Dass die Pandemie uns aufzeigte, was alles *nicht* funktioniert hat, hilft mir heute paradoxerweise dabei, eigene inhaltliche Positionen kritisch weiterzuentwickeln – so etwa in der Wirtschafts- und Sozialpolitik.

Diese Zeit hat meine Bereitschaft, meinen Willen, meine Einstellung, *erbittlich* zu sein, enorm gestärkt. Ich will verzeihen und verzeihen können, kann es vielleicht besser denn je. Weil ich gesehen habe, wie oft aus besten Absichten in einer bestimmten Situation Dinge entschieden werden, die trotzdem nicht gut enden. Das heißt nicht, dass man darüber hinwegsehen sollte. Fehler und falsche Entscheidungen müssen genau analysiert werden. Aber die konkreten Umstände und den Menschen und den menschlichen Faktor bei der Bewertung eines Fehlers zu erkennen erleichtert einen erbittlichen Umgang miteinander.

Gleichzeitig habe ich mich nach dieser Phase, nach diesem Bruch, den der 08. Dezember 2021 in meinem Alltag und in meinem Umfeld bedeutete, geprüft. Brennt da noch genug in mir, um weiter Politik zu machen, nach zwanzig Jahren im Bundestag? – Ja!

Ich habe viel erlebt und gelernt. Das will ich einbringen. Ich habe Freude an Politik und an neuen Themen. Ich will verändern, ich will diskutieren, ich will gerne einen Unterschied machen für die Menschen – durch Entscheidungen den Gang der Dinge weiter verändern. Das ist natürlich jetzt in der Opposition bei Weitem nicht mehr so möglich wie vorher in der Regierung. Aber ich kann weiter einen Beitrag leisten.

Die letzten Sätze will ich nutzen, um mich zu bedanken:

Ich bedanke mich bei der großen Mehrheit der Bürgerinnen und Bürger in Deutschland, die in dieser historischen Krise zusammengehalten und sich gegenseitig unterstützt haben, in den Familien, in der Nachbarschaft, am Arbeitsplatz.

Ich bedanke mich bei den Pflege- und Sanitätskräften, Ärztinnen und Ärzten, bei allen, die dafür hart gekämpft und gearbeitet haben, dass unser Gesundheitssystem durchgehalten hat.

Ich bedanke mich bei den Wissenschaftlerinnen und Wissenschaftlern, die Deutschland in diesem Bereich zu einer international fast einzigartigen Expertise verholfen haben.

Ich bedanke mich bei den Soldatinnen und Soldaten, die in der Not mit angepackt haben.

Ich bedanke mich bei den vielen Kolleginnen und Kollegen aus der Politik, von der lokalen bis zur Bundesebene, die unter großem Druck und enormer persönlicher Belastung standen und stehen und engagiert dabeibleiben.

Besonders bedanke ich mich bei den Kolleginnen und Kollegen im Bundesministerium für Gesundheit. Dieses Ministerium ist in der Krise über sich hinausgewachsen. Und an diesem Gemeinschaftswerk haben alle, jede und jeder an seiner und ihrer Stelle, einen wichtigen Anteil. Viele von ihnen arbeiten weiterhin jeden Tag daran, dass unser Land und seine Bürgerinnen und Bürger bestmöglich durch diese Pandemie kommen. Und sie hoffentlich bald überwinden.

Anhang

Anmerkungen

1 https://www.sueddeutsche.de/gesundheit/coronavirus-grenzschlies
 sungen-1.4899340?reduced=true
2 Vgl. https://www.rki.de/DE/Content/InfAZ/S/SARS/SARS.html
3 https://www.rki.de/DE/Content/Infekt/EpidBull/Merkblaetter/Rat
 geber_EHEC.html
4 https://www.sueddeutsche.de/muenchen/coronavirus-muenchen-
 klinikum-schwabing-1.4777933
5 https://www.dw.com/de/china-r%C3%BCckkehrer-in-frankfurt-
 gelandet/a-52225109
6 https://www.bild.de/video/clip/politik/corona-prognose-vor-1-jahr-
 hatte-dr-wimmer-mehr-recht-als-spahn-75150252-75154520.bild.
 html
7 https://www.charite.de/service/pressemitteilung/artikel/detail/ers
 ter_test_fuer_das_neuartige_coronavirus_in_china_entwickelt/
8 https://www.youtube.com/watch?v=AqRHH6e-y6I
9 https://www.pei.de/DE/newsroom/hp-meldungen/2021/210315-
 voruebergehende-aussetzung-impfung-covid-19-impfstoff-astra-
 zeneca.html
10 https://www.aerzteblatt.de/nachrichten/122960/Daenemark-stellt-
 Impfungen-mit-Astrazeneca-dauerhaft-ein
11 Entsprechende Maßnahmen weist beispielsweise der Nationale Pan
 demieplan (2017) aus: https://www.gmkonline.de/documents/pan
 demieplan_teil-i_1510042222_1585228735.pdf
12 https://www.fh-muenster.de/gesundheit/forschung/forschungs-

projekte/moeglichkeiten-und-grenzen-der-eigenverantwortlichen-wiederverwendung-von-ffp2-masken-im-privatgebrauch/index.php

13 Beschluss auf der Besprechung des Chefs des Bundeskanzleramtes mit den Chefinnen und Chefs der Staats- und Senatskanzleien der Länder am 29. März 2020

14 https://www.welt.de/politik/deutschland/article206762429/Corona-Sechs-Millionen-Schutzmasken-fuer-Deutschland-verschwunden.html

15 https://m.facebook.com/sterntv/videos/bundesgesundheitsminister-jens-spahn-live-im-gespräch-stern-tv/245411509814556/

16 https://twitter.com/Westpol/status/1245345053146591232

17 https://www.tagesschau.de/inland/innenpolitik/bundesrechnungs hof-corona-masken-101.html

18 https://www.bmi.bund.de/SharedDocs/kurzmeldungen/DE/2016/08/vorstellung-konzeption-zivile-verteidigung.html

19 Vgl. https://www.taskforce-impfstoffproduktion.de/TIP/Redaktion/DE/Artikel/taskforce-impfstoffproduktion.html#:~:text=Der%20Staatssekret%C3%A4rsausschuss%20und%20die%20Taskforce,nach%20aktuellem%20Zeitplan%20zu%20unterst%C3%BCtzen

20 https://www.bundesgesundheitsministerium.de/presse/pressemittei-lungen/vertraege-fuer-impfstoffversorgung.html

21 https://www.pei.de/DE/institut/zepai/zentrum-pandemie-impf stoffe-therapeutika-node.html

22 Die vorstehenden Ausführungen zur Nationalen Gesundheitsre-serve folgen dem Dokument »Aufbau einer Nationalen Gesundheits-reserve«; vgl. https://www.bundesgesundheitsministerium.de/filead min/Dateien/3_Downloads/Gesetze_und_Verordnungen/GuV/N/NRGS_Kabinett.pdf

23 Vgl. https://www.dw.com/de/meltblown-verfahren-so-entsteht-das-corona-masken-filtervlies/a-53453856

24 Vgl. https://www.bafa.de/DE/Wirtschaft/Handwerk_Industrie/Pro duktionsanlagen_Schutzausruestung/produktionsanlagen_schutz ausruestung_node.html#:~:text=Die%20Anlagen%20zur%20Produktion%20von,Prozent%20der%20f%C3%B6rderf%C3%A4higen%20Ausgaben%20gef%C3%B6rdert

25 Vgl. https://www.spiegel.de/wirtschaft/herstellung-von-corona-schutzmasken-in-deutschland-wir-stehen-nackt-da-a-386e5a5f-a3da-48b4-bff2-bad581b251cc

26 Vgl. https://www.bundesgesundheitsministerium.de/themen/inter nationale-gesundheitspolitik/g20-gesundheit/g20-krisensimulati onsuebung.html

27 Vgl. https://www.n-tv.de/ticker/Lauterbach-verlangt-schnelleren-Meldeweg-bei-EHEC-Erkrankungen-article3559296.html

28 Vgl. https://edoc.rki.de/bitstream/handle/176904/2007/20teFClzr KjE.pdf?sequence=1&isAllowed=y

29 https://www.bundesgesundheitsministerium.de/fileadmin/Da teien/3_Downloads/O/OEGD/Pakt_fuer_den_OEGD.pdf

30 https://www.rki.de/DE/Content/InfAZ/N/Neuartiges_Coronavirus/ Situationsberichte/2020-03-11-de.pdf?__blob=publicationFile

31 https://www.sueddeutsche.de/politik/mpk-corona-normalitaet-mer kel-1.5223985

32 https://www.bundesregierung.de/breg-de/themen/coronavirus/be schluss-zu-corona-1730292

33 https://www.br.de/nachrichten/bayern/zwei-jahre-corona-krisen manager-markus-soeder-vom-anordnen-zum-zuhoeren,T02eIxY

34 Beschluss zu TOP 2 der Besprechung der Bundeskanzlerin mit den Regierungschefinnen und Regierungschefs der Länder am 12. März 2020

35 www.intensivregister.de

36 https://www.bild.de/bild-plus/politik/inland/politik-inland/corona-gipfel-es-gibt-zweifel-an-der-umsetzung-der-notbremse-75824768. bild.html

37 https://projekte.uni-erfurt.de/cosmo2020/web/

38 https://www.aerzteblatt.de/nachrichten/111060/Bundesgesundheits ministerium-warnt-vor-Falschnachrichten

39 https://www.sueddeutsche.de/politik/merkel-entschuldigung-oster ruhe-wortlaut-1.5245458

40 https://www.bundesregierung.de/breg-de/themen/coronavirus/leit linien-zum-kampf-gegen-die-corona-epidemie-vom-16-03-2020-1730942

41 https://www.bundesgesundheitsministerium.de/presse/reden/drit tes-bevschutzg-beschluss-bt.html

42 https://www.tagesspiegel.de/politik/bundestagspraesident-zur-co rona-krise-schaeuble-will-dem-schutz-des-lebens-nicht-alles-unter ordnen/25770466.html

43 https://www.bundesgesundheitsministerium.de/service/publikatio

nen/details/machbarkeitsstudie-kapitalgedeckt-finanzierte-pflege
kosten.html

44 https://www.zeit.de/politik/deutschland/2022-07/einrichtungsbezo
gene-impfpflicht-gesundheitswesen-sachsen-thueringen

45 Am 31. Juli 2022 beispielsweise lag die Sieben-Tage-Inzidenz im
Kreis Gütersloh bei 385,1 (Neuinfektionen pro hunderttausend Einwohner).

46 https://www.bild.de/bild-plus/politik/inland/politik-inland/kippt-
die-corona-stimmung-wo-regierungs-alarmismus-und-realitaet-
nicht-zusammen-72554532,view=conversionToLogin.bild.html

47 https://twitter.com/jensspahn/status/1300362469139980288

48 https://www.bundesregierung.de/breg-de/service/bulletin/rede-des-
bundesministers-fuer-gesundheit-jens-spahn--1817204

49 https://m.youtube.com/watch?v=CD-8l5nini4

50 https://www.tagesschau.de/wirtschaft/unternehmen/arzneimittel-
generika-pharmaindustrie-101.html

51 Germany Trade & Invest, 06.05.2022

52 Vgl. https://www.rnd.de/wirtschaft/intel-in-magdeburg-6-8-milli
arden-euro-fuer-ansiedlung-ONWI4JU7JCYSM5W3WG5IL47JSU.
html und https://www.mdr.de/nachrichten/sachsen-anhalt/magde
burg/magdeburg/intel-chip-fabrik-eulenberg-arbeitsplaetze-100.
html

53 https://www.faz.net/aktuell/gesellschaft/gesundheit/impfung-ret
tete-im-ersten-corona-jahr-20-millionen-menschen-das-leben-
18124638.html

54 https://www.pei.de/DE/service/faq/coronavirus/faq-coronavirus-
node.html;jsessionid=FB2BF6EAA59E9B0FB56C3420B2907B2F.
intranet221

55 https://www.bild.de/politik/inland/politik-inland/mit-diesem-spahn-
brief-begann-das-impfstoff-desaster-bei-der-eu-74734176.bild.html

56 https://ec.europa.eu/commission/presscorner/detail/de/ip_20_2081

57 Vgl. unter dem Datum 26. Dezember 2020: https://www.bundesge
sundheitsministerium.de/coronavirus/chronik-coronavirus.html

58 https://www.youtube.com/watch?v=j7F8uHnNSW8

59 https://img.welt.de/bin/BMG_bn-232935997.pdf

60 https://www.rnd.de/politik/jens-spahn-warnt-reisende-aus-dem-
urlaubssommer-darf-kein-sorgenherbst-werden-WQWXNZ
4F376EWTZP5TLKHWMUDA.html

61 https://www.bundesgesundheitsministerium.de/ministerium/mel
dungen/20202021/gespraechsrunden-corona.html
62 https://www.faz.net/aktuell/politik/inland/spahn-ende-des-winters-
sei-jeder-geimpft-genesen-oder-gestorben-17646367.html
63 Vgl. https://www.tagesschau.de/ausland/frankreich-ausgangssperre-
103.html
64 Vgl. https://www.nzz.ch/international/macron-will-einen-schengen
rat-fuer-die-asylpolitik-der-eu-ld.1668069?reduced=true
65 https://www.bundesgesundheitsministerium.de/presse/reden/regie
rungsbefragung-220420.html
66 https://www.tagesspiegel.de/politik/bundestagspraesident-zur-co
rona-krise-schaeuble-will-dem-schutz-des-lebens-nicht-alles-unter
ordnen/25770466.html
67 https://www.fr.de/politik/armin-laschet-corona-opfer-tote-folgen-
fehler-entschuldigung-verzeihung-delta-variante-altenheime-pfle
geheime-gedenkstunde-90834417.html
68 https://www.spiegel.de/politik/deutschland/jens-spahn-cdu-sollte-
zuruecktreten-es-reicht-herr-gesundheitsminister-a-343b8f20-
0002-0001-0000-000176138595
69 https://www.tagesspiegel.de/politik/groko-impfkrach-vor-corona-
gipfel-spd-greift-jens-spahn-an-fragenkatalog-zu-impfstrategie-
uebergeben/26769018.html
70 https://twitter.com/jensspahn/status/1361612922926096384?s=20&t
=cU3hWDgURHwO9aow4oaEYA
71 https://nuernberger-blatt.de/2021/02/schneider-wirft-spahn-feh
lende-professionalitaet-vor-78623/
72 https://www.welt.de/politik/deutschland/plus227730573/Schnell
test-Debakel-Zu-spaet-zu-langsam-zu-wenig-CSU-greift-Spahn-an.
html
73 https://www.spiegel.de/politik/deutschland/corona-so-will-jens-
spahn-unbrauchbare-masken-im-wert-von-einer-milliarde-euro-
loswerden-a-22872107-0002-0001-0000-000177779146
74 https://www.turi2.de/aktuell/spiegel-ersetzt-den-begriff-schrottmas
ken-durch-unbrauchbare-masken/
75 https://www.focus.de/politik/deutschland/wirklich-dreist-und-
ohne-anstand-spahn-wollte-schrottmasken-an-beduerftige-loswer
den_id_13365359.html
76 https://www.welt.de/politik/deutschland/article231634773/Verhal

ten-von-Jens-Spahn-ist-menschenverachtend-Esken-fordert-Rueck
tritt.html

77 https://www.swr.de/swraktuell/rheinland-pfalz/unterschiede-ffp2-
kn95-masken-100.html

78 https://www.bundesgesundheitsministerium.de/coronavirus/fakten
blatt-schutzmasken.html

79 Impfquote Stand 01.08.2022: 89 Prozent; vgl. https://ourworldindata.
org/covid-vaccinations?country=OWID_WRL

80 https://www.tagesschau.de/wirtschaft/unternehmen/corona-impf
stoffe-china-101.html

81 https://www.bz-berlin.de/deutschland/spahn-coronavirus-bilanz-
man-wuerde-mit-dem-wissen-heute-keine-friseure-und-einzelhan
del-mehr-schliessen

82 https://www.youtube.com/watch?v=TILQP1GrnDw

83 https://de.statista.com/statistik/daten/studie/76458/umfrage/
deutschland-entwicklung-der-gesundheitsausgaben-seit-1997/